L'envers de la pilule

J.-Claude St-Onge

L'envers de la pilule

Les dessous de l'industrie pharmaceutique

LES ÉDITIONS
écosociété
MONTRÉAL

Révision : Marie-Aude Bodin

Typographie, mise en pages, maquette de la couverture : Nicolas Calvé

Coordination de la production : Colette Beauchamp

Direction éditoriale : Serge Mongeau

C.P. 32052, comptoir Saint-André
Montréal (Québec) H2L 4Y5
Dépôt légal : 3e trimestre 2004
ISBN 2-923165-09-8
IMPRIMÉ AU CANADA

Données de catalogage avant publication (Canada)

St-Onge, J.-Claude (Jean-Claude)

  L'envers de la pilule : les dessous de l'industrie pharmaceutique

  Comprend des réf. bibliogr. et un index

  ISBN 2-923165-09-8

  1. Industrie pharmaceutique. 2. Médicaments – Commercialisation. 3. Industrie pharmaceutique – États-Unis. 4. Médicaments – Essais cliniques. 5. Médicaments – Efficacité. I. Titre.

HD9665.5.S24 2004   338.4'76151   C2004-941571-9

Nous remercions le Conseil des Arts du Canada de l'aide accordée à notre programme de publication. Nous reconnaissons l'aide financière du gouvernement du Canada par l'entremise du Programme d'aide au développement de l'industrie de l'édition (PADIE) pour nos activités d'édition.

Nous remercions le gouvernement du Québec de son soutien par l'entremise du Programme de crédits d'impôt pour l'édition de livres (gestion SODEC), et la SODEC pour son soutien financier.

À Lise, pour les poussières d'étoiles

Remerciements

Mes remerciements les plus chaleureux vont à l'expert du médicament qui a préféré garder l'anonymat, pour avoir lu le manuscrit et m'avoir initié au vocabulaire et à la complexité propres à ce domaine. Sans sa contribution, ce livre n'aurait jamais vu le jour. Sa requête pour conserver l'anonymat est symptomatique du malaise qui entoure les relations entre les professionnels de la santé et l'industrie pharmaceutique quand on aborde les sujets traités ici ; les raisons en ressortiront clairement à la lecture de l'ouvrage. Je désire également exprimer ma reconnaissance aux nombreux spécialistes que je cite, et qui ont attendu de « quitter avant de parler », ainsi qu'à ceux qui tiennent toujours la barre contre vents et marées.

Je tiens aussi à remercier Serge Mongeau des Éditions Écosociété qui, lors d'une rencontre, m'a mis sur la piste. Il m'a fait part de son expérience en tant que clinicien de première ligne et m'a prodigué ses conseils. Je tiens également à remercier Nicolas Calvé pour sa lecture attentive du manuscrit ainsi que Marie Pelchat pour sa précieuse collaboration et ses observations judicieuses. Cela dit, je suis, bien sûr, seul responsable des opinions émises dans cet ouvrage.

J'exprime toute ma reconnaissance envers l'équipe des Éditions Écosociété pour sa précieuse et indispensable collaboration dans la réalisation de ce projet, particulièrement Julie Mongeau et Marie-Aude Bodin.

Finalement, toute ma gratitude et bien davantage vont à ma première lectrice, Lise Ste-Marie, pour son soutien, son enthousiasme et ses nombreuses suggestions.

... l'industrie pharmaceutique est une industrie comme les autres, qui doit obéir aux lois du marché en tentant de maximiser ses profits.

Julie Frappier
PDG de Recherches MedecoNovo

... plus d'Américains ont été tués par l'encaïnide et la flucaïnide que par le Viêt Cong.

D.-L. Sackett
épidémiologiste

... à moins qu'il soit possible d'en tirer beaucoup d'argent, la souffrance des patients est peu pertinente à la pratique médicale normale aux États-Unis.

M.-F. McCarty

Notre passion, la vie
Slogan de Pfizer

TABLE DES MATIÈRES

GLOSSAIRE DES SIGLES

ACIM	Association canadienne de l'industrie du médicament, appelée aujourd'hui Les compagnies de recherche pharmaceutique du Canada (Rx&D, groupe de pression de l'industrie pharmaceutique canadienne de produits brevetés)
AINS	Anti-inflammatoire non stéroïdien (exemples : Advil, Motrin, Celebrex, Vioxx, Voltaren)
AMA	American Medical Association (groupe de pression des médecins américains)
BMJ	*British Medical Journal*
DES	Diéthylstilbestrol (œstrogène de synthèse)
DPT	Direction des produits thérapeutiques (équivalent canadien de la section médicaments de la FDA)
FDA	Food and Drug Administration (Agence américaine des aliments et du médicament)
JAMA	*Journal of the American Medical Association*
JAMC	*Journal de l'Association médicale canadienne* (*CMAJ, Canadian Medical Association Journal*)
NEJM	*New England Journal of Medicine*

NIH	National Institutes of Health (États-Unis), subventionnés par le gouvernement fédéral (équivalent des Instituts de recherche en santé du Canada)
OMS	Organisation mondiale de la santé
PhRMA	Pharmaceutical Research and Manufacturers of America (regroupement des manufacturiers de produits pharmaceutiques, le groupe de pression de l'industrie pharmaceutique américaine)
RIP	Représentant de l'industrie pharmaceutique ou visiteur médical.
WPBP	Worst Pills Best Pills News, une publication de Public Citizen Health Research Group (groupe de pression de consommateurs de médicaments, dirigé par le Dr Sidney Wolfe)

À moins d'indication contraire, toutes les sommes d'argent dans ce texte sont exprimées en dollars américains. Les traductions sont de l'auteur. Les noms des médicaments sont, généralement et en premier lieu, désignés par leur appellation générique ; les noms de marques se distinguent normalement par une majuscule initiale ou sont mis entre parenthèses. Pour faciliter la lecture j'ai renvoyé toutes les références à la fin du livre. En outre, je n'ai pas toujours *immédiatement* donné la source à chaque mention d'étude, de fait ou de déclaration. Pour ne pas multiplier les références inutilement, j'ai parfois choisi de fournir mes sources une seule fois quelques lignes plus loin dans le texte.

PRÉFACE

par Amir Khadir, M.D.

LES DÉPENSES en médicaments de notre système de santé explosent. La facture est salée et la pilule, dure à avaler. La pilule devient amère quand on apprend qu'elle est trop souvent inutile, donc illusoire, sinon empoisonnée ! C'est le voile que, dans cet ouvrage, lève avec brio et audace J.-Claude St-Onge, qui récidive contre les marchands d'illusions — après son réquisitoire sans appel contre l'ineptie mensongère de la droite québécoise dont nous afflige l'ADQ. J.-Claude St-Onge dérange. Il bouscule le prêt-à-penser et conteste le prêt-à-justifier. En jetant ce pavé dans la mare des marchands de pilules, il monte au front pour braver les puissants barons d'une industrie multinationale qui est, sans conteste, le plus usuraire des profiteurs : un taux de profit de 40 % pendant la décennie 1990, soit quatre fois plus que la moyenne des six autres secteurs commerciaux et industriels les plus rentables à l'échelle de la planète ! C'est gigantesque, direz-vous. C'est, à mon avis, carrément indécent, sinon criminel. Car, quand on connaît l'impact dévastateur sur le budget de la santé de l'augmentation croissante du coût des médicaments, on voit quelles conséquences les profits excessifs de l'industrie pharmaceutique ont en bout de ligne sur le système de santé : moins de personnel, moins de soins, moins d'accès aux services, plus d'attente sur des listes. Le plus grave, ce sont les souffrances qu'on pourrait prévenir et les décès qu'on pourrait éviter. Comme médecin, la lecture de St-Onge me révolte. Pas tant à cause de ses révélations sur les pratiques de l'industrie : marketing malhonnête — à la limite de la corruption —, secrets bien gardés sur les effets secondaires des médicaments, ou encore bâillonnement de quiconque ose sonner l'alarme. Tout cela, bien sûr, est révoltant, comme l'entrave à l'innovation que constitue la protection abusive des brevets, qui, de surcroît, rend inaccessibles à des millions de sidéens d'Afrique, d'Asie et d'Amérique latine des médicaments qui pourraient sauver des vies. Que dire des dommages collatéraux causés par cette dérive marchande : l'érosion de la conception de la profession médicale comme profession humaniste et de la relation d'aide des professionnels de la santé, qui n'est pas un négoce.

Ce qui est le plus révoltant, c'est que, devant l'augmentation sans cesse croissante et débridée du coût des médicaments dans les dépenses de santé du secteur public, nos décideurs semblent se préoccuper davantage de la santé financière de l'industrie pharmaceutique que des conséquences de cette inflation sur la santé de la population et particulièrement des plus démunis [1].

Pourtant, au Québec, le rapport Castonguay-Neveu avait reconnu dès 1969 — une époque où les médicaments représentaient une fraction beaucoup plus modeste des budgets de santé — que les médicaments devaient un jour faire partie des services assurés.

Or, en 30 ans, les gouvernements n'ont rien fait qui vaille à ce chapitre. Même le régime d'assurance-médicaments du Québec, mis en place en 1996, en mettant à contribution les bénéficiaires de l'aide sociale et les personnes âgées qui reçoivent le supplément de revenu garanti, a sonné le glas de la gratuité des médicaments d'ordonnance

---

1.   La Coalition canadienne de la santé déclare, dans un document paru en août 2004, *Une assurance-médicaments dans l'intérêt du public,* que « le système n'est pas universel en plus d'être inéquitable et inefficace. On protège les brevets et les profits des compagnies pharmaceutiques plutôt que les malades et les pauvres. L'actuel système est conçu pour faire grimper la vente de médicaments et les profits — peu importe les conséquences pour la santé. L'accès à de nouveaux traitements coûteux est limité à celles et ceux qui peuvent se les payer. Cette vision de la médecine est contraire à l'éthique et non viable. »

pour les gens à faible revenu. On assiste depuis à une hausse verti-gineuse des primes du régime public — de 175 $ à 425 $ par année — comme de celles des compagnies d'assurances.

Partout au Canada, comme au Québec, on réclame avec une urgence croissante la mise en place d'un régime public et universel d'assurance-médicaments, un régime permettant l'accessibilité aux médicaments, leur usage sécuritaire, approprié et efficace, à des coûts acceptables. Des voix s'élèvent au Québec[2] pour réclamer une enquête publique afin d'examiner à fond les pratiques «odieusement lucra-tives» des barons de l'industrie pharmaceutique. D'autres réclament l'intervention de l'État, soit pour investir dans la production phar-maceutique, soit pour la nationaliser, afin de fixer à la baisse les prix pratiqués par les multinationales pharmaceutiques[3].

Le livre de J.-Claude St-Onge est un formidable réquisitoire qui laisse peu de place au doute quant à son urgence et à l'absolue néces-sité d'encadrer cette industrie afin de contrôler plus rigoureusement les coûts des médicaments.

Le médicament n'est pas un produit de consommation comme les autres. Son usage est intimement lié à nos peurs, à nos souffrances et à nos angoisses existentielles les plus tenaces devant la maladie et la mort. En ce sens, cette vulnérabilité ne doit pas être laissée en pâture à la rapacité de la logique entrepreneuriale des barons de la pilule — fidèle reflet de la mondialisation néolibérale.

Amir Khadir
Médecin et militant politique
Membre de la Coalition des médecins
pour la justice sociale
Septembre 2004

---

2. «Demande d'enquête publique sur les pratiques commerciales douteuses de l'industrie pharmaceutique au Québec», Coalition Solidarité Santé, mai 2003.

3. *Plate forme politique de l'Union des forces progressistes*, mai 2004.

INTRODUCTION

De tous les crimes du capitalisme débridé, il m'a semblé, alors que je cherchais une intrigue susceptible d'illustrer ma vision, que l'industrie pharmaceutique m'offrait l'exemple le plus éloquent. Big Pharma m'offrait tout : les espoirs et les rêves qu'elle fait naître en chacun de nous ; son immense potentiel en partie réalisé pour le Bien ; et son envers d'une épaisse noirceur, où se mêlaient richesse colossale, culture pathologique du secret, corruption et cupidité.

John Le Carré
The Nation

En dépit de tous les services rendus, les médicaments font moins de bien qu'on le prétend et plus de dommage qu'on le pense.

Charles Medawar
On our side of the fence

De nombreux malades souffrant d'arthrite, d'ulcère, d'angine, d'hypertension, du diabète, du cancer, ou de maladies psychiatriques dépendent des médicaments. Ces produits sont essentiels au bien-être de l'humanité : ils améliorent la qualité de vie et font souvent la différence entre la vie et la mort. Ainsi, les antibiotiques ont révolutionné la médecine et permis de guérir des maladies autrefois mortelles. Mais depuis les premiers antibiotiques jusqu'à l'invention de la trithérapie antisida, la donne a changé. Le marché a été inondé par des nouveautés — qui n'en sont pas véritablement — qui coûtent trop cher ; de plus, des stratégies de marketing efficaces ont augmenté le nombre d'ordonnances pour des maladies qui n'en sont pas.

Les succès de l'industrie pharmaceutique ne doivent pas nous fermer les yeux sur des pratiques devenues injustifiables. À l'occasion, nous apprenons qu'un fabricant a volontairement supprimé ou embelli les données d'une étude pour rentabiliser son produit, qu'une compagnie, informée que son médicament était à l'origine de nombreux décès, a continué de le commercialiser ; que tel autre fabricant a tenté de bâillonner des chercheurs dont les découvertes mettaient en question l'efficacité et la sécurité de son médicament, que tel autre encore a falsifié les indications thérapeutiques de son produit pour doper les ventes et versé le prix fort à des médecins et des pharmaciens pour en faire la promotion, ou, enfin, qu'un médicament a été retiré de la circulation à cause des dangers qu'il représente. En effet, il arrive plus fréquemment qu'on ne le souhaiterait que la nouvelle molécule dont on escomptait le plus grand bien se métamorphose en tueur redoutable ou provoque des effets qui transforment une existence en véritable cauchemar. Il y a d'autant plus lieu de s'inquiéter que le retrait de médicaments potentiellement dangereux est en hausse depuis 1982, et que la part des budgets consacrée à l'usage inapproprié des nouveautés est en train d'entamer sérieusement la portion qui reste pour payer médecins et infirmières. À petites doses, on finit par digérer ces faits. Mais, mis bout à bout, ils deviennent difficiles à avaler.

Les multinationales du médicament ne sont pas des organisations charitables. Malgré leurs réalisations et leurs déclarations de bonnes intentions, on ne peut avancer d'elles ce qu'on disait de la femme de César, « qu'elle ne doit même pas être soupçonnée ». Comme toutes les entreprises, elles visent la maximisation du profit et doivent répondre de leurs stratégies d'investissements devant leurs actionnaires. C'est ici que le bât blesse. Cet objectif entre en collision avec les besoins essentiels des populations, qui, le plus souvent, et en particulier dans le tiers-monde, n'ont pas les moyens d'acheter les produits aux prix que l'industrie exige.

L'industrie pharmaceutique s'y connaît en matière de profits. Au cours de la dernière décennie du XXe siècle, elle a été la plus rentable de toutes. À tel point que les assureurs et les gros employeurs américains dénoncent les profits scandaleux des multinationales du médicament qu'on tente de légitimer au nom des coûts colossaux nécessaires à la recherche pour la mise au point de nouveaux produits. Mais ce mythe a été démonté par le Congrès américain, qui n'est pourtant pas vraiment connu pour être un ennemi du profit.

Cet ouvrage aurait pu s'intituler « Qui sont les vrais *pushers* ? » Bien que ce titre ne soit pas très élégant, il serait fort à propos. Chaque année, les géants de la pharmacie dépensent des milliards pour mousser la vente de leurs produits, et diffusent une information douteuse — parfois carrément mensongère — pour convaincre le public de consommer plus de pilules. Pour y parvenir, ils orchestrent des campagnes de publicité qui suscitent la peur de telle ou telle maladie afin de créer une demande pour leurs produits. La crainte de la maladie, l'angoisse face à la mort, l'increvable espérance d'une guérison miraculeuse, sont autant de cordes sensibles sur lesquelles les barons du médicament jouent en virtuoses. La publicité laisse croire qu'en achetant des pilules on achète la jeunesse, la beauté, la santé, la puissance sexuelle.

Il sera beaucoup question dans cet ouvrage de l'industrie pharmaceutique américaine. C'est le leader mondial dans le domaine, et les décisions prises au New Jersey, en Caroline du Nord, à New York ou à Washington, ont des répercussions immédiates, non seulement à Montréal, Toronto et Vancouver, mais partout sur la planète.

Ce livre n'est pas celui d'un expert du domaine pharmaceutique et n'est pas destiné aux spécialistes. Il s'agit plus modestement d'une synthèse visant à mettre certains outils entre les mains d'un public qui se pose des questions sur l'avenir de notre système de santé et qui se demande si l'augmentation sans cesse croissante de la part des médicaments dans l'ensemble des dépenses de santé n'est pas de nature à compromettre notre système de santé. Il est écrit par un citoyen sidéré par le coût de sa facture quand il doit payer le pharmacien, stupéfait d'apprendre que les Canadiens dépensent plus pour consommer des pilules que pour consulter un médecin.

Ces questions, certes complexes, ne sont pas aussi difficiles que certains initiés les présentent. Elles sont exigeantes, mais avec un certain effort, elles peuvent être démystifiées. Elles ne doivent pas être laissées aux seuls experts; tout au long de ce livre, nous verrons qu'ils n'ont pas le monopole de la vérité. Toutefois, je m'empresse d'ajouter que leur contribution est essentielle. Mais, en tant que citoyens, en tant que contribuables, en tant que patients, nous n'avons pas seulement notre mot à dire, mais notre avis doit être, en dernière instance, celui qui compte le plus.

Un empire
en bonne santé
financière

... aux yeux du public, la médecine est différente des autres industries ; cette perception est fausse [...]. Le public doit se rendre à l'évidence : la médecine est une industrie.

P. Hansen
Ethical Strategies Limited [1]

[L'industrie pharmaceutique] a tendance à supprimer beaucoup d'informations qui scandaliseraient le public. Ces histoires ne sortent jamais. Elle dégage l'impression d'une industrie fabuleuse avec de grands principes et une belle morale, mais en réalité, c'est une industrie comme n'importe quelle autre.

Dr Michelle Brill-Edwards [2]

ILS FONT PARTIE de notre paysage quotidien et plusieurs d'entre eux figurent dans nos coffres à pharmacie. Ils s'appellent aspirine[3] de l'Allemande Bayer, Ritalin de la firme suisse Novartis, Prozac de l'Américaine Eli Lilly, Imodium de Johnson & Johnson, Allegra du géant franco-allemand Aventis. Ils ont aussi pour nom Ben Gay, Actifed, Listerine, Viagra et Lipitor, cinq produits commercialisés par le géant américain Pfizer. En 2002, le Lipitor, un médicament contre le cholestérol, occupait le sommet du palmarès avec des ventes mondiales de huit milliards de dollars[4]. En achetant Pharmacia en 2003, pour la somme de 60 milliards de dollars — un montant substantiellement supérieur au budget du Québec —, Pfizer vient de ravir la première place sur l'échiquier mondial à ses concurrents, la firme américaine Merck et le géant britannique GlaxoSmithKline.

Glaxo fabrique Zyban, un produit pour arrêter de fumer (originellement promu comme un antidépresseur), et Advair, un aérosol combiné pour l'asthme dont les ventes atteignent près de 1,9 milliard de dollars canadiens en 2001. En 2003, le gouvernement québécois mettait Advair sur la liste des médicaments d'exception pour éviter un usage inapproprié et coûteux. Malheureusement, le gouvernement Charest devait reculer quelques mois plus tard. En 1999, Glaxo réalisait un bénéfice de 589 millions de dollars grâce à un seul produit antisida[5].

L'américain Merck fabrique un des médicaments les plus vendus au monde, Zocor, un traitement contre le cholestérol, ainsi que Vioxx contre l'arthrite et Singulair contre l'asthme. Ces deux derniers produits ont été mis au point dans les laboratoires montréalais de la firme; ils comptent parmi les six meilleures ventes de la compagnie. Merck embauche 77 000 employés de par le monde. En octobre 2003, la compagnie a annoncé qu'elle allait supprimer 100 à 200 emplois à Montréal. En ce début de siècle, les capitalisations combinées de ces trois géants atteignent les 500 milliards de dollars[6], soit près du triple du produit intérieur brut (PIB) québécois en 2003[7].

Si les médicaments constituent autant de présences rassurantes, autant d'entités investies de pouvoirs quasi magiques pour chasser le spectre de la maladie, ce sont également des machines à profits d'une efficacité absolument prodigieuse.

Des profits mirobolants

Les quelques pages qui suivent contiennent beaucoup de chiffres, et j'implore l'indulgence du lecteur. En 2001, les 10 plus grandes sociétés pharmaceutiques aux États-Unis enregistrent des profits *huit fois* plus élevés que la médiane des profits des compagnies inscrites sur la liste des 500 plus grandes entreprises du magazine *Fortune*[8]. Cette même année, en pleine période de ralentissement économique, le profit brut des géants de la pharmacie fait un bond de 32 %, pendant que celui des 500 plus grandes entreprises de *Fortune* plonge de 53 %. En 2002, les profits des 10 sociétés pharmaceutiques figurant sur la liste de *Fortune* (35,9 milliards de dollars) sont *plus élevés* que la somme totale des profits des 490 autres firmes énumérées sur cette même liste[9]. Cette même année, le taux de profit de Pfizer est deux fois plus élevé que celui de General Electric, neuf fois plus élevé que celui de Wal-Mart et 31 fois supérieur à celui de General Motors (GM)[10]. Le rendement après impôts sur le capital investi de huit des plus grandes pharmaceutiques de produits brevetés s'élève à hauteur de 40,9 % pour la période 1991-2000[11]. Entre 1988 et 1995, le rendement brut des actionnaires de l'industrie canadienne du médicament est près de trois fois plus élevé que celui de la moyenne de l'industrie manufacturière[12]. Faut-il s'étonner si les titres des sociétés pharmaceutiques ont la réputation d'être des valeurs refuge ? C'est une poule aux œufs d'or. Devant la morosité boursière, les conseillers en placement suggèrent à leurs clients d'investir dans les grosses compagnies pharmaceutiques. Et pour cause : elles étaient assises sur un marché fabuleux de 400,6 milliards de dollars en 2002.

Avec un chiffre d'affaires mondial s'élevant à 32 milliards de dollars en 2001, et des ventes de 1 milliard de dollars au Canada seulement, Pfizer remportait la palme dans la course aux profits avec 7,8 milliards de dollars en 2001, un montant supérieur aux profits *combinés de toutes* les sociétés figurant sur la liste de *Fortune* œuvrant dans les secteurs du chemin de fer, de l'édition, de la construction domiciliaire et de l'habillement. C'était avant l'achat de Pharmacia. Pfizer s'enorgueillit d'avoir plus de 10 médicaments appelés des *blockbusters*, c'est-à-dire des produits dont le chiffre d'affaires annuel dépasse le milliard de dollars. À la suite de l'achat de Pharmacia, le chiffre d'affaires de Pfizer atteint 44,9 milliards de dollars en 2003[13]. En 2001, l'industrie comptait 29 *blockbusters*. Leur vente rapportait plus de 52 milliards de dollars, montant équivalant à 34 % du marché américain. En moyenne, les *blockbusters* coûtaient pratiquement le double des autres produits sous ordonnance [14].

Merck, la deuxième entreprise américaine la plus profitable, a enregistré des profits de 7,3 milliards, soit plus que *l'ensemble* des profits réalisés par les sociétés œuvrant dans les domaines du pétrole brut, des semi-conducteurs, des pipelines, des aliments, des casinos, des hôtels et des sites de villégiature. Merck n'a pas échappé à la tourmente et aux scandales qui ont secoué le monde financier en 2002. Cette société admettait avoir gonflé ses revenus, pendant que Bristol-Myers Squibb faisait l'objet d'une enquête de la Commission des valeurs mobilières américaine [15].

L'année 2001 est loin de constituer une exception. L'industrie pharmaceutique a occupé le sommet du palmarès en ce qui a trait aux profits tout au long des *10 dernières années* du XXe siècle, et elle fut l'une des deux industries les plus profitables dans les 20 années précédentes. Qui plus est, le taux de profit des grandes compagnies pharmaceutiques est en nette progression. Durant les années 1970, les géants de l'industrie récoltent en moyenne des taux de profit de 8,9 % comparativement à 11,1 % dans les années 1980 et 15,1 % dans les années 1990 (mesurés en pourcentage des revenus). À la même époque, le taux de profit moyen des sociétés sur la liste de *Fortune* oscille autour de 4,4 % [16]. Le profil que nous venons de dessiner n'est certes pas celui d'une industrie à risque, contrairement aux affirmations de Julie Boulet, selon qui nous avons affaire à « une industrie relativement risquée [17] ». Mme Boulet, anciennement pharmacienne, à dû démissionner de son poste de ministre déléguée à la Santé pour avoir accepté des gadgets de l'industrie, dont 1 500 dollars canadiens de piluliers ainsi que divers appareils pour mesurer la tension artérielle et le pli cutané (permettant d'évaluer la masse corporelle).

Les marges de profit des géants de la pharmacie sont si alléchantes que les sociétés d'assurances et les gros employeurs américains tels que GM, qui ont des programmes d'assurance-médicaments, les qualifient d'« abusives ». Au paradis de la libre entreprise, l'Institut national de recherche en gestion des soins de santé, dont les fonds proviennent en partie des assureurs, estime que la hausse des prix des médicaments découle des « *abus commerciaux par les entreprises pharmaceutiques* [18] « (je souligne). L'Institut reproche aux fabricants de commercialiser des nouveaux médicaments plus dispendieux dont l'efficacité serait bien moindre que ne le prétend l'industrie. La situation est si alarmante qu'un groupe de 210 membres du Congrès américain, qui ne sont pourtant pas réputés pour être les ennemis du «marché libre» et de la maximisation des profits — d'autant plus qu'ils sont républicains —, a dénoncé le prix élevé des médicaments et les *profits excessifs* des compagnies pharmaceutiques. Les consommateurs américains, nombreux à s'approvisionner au Canada, sont de plus en plus en révolte ouverte contre le prix exorbitant des médicaments au sud du 45e parallèle et ce problème sera un enjeu lors des élections américaines de novembre 2004 [19]. L'industrie n'a plus la cote auprès du public : l'attitude positive à son égard a chuté de 35 points depuis 1997, et elle a rejoint les rangs des compagnies de tabac et de pétrole en termes de réputation. Seuls 13,5 % des consommateurs la jugent «généralement honnête et crédible [20]».

Le caractère exceptionnellement profitable de l'industrie est reflété dans les salaires des cadres supérieurs. Une étude portant sur neuf firmes montre que les PDG de l'industrie pharmaceutique recevaient en moyenne chacun 21 millions de dollars en 2001 (salaire et options confondus). À lui seul, le PDG de Bristol-Myers Squibb enregistrait des revenus de 74,89 millions de dollars en 2001, sans compter des options d'achat d'actions (d'un montant supérieur à 76 millions de dollars) qu'il n'a pas utilisées [21]. Le PDG de Glaxo se plaint de gagner moins que ses confrères américains, dont le salaire moyen atteint les 30 millions de dollars annuellement. En 2002, il demande une augmentation de salaire que les actionnaires lui refusent en raison de la performance boursière de sa firme. Pour justifier sa demande, il évoque, très sérieusement, un risque de «manque de motivation [22]» !

En ce début de siècle, les grands de la finance américaine comptent parmi les actionnaires des sociétés pharmaceutiques. J.P. Morgan & Co. détient 1,5 % des actions de Pfizer et 1,1 % de Bristol-Myers Squibb ; Mellon Financial Corp. possède 1,6 % de Merck et le même pourcentage de Bristol-Myers Squibb et de Pfizer ; Bank of America Corp. dispose de 1,1 % de Merck et le même pourcentage de Bristol-Myers Squibb ; State Street Corp. (États-Unis) possède 5,1 % d'Aventis, 2,3 % de Pfizer, 1,6 % de Johnson & Johnson, 2,2 % de Merck, et 2,3 % de Bristol-Myers Squibb. La banque d'affaires britannique Barclays dispose de 3,3 % de Merck, 3,3 % de Bristol-Myers Squibb, 3,4 % de Pfizer et 1,6 % de Johnson & Johnson. Kuwait Petroleum Corp. possède 13,6 % d'Aventis [23] qui se vante d'être «au 11e rang des meilleurs employeurs au Canada». La prochaine fois que vous paierez un pharmacien, vous saurez un peu mieux où va votre argent.

Des coûts en nette progression et une consommation qui explose

Faut-il voir un lien entre la courbe ascendante des profits des grandes sociétés pharmaceutiques et les coûts croissants de la santé? En effet, la tendance lourde est à l'augmentation des coûts en matière de santé, mais également — et même surtout — à l'augmentation de la part des médicaments dans le total des dépenses de santé. L'Institut canadien d'information sur la santé souligne que depuis 1975, le coût des médicaments a augmenté de 1267 %, soit près de *deux fois* plus que l'ensemble des dépenses en matière de santé. Tant et si bien qu'en 2000, les dépenses engendrées par ces remboursements ont représenté 15,2 % du budget de la santé au Canada. Au Québec, la part du budget consacrée aux médicaments dans les dépenses de santé a *triplé* entre 1980 et 2000 pour atteindre 16,9 % du total [24]. Ces chiffres sont légèrement inférieurs à ceux de la France, de la Belgique et de la Grèce [25]. Les États-Unis suivent la tendance. En 2002, les médicaments sous ordonnance représentaient 10,5 % du total des coûts de la santé [26]. Entre 1997 et 2001, les dépenses des citoyens américains pour les médicaments prescrits par ordonnance ont *plus que doublé.*

Au Québec, les coûts du régime d'assurance-médicaments et des autres programmes publics de services pharmaceutiques ont augmenté de presque 20 % par année entre 1997-1998 et 2001-2002. Les Québécois ont dépensé en moyenne chaque année 420 dollars canadiens par habitant en médicaments, contre une moyenne nationale de 380 dollars. Le régime d'assurance du Québec rembourse 85 % des médicaments, contre 40 % en Ontario [27].

Au Canada, septième marché mondial pour les produits de l'industrie pharmaceutique, les pharmacies ont vendu pour 14,1 milliards de dollars canadiens de médicaments prescrits par ordonnance en 2002, soit une augmentation de 68 % depuis 1998. Les plus grosses ventes sont les médicaments cardiovasculaires et psychothérapiques. Les antidépresseurs, un marché de 895 millions de dollars canadiens en 2001, ont connu une augmentation de 40 % de leurs ventes entre 1997 et 2002. Ils sont même utilisés pour traiter le syndrome prémenstruel, et sont de plus en plus prescrits aux jeunes adultes, aux adolescents, et jusqu'aux enfants, pour traiter la perte de poids et les troubles de l'alimentation. Entre 1998 et 2002, la quantité d'antidépresseurs prescrits aux enfants âgés de 6 à 12 ans a augmenté de 142 % ; chez les 13 à 18 ans, elle s'est accrue de 136 % (*voir le chapitre V*). Environ 12 000 Québécois âgés de 6 à 12 ans et 25 000 adolescents ont reçu un diagnostic de dépression majeure [28]. Le docteur Dalfen relate que ces produits sont promus de « façon énergique par l'industrie auprès des psychiatres et des médecins, dont la loyauté est achetée à coups de croisières et d'ordinateurs [29] ». Le Collège des médecins reconnaît que le marketing musclé des compagnies explique en partie l'augmentation du nombre d'ordonnances [30]. Au Canada, le nombre d'ordonnances a grimpé de 250 millions en 1998, à 325 millions en 2001 [31]. Le coût moyen de chaque ordonnance est passé de 33 à 42 dollars canadiens entre 1998 et 2002 (soit une augmentation de 27 %), et les ventes de médicaments d'ordonnance ont doublé de 1996 à 2002, passant de 6,8 milliards à 13,5 milliards de dollars canadiens. Ces données sont d'autant plus significatives qu'elles sont exprimées en dollars constants [32]. C'est ainsi que la part des médicaments brevetés dans l'*ensemble* de la consommation a augmenté de *44 % du marché total en 1995 à 65 % en 2001* [33]. Les médicaments génériques, généralement moins chers, ont tendance à être remplacés par des produits de marque. En sept ans, le prix moyen d'une prescription de médicaments brevetés a grimpé de 35 à 50 dollars canadiens, alors que le prix des produits génériques augmentait à peine [34]. Dans leur ensemble, les produits brevetés se vendent en moyenne près de *trois fois* plus cher que les médicaments génériques [35]. Les médicaments constituent l'élément le plus inflationniste du système de santé. Au Québec, entre 1997 et 2001, la rémunération des syndiqués augmentait de 14,5 %, celle des médecins de 22,5 % et celle des médicaments de 102,2 % [36] !

Nos voisins du sud n'échappent pas à cette tendance : en 2001, 46 % des Américains consommaient un médicament d'ordonnance quotidiennement. Dans ce pays où la peur permet aux fabricants d'armes à feu de réaliser des affaires en or, la peur de la maladie joue le même rôle pour les multinationales de la pharmacie. C'est ainsi que le nombre annuel moyen d'ordonnances pour une personne âgée passait de 19,6 en 1992 à 28,5 en 2000 [37]. Cet engouement pour les pilules est tel que 40 % des étudiants d'université feraient usage d'un ou plusieurs psychotropes, et que la consommation d'antidépresseurs de type Prozac a fait un bond prodigieux depuis quelques années (*voir le chapitre V*). Un spécialiste, Greg Crister, estime que 65 % des gens qui consomment des antiallergiques comme Claritin pourraient bien ne pas souffrir d'allergie[38].

Les défenseurs des grosses sociétés pharmaceutiques trouvent que l'augmentation de 1267 % du prix des médicaments au Canada n'est pas significative et que le « niveau de profitabilité des compagnies pharmaceutiques n'a pas d'importance[39] ». Ces augmentations s'expliqueraient du fait qu'il y a plus de médicaments, qu'ils occupent une place plus importante et plus utile, et qu'ils « épargnent des coûts au système » de santé.

Les prix expliqués par les instituts nationaux de la santé
Les National Institutes of Health aux États-Unis se sont penchés sur la question et ils arrivent à des conclusions fort différentes. Malgré les particularités de chaque pays, ces conclusions peuvent, dans une certaine mesure, être transposées à la situation canadienne. L'augmentation des dépenses pour les médicaments aux États-Unis serait attribuable à trois facteurs :
- L'accroissement du nombre d'ordonnances serait responsable de 39 % de la hausse des dépenses, et les prix ont augmenté *six fois* plus que le taux d'inflation en 2001. Une partie de cette augmentation serait attribuable au vieillissement de la population, mais la principale raison proviendrait du fait que les médecins ont aujourd'hui le crayon plus lourd quand il s'agit de prescrire des antiplaquettaires (pour éclaircir le sang) et des médicaments contre l'ostéoporose, faussement présentée comme une menace qui guette toutes les femmes de 50 ans et plus (*voir le chapitre VII*);
- Environ 24 % de la hausse serait attribuable au fait que les médecins ont tendance à prescrire de nouveaux médicaments qui se vendent beaucoup plus cher, tels que Celebrex et Vioxx, deux anti-inflammatoires utilisés dans le traitement de l'arthrite et dont le prix excessif n'est pas justifié par leurs *prétendus* avantages sur les anciennes molécules (*voir les chapitres IV et V*);
- La hausse de prix importante de certains médicaments, dont Accutane et Allegra, serait responsable de 37 % de l'augmentation des dépenses. Plusieurs de ces produits sont des médicaments de confort, voire de « style de vie » [*lifestyle drugs*].
  Il faut souligner que 34 médicaments qui ont la faveur du public seraient à l'origine de la *moitié* de l'augmentation. Parmi eux, Vioxx,

Celebrex et Lipitor[40]. Bien que les médicaments brevetés ne constituent que 58 % de l'ensemble des ordonnances, ils sont responsables de 92 % des coûts assumés par les consommateurs[41]. Ironiquement, ceux qui ont les plus grands besoins et les plus petits moyens paient davantage que les autres. Les bénéficiaires de Medicare (pour les personnes âgées) et Medicaid (pour les démunis) paient en moyenne deux fois plus cher pour les médicaments que des personnes bénéficiant des services de gros clients des sociétés pharmaceutiques, comme les Health Maintenance Organisations (HMO, grands fournisseurs de soins de santé) et les départements de la Défense et des Vétérans.

David Anstice, dirigeant de Merck, jette un éclairage supplémentaire sur la structure des prix des médicaments. Il souligne que la quantité de principe actif n'est pas le seul facteur déterminant le prix ; le coût des traitements alternatifs, dans le cas où le médicament n'existerait pas, en est un autre — autrement dit, le « coût évité » pour le système de santé. Cette thèse passe sous silence que la consommation de médicaments s'accompagne également d'un nombre élevé d'hospitalisations qui coûtent cher (*voir le chapitre III*). En s'en remettant à la logique de M. Anstice, il faudrait augmenter le prix des aliments qui sont bons pour la santé, comme le soutient également Marc Hasbani, coauteur d'*Analyse socio-économique de l'industrie pharmaceutique brevetée (1991-2000)*, parce qu'ils évitent des coûts pour le système. De plus, il faut considérer que le prix élevé de certains médicaments essentiels empêche beaucoup de gens d'en bénéficier, ce qui aboutit à la dégradation de leur condition et, par voie de conséquence, à l'augmentation des coûts. Les prix exorbitants de certains médicaments prennent les patients en otage, augmentent les dépenses en santé, et réduisent l'argent disponible pour les autres soins. Ajoutons qu'il ne serait pas plus moral de fixer les prix selon le bénéfice thérapeutique, car si c'était le cas, on pourrait charger n'importe quel prix en cas de maladie grave — quoique cela se produise déjà dans le cas du cancer (*voir ci-dessous*). Un tel raisonnement justifierait de charger 100 dollars la dose d'insuline ou de morphine, par exemple.

Un autre déterminant du prix, selon Anstice, est la perception que les consommateurs ont de la valeur du produit. Le Propecia, un traitement contre la calvitie commercialisé par Merck, se vend 1,25 dollar le milligramme. Le même produit, utilisé pour réduire le volume de la prostate, se vend 35 cents le milligramme[42]. Le marketing a décidé qu'on est prêt à payer plus cher pour avoir des cheveux qu'une prostate en bonne santé !

Dans la suite de ce livre, nous verrons qu'il existe quantité d'autres raisons qui expliquent la structure des prix et les profits colossaux des multinationales du médicament. Pour l'instant, j'aborde la façon dont les caractéristiques inhérentes à l'industrie pharmaceutique — nature particulière du marché, nombre d'acteurs restreint, monopole ou quasi-monopole des produits — expliquent les performances peu communes de l'industrie en matière de profits. Concentration des capitaux, marché captif et brevets, voilà autant d'ingrédients pour un succès assuré.

Crois ou meurs : les dures lois de l'accumulation

Depuis plus d'une décennie, l'industrie est agitée par une vague de concentration frénétique. En régime capitaliste, les entreprises doivent grossir, sous peine de disparaître. Crois ou meurs : telle est la dure loi de l'accumulation du capital. Pour satisfaire ces impératifs de croissance, il faut des caisses bien garnies et de larges profits.

Lors d'un déjeuner-conférence organisé en 2002, le PDG de Pfizer Canada soulignait que le paysage s'est passablement transformé dans le domaine des produits pharmaceutiques du fait que le nombre de multinationales importantes est passé de 37 en 1990, à 16 une dizaine d'années plus tard. La vague de fusions qui a déferlé sur l'Europe et l'Amérique du Nord, bien que partie intégrante du processus incitant le capital à croître ou à mourir, reflète également le malaise que traverse l'industrie à l'heure actuelle. D'après l'ancien PDG de Merck, P. Roy Vagelos, les brevets de nombreux médicaments sont sur le point d'expirer. Plus important encore, le rythme des vraies innovations ralentit. D'après Philippe Pignarre, chargé de cours sur les psychotropes à l'université Paris VIII, le nombre de médicaments comportant un principe actif nouveau au niveau mondial est passé de 33 en 1980, à 25 en 1985, et 15 en 1990. Il existerait donc de moins en moins d'innovations réelles susceptibles de remplacer les produits vedettes des grandes sociétés pharmaceutiques[43]. Ceci expliquerait en partie leur acharnement à conserver leur monopole sur les produits existants et à tout faire pour étendre la durée des brevets. Ce malaise accélère le processus de concentration des capitaux. Pour maintenir leurs parts de marchés et leurs taux de profit, les fabricants doivent se regrouper, ce qui leur permet de sabrer dans les coûts de production. C'est ainsi que la multinationale britannique Glaxo Wellcome a vu le jour. Le produit vedette de Glaxo, Zantac, un antiulcéreux, représentait 40 % du chiffre d'affaires de la société à la fin du xxe siècle. Le brevet du Zantac arrivait à échéance. Pour contourner le problème, Glaxo a pris le contrôle de Wellcome, dont plusieurs produits se vendaient bien. À la suite de la fusion, Wellcome a renvoyé la quasi-totalité de ses 1600 employés[44]. En 2000, Glaxo Wellcome a fusionné avec SmithKline Beecham pour former GlaxoSmithKline[45].

Le géant franco-allemand Aventis résulte d'une série de transactions impliquant des sociétés majeures. Dans un premier temps, Hoeschst met la main sur Roussel-Uclaf et Marion Merrell Dow. Par la suite, la nouvelle société fusionne avec Rhône-Poulenc, qui a déjà pris le contrôle de Rorer et Fisons pour donner naissance à Aventis. En 2004, Aventis fusionne avec la Française Sanofi-Synthélabo, coupant l'herbe sous le pied à Novartis (fruit de la fusion entre Ciba et Sandoz), et constitue le troisième groupe pharmaceutique en importance au monde, Sanofi-Aventis.

Aux États-Unis, on a assisté au regroupement de Wyeth et Ayerst avec American Home Products, de Bristol-Myers avec Squibb, et de Searle/Monsanto avec Pharmacia & Upjohn pour former Pharmacia. Cette dernière a finalement été rachetée par Pfizer.

D'un point de vue global, chaque société contrôle une part relativement modeste du marché. Avec le rachat de Pharmacia, Pfizer contrôle environ 11 % du marché mondial et GlaxoSmithKline 7,5 %. Merck et AstraZeneca, avec un peu plus de 4 %, devançant légèrement Bristol-Myers Squibb, pendant que Novartis et Johnson & Johnson détiennent chacune environ 3 % du marché. Mais ces données, qui sont en évolution constante, ne reflètent pas le degré véritable de concentration de l'industrie. D'une part, sur les 25 médicaments les plus vendus, 20 sont américains[46]; c'est surtout vers les États-Unis que s'envolent les profits lorsqu'une nouveauté nous est prescrite. D'autre part, les fabricants ont tendance à se spécialiser dans des créneaux différents et disposent de positions de quasi-monopole dans plusieurs domaines. Voici quelques exemples : à la fin du xxe siècle, Glaxo détient environ 45 % du marché des produits contre la migraine, Warner-Lambert (maintenant filiale de Pfizer),

près de la moitié du marché des produits pour diminuer le cholestérol, et Schering-Plough possèdait jusqu'à récemment autour de 40 %
du marché des antiallergènes.

En 2001, d'après la Federal Trade Commission des États-Unis,
au moment où Glaxo Wellcome fusionne avec SmithKline Beecham,
ces deux sociétés monopolisent la quasi-totalité du marché dans six
domaines. Elles possèdent 90 % du marché des produits destinés à
réduire les effets secondaires de la chimiothérapie et la totalité du
marché d'un antibiotique injectable, des médicaments antiviraux
pour le traitement de l'herpès, de la varicelle et du zona, et d'autres
marchés encore[47].

Un marché et des prix uniques

L'industrie pharmaceutique est une industrie comme n'importe quelle
autre dans la mesure où elle est soumise aux lois de l'accumulation.
Toutefois, elle en diffère sur certains points, et ses succès financiers
s'expliquent en partie parce qu'il s'agit d'un marché unique et captif.

Bernard Lemoine, directeur général du syndicat de l'industrie
pharmaceutique française, compare les remèdes aux voitures: « Je
ne vois pas pourquoi on exigerait de l'industrie pharmaceutique des
efforts spécifiques. Personne ne demande à Renault de donner des voitures à ceux qui n'en ont pas[48] ». Un tel discours banalise les médicaments et commet le sophisme de la comparaison sans fondement. Si
je peux me passer d'une Renault, ou tout simplement d'une voiture,
puis-je me passer de médicaments lorsque je suis malade? La maladie
n'est pas un choix. C'est pourquoi les fabricants de médicaments
sont assis sur une véritable mine d'or. Dans le merveilleux monde
de la marchandise, les médicaments occupent une place à part, car
nous avons là un marché captif. Le prix est d'une importance relative
quand c'est une question de vie ou de mort, ou lorsqu'il s'agit de
soulager une douleur intolérable, d'autant plus que la personne qui
choisit le produit n'est pas celle qui le consomme ou le paye. L'existence de régimes d'assurance-maladie et d'assurance-médicaments
rend les médecins et les patients relativement moins sensibles à l'égard
du prix. En 1999, Paul Saba, de la Coalition des médecins pour la justice sociale, réclamait une sensibilisation du corps médical. Les résultats de sondages auprès de médecins portant sur leurs choix de
médicaments dans des conditions hypothétiques montrent que dans
79 % des cas, ils prescrivent des médicaments trop coûteux par igno-

rance des prix[49]. Une personne atteinte d'une maladie grave ou d'une affection chronique n'a presque pas d'autre option que d'acheter le produit dont elle a besoin. Elle ne choisit pas toujours son médecin ni son ordonnance ; sauf exception, elle ne peut choisir un générique à la pharmacie — surtout lorsqu'il n'existe pas. Généralement, elle ne peut différer ses achats, comme il est possible de le faire pour les autres produits de consommation, ni rechercher le meilleur produit au meilleur prix, notamment à cause du monopole que les sociétés pharmaceutiques possèdent sur de nombreux médicaments.

Par ailleurs, les géants de la pharmacie sont passés maîtres dans l'art de nous convaincre que nous avons tous absolument besoin de ces petits miracles en bouteille, et ils dépensent des milliards pour nous en persuader. Non seulement notre santé, mais notre style de vie en dépend. En 1998, le président de Pfizer confiait qu'une personne qui est prête à payer 30 dollars par mois pour le câble n'hésitera pas à s'abonner à perpétuité à des médicaments classés dans la catégorie « style de vie », comme le Viagra. C'est une « sorte de phénomène culturel », disait-il, qui pourrait faire doubler le chiffre d'affaires de l'industrie[50]. Le professeur Bill Inman de l'université de Southampton (Angleterre) explique : « Il n'y a pas assez de malades pour satisfaire les désirs des responsables du marketing des sociétés pharmaceutiques. Il n'y a pas assez de malades pour absorber toutes les nouvelles variantes des vieux médicaments qui sont mises en marché[51]. »

Des prix dopés

C'est en partie parce qu'elles jouissent d'un marché captif que les sociétés pharmaceutiques possèdent des marges de manœuvre plus substantielles que les autres industries pour fixer les prix, particulièrement aux États-Unis. À l'intérieur de l'Union européenne, où les prix sont contrôlés, on peut assister à des variations de prix allant de un à cinq. On note l'existence d'un phénomène semblable entre le Canada (où les prix plus bas font l'objet d'un examen par un comité gouvernemental) et les États-Unis. En 2003, 90 comprimés de Lipitor, utilisés pour abaisser le cholestérol, se vendaient 151 dollars canadiens au Québec, contre 285,43 dollars canadiens aux États-Unis[52]. Pour 100 comprimés de Synthroid, le Québécois doit débourser 12 dollars canadiens et le citoyen américain 62 dollars. Pour quatre comprimés de Fosamax, employé dans le traitement de l'ostéoporose, la citoyenne québécoise verse à son pharmacien 42,40 dollars, contre 92,41 dollars pour l'Américaine. Il n'y a pas très longtemps, une dose mensuelle de tamoxifène, utilisé dans le traitement du cancer du sein, se vendait 156 dollars chez nos voisins du sud contre 12 dollars au Canada [53]. Bien qu'il ait été vendu 13 fois moins cher au nord du 45e parallèle, il serait étonnant d'apprendre que la société qui le commercialise au Canada le vende à perte. Malgré une structure de prix éminemment plus favorable au Canada qu'aux États-Unis, les prix pratiqués par l'industrie sont ici supérieurs de 12 à 15 % aux prix des médicaments en France et en Italie [54].

En Inde, où les brevets sur les produits pharmaceutiques ne sont pas reconnus, les médicaments se vendent de 8 à 14 fois moins cher qu'au Pakistan, qui a conservé la loi coloniale de 1911 sur les brevets héritée des Britanniques [55]. Une société indienne, Cipla, produit des ingrédients identiques à ceux qu'on trouve dans les blockbusters. Sans faire de comparaison inappropriée, ils sont vendus dans une fourchette qui varie entre 5 % et 10 % des prix américains. À ces prix-là, ils rapportent pourtant sans aucun doute des marges de profit confortables à leur fabricant. En 2000, la fortune du propriétaire de Cipla était évaluée à 550 millions de dollars [56].

Trois commissions d'enquête au Canada ont déjà signalé que certains médicaments pouvaient se vendre des centaines de fois plus qu'il en coûtait pour les fabriquer [57]. Un exemple frappant est le Lévamisole, un médicament que la compagnie Johnson & Johnson vendait pour la modique somme de six cents la pilule aux vétérinaires. À ce prix, on peut supposer qu'il était déjà rentable pour la compagnie. On a découvert que ce médicament, employé pour soigner le ver du cœur chez les moutons, pouvait être utilisé pour traiter le cancer du colon chez les humains. Cette découverte a propulsé le prix à environ six dollars la pilule, soit 100 fois plus. Le Medrol, un anti-inflammatoire, coûtait 3,90 dollars par mois tant qu'il s'agissait de soigner les chiens. Quand on a découvert qu'il pouvait traiter l'asthme chez les humains, le prix a bondi à 20,10 dollars. Au tournant du siècle, le Taxol, utilisé dans le traitement du cancer, coûtait environ 27 cents le milligramme. Le patient le payait 8,61 dollars, soit près de 32 fois plus [58].

D'après Stephen Schondelmeyer, docteur en pharmacologie et directeur du Prime Institute at the College of Pharmocology de l'université du Minnesota, un bon indicateur du coût d'un médicament

est le prix auquel est vendu un produit breveté, une fois que les génériques ont pris le marché d'assaut. Le premier générique qui arrive
sur le marché se vend autour de 75 % du prix du médicament breveté.
Ce pourcentage pourra descendre jusqu'à 25 % à mesure que d'autres
génériques font leur apparition sur le marché. On arrive ainsi à un
coût de production oscillant autour de 25 %, incluant une marge de
profit plus que confortable, mais ces chiffres sont probablement sous-
estimés [59]. En effet, ce n'est pas avec de faibles marges de profit que
le propriétaire de la plus grosse société de produits génériques au
Canada, Apotex, est devenu l'un des 12 hommes les plus riches du
pays (voir les chapitres II et VI).

L'importation de médicaments canadiens aux États-Unis fait pression sur la structure des prix américains. C'est pourquoi les sociétés
pharmaceutiques se livrent à un chantage éhonté pour que le Canada
majore ses prix, et qu'elles menacent de rationner le marché canadien,
voire de le priver de certaines « nouveautés ». Le puissant regroupement des manufacturiers de produits pharmaceutiques aux États-
Unis (PhRMA) rêve de nouvelles augmentations de prix : « Nous
demandons au Congrès et à l'Administration de travailler avec nous
pour éliminer les contrôles gouvernementaux du prix des médicaments d'ordonnance dans les pays étrangers [60]. » En juin 2003, le
directeur des relations publiques de PhRMA affirmait que « le
contrôle des prix est néfaste pour les malades dans la mesure où il
refrène l'innovation. Le système canadien ne pourrait exister sans
les États-Unis, et nous voulons nous assurer que les patients canadiens
assument leur part, pour qu'ils puissent continuer à bénéficier des
avancées pharmaceutiques dont ils jouissent déjà [61]. » L'arrogance à
part, de quelles avancées parle-t-on ? Comme nous le verrons, et
comme le confirment des experts indépendants, il n'y a eu aucune
véritable percée majeure depuis la trithérapie pour le VIH.

Dans leur bataille contre l'importation de médicaments étrangers,
notamment du Canada, les sociétés pharmaceutiques ont recruté un
regroupement de personnes âgées, la Seniors Coalition, qui a diffusé
au cours de l'été 2003 une série de publicités radiophoniques dans
plus de la moitié des États américains. Ces messages prenaient l'al-
lure d'une véritable campagne de dénigrement : ils mettaient en garde
contre les médicaments de fabrication canadienne, en prétendant
qu'il n'existe aucune assurance qu'ils soient des produits de qualité,
sûrs et efficaces. Cette campagne d'intoxication n'avait aucune raison

d'être, dans la mesure où la majeure partie des médicaments consommés aux États-Unis est produite outre-mer (comme par exemple le Lipitor et le Viagra). En effet, les importations en provenance de l'étranger, notamment de l'Irlande, ont été multipliées par cinq depuis 1995. Les prétentions des autorités américaines au sujet de la sécurité sont d'autant plus grotesques qu'un antidépresseur, Serzone (*voir le chapitre III*), a été retiré de la circulation par son fabricant au Canada et en Europe pour cause de toxicité, alors que la Food and Drug Administration (FDA) s'est contentée d'ajouter un avertissement sur les dangers qu'il représente[62]. Un porte-parole de la Seniors Coalition a nié formellement que son groupe était le pantin des marchands de pilules... mais a admis avoir reçu des fonds des grosses compagnies pharmaceutiques[63].

Les brevets et le monopole des médicaments

La structure des prix et les profits colossaux des géants de l'industrie s'expliquent en bonne partie grâce aux brevets. Hoffman-La Roche vendait du Thorium et du Valium au British National Health Service (service de santé national britannique). Roche Products, sa filiale britannique, payait à la société mère une première substance 925 dollars le kilo, et l'autre 2305 dollars le kilo. Ces mêmes substances, qui n'étaient pas protégées par les brevets en Italie, s'y vendaient respectivement 22,50 dollars et 50 dollars le kilo[64], soit 41 fois et 46 fois moins. Par ailleurs, les brevets empêchent ou retardent la mise en marché des produits génériques qui se vendent en *moyenne* de 40 % à 50 % moins cher. Les médicaments génériques sont rigoureusement équivalents aux produits brevetés : ils sont faits des mêmes principes actifs, contiennent les mêmes doses que les produits brevetés, et ont des taux d'absorption équivalents, vérifiés chez les volontaires.

Les compagnies obtiennent un monopole de 20 ans pour l'exploitation d'un produit à partir du moment où la demande de brevet est déposée. Québec se permet le luxe d'accorder cinq années supplémentaires aux produits brevetés en autorisant le remboursement d'un médicament breveté pendant cinq ans suivant la mise en marché de sa copie générique. À l'exception du Québec, les provinces du Canada ne remboursent que la version générique du médicament quand il est disponible sur le marché. Il serait étonnant que la présence du lobby des fabricants établis dans la région de Montréal, en particulier le West Island, y soit étrangère. L'organisation américaine de défense des consommateurs, Public Citizen Health Research Group, évalue la durée de vie réelle d'un brevet à 14 ou 15 ans, depuis l'approbation du produit par les autorités compétentes, tandis que les défenseurs de l'industrie parlent de 10 à 12 ans[65]. La première convention internationale sur la propriété intellectuelle, élaborée en 1883, accorde *six mois* de protection aux brevets. En 1923, le Canada vote une loi permettant la production de médicaments brevetés sous un régime de licences obligatoires. Pour diverses raisons, seulement une quarantaine de demandes de licences sont déposées, et une vingtaine sont accordées jusqu'en 1969. Mais en 1967, le Comité Harley sur les prix des médicaments plaide en faveur d'un régime de licences obligatoires et renforce cette loi (obligeant l'innovateur à accorder le droit de produire à une firme dite générique). En dépit de l'opposition des multinationales du médicament et de la plupart des principaux organismes médicaux, le gouvernement libéral de Pierre Elliott Trudeau adopte la loi C-102 en 1969. Désormais, quand un médicament breveté est produit sous licence, le fabricant — canadien, en l'occurrence — doit verser à la compagnie qui détient le brevet des redevances de 4 % sur les ventes ; en outre, la loi permet l'importation de médicaments sous licence. Jusqu'en 1983, près de 300 licences obligatoires sont accordées, ce qui favorise la création d'une petite industrie canadienne de génériques. On estime que les économies pour le grand public sont de l'ordre de 85 à 300 millions de dollars canadiens. Quand le gouvernement conservateur de Brian Mulroney est élu en 1984, le premier ministre entame des négociations avec son ami Ronald Reagan en vue du traité de libre-échange. Reagan aurait fait savoir à Mulroney qu'il ferait mieux d'enterrer la loi C-102 s'il tenait à son traité. Et c'est ce qu'il fera, par étapes, en commençant par faire passer la loi C-22 en 1987. Quand Bush père prend la relève à Washington, il accentue la pression, et Mulroney fait voter la loi C-91 en 1993. Le régime de licences obligatoires fait partie de la liste des victimes du traité de libre-échange[66], et on revient à la situation qui prévalait avant 1969, alourdie par une durée de protection allongée des brevets, soit 17 ans (*voir le chapitre II*). À l'époque, neuf provinces s'étaient opposées au projet de loi ; le Québec faisait cavalier seul puisqu'il courtisait les manufacturiers de produits brevetés.

Que le président Bush père ait lui-même siégé au conseil d'administration d'Eli Lilly, dont il a démissionné deux ans avant de lancer sa campagne à la présidence, et qu'il ait détenu, à un moment donné, 145 000 dollars d'actions de la compagnie, n'est sûrement pas étranger aux pressions qu'il a pu exercer sur Mulroney. Du temps de la vice-présidence de Bush sous Ronald Reagan, le secrétaire au Trésor, Donald Regan, veut réviser à la baisse les privilèges fiscaux dont jouissent les compagnies pharmaceutiques à Porto Rico. George Bush communique avec Regan pour lui demander de préserver le *statu quo* fiscal. L'affaire s'ébruite, et Bush écrit à Regan pour retirer sa demande. Élu candidat républicain à la présidence en 1988, Bush choisit Dan Quayle comme partenaire à la vice-présidence. À ce moment, Dan Quayle fait partie de la famille Pulliam, qui comptait parmi les plus gros et les plus influents actionnaires d'Eli Lilly. Le père de Quayle avait invité Bush père à siéger au conseil d'administration de Lilly 11 ans plus tôt [67].

L'industrie compte d'autres alliés précieux dans l'administration américaine. Entre 1977 et 1985, le secrétaire à la Défense Donald Rumsfeld est successivement PDG, président et président du conseil d'administration de G.D. Searle, avant que l'entreprise ne passe dans le giron de Pfizer ; plus tard, il devient président du conseil d'administration de Gilead Sciences [68]. Le directeur de la gestion et du budget était également cadre supérieur chez Lilly.

Au Canada, l'ex vice-premier ministre John Manley, qui s'est toujours opposé à la diminution du prix des médicaments, a reçu, pour sa course à la direction du parti libéral, des contributions allant de 2500 à 8000 dollars canadiens de la part des principaux géants de l'industrie : AstraZeneca Canada Inc., Aventis Pharma Inc., Bristol-Myers Squibb Canada, GlaxoSmithKline Inc., Merck Frost Canada, Pfizer Pharmaceuticals Group [69].

Depuis le milieu des années 1980, les gouvernements, se rendant aux vœux des multinationales, ont passé des lois pour allonger la durée de vie des brevets. Mondialisation oblige, les États-Unis ont eu gain de cause à l'Organisation mondiale du commerce (OMC), qui a contraint le Canada à augmenter de 17 à 20 ans la protection accordée aux brevets. Aux États-Unis, de nouvelles lois [70] ont allongé la durée de vie des brevets. Ces lois, résultant en partie du ralentissement du processus d'innovation, de l'accentuation de la mondialisation, ainsi que d'une publicité de plus en plus agressive, expliquent pourquoi la part des médicaments brevetés dans l'ensemble du marché a augmenté depuis quelques années. Ces développements

ont contribué de façon significative à l'accroissement des coûts de
la santé. Le Congressional Budget Office estime que les Américains
auraient économisé 8 à 10 milliards de dollars en 1994 en achetant
des produits génériques. Il y a quelques années, on a évalué qu'entre 2000 et 2004, les
fabricants de produits brevetés perdraient quelque 25 milliards de
dollars à cause de l'expiration des brevets. C'est pourquoi l'industrie
a développé toute une série de moyens, plus ingénieux les uns que les
autres, pour étendre la durée de vie des brevets. Aujourd'hui, dès
qu'un fabricant de produits brevetés dépose une poursuite contre un
fabricant de médicaments génériques qui entend commercialiser le
même produit, la FDA retarde automatiquement de 30 mois la sortie
du produit générique, quel que soit le degré de justification de la
poursuite. Au Canada, cette période est de 24 mois. Les fabricants
de médicaments brevetés payent les manufacturiers de produits génériques pour retarder la mise en marché de leurs médicaments (*voir
le chapitre IX*), apportent des variations mineures à leurs produits,
déposent des brevets fort discutables portant essentiellement sur la
couleur et la forme de la pilule et de la bouteille, ou changent le
mécanisme de libération du principe actif. Eli Lilly a dépensé des
millions de dollars pour allonger la durée de vie du brevet de Prozac,
dont les ventes dépassaient les 2,5 milliards de dollars en 1999. Pour
continuer d'empocher ces dividendes, la compagnie a développé un
nouveau mécanisme de libération, permettant de prendre le produit
une fois par semaine plutôt que sur une base quotidienne[71]. Bristol-
Myers Squibb a réussi à retarder la mise en marché d'un médicament
générique contre l'anxiété (trazodone) parce que ce dernier présentait
deux sillons facilitant son découpage, tout comme le produit original.
De plus, le Food and Drug Modernisation Act, passé sous Clinton,
accorde un monopole de six mois supplémentaires quand le fabricant
teste la sécurité de son produit pour les enfants. Il est ironique de
constater que plusieurs fabricants obtiennent ce délai supplémentaire
pour des médicaments traitant des affections qu'on ne retrouve pratiquement pas chez les enfants telles que l'arthrite, les ulcères et l'hypertension. Les pédiatres ont émis moins de 1 % d'ordonnances pour le
Glucophage, un médicament pour traiter le diabète chez les adultes,
et pour le Vasotec, employé dans le traitement de l'hypertension.
Cette prolongation d'exclusivité aurait valu près de 1 milliard de
dollars de ventes supplémentaires aux fabricants[72].

En désespoir de cause, les multinationales n'hésitent pas à mettre en marché leurs propres génériques. C'est ainsi que Schering-Plough a mis sur le marché sa version générique de Claritin sous le nom de loratadine. Claritin, le produit vedette de la compagnie, lui rapportait trois milliards de dollars de ventes annuelles. La FDA avait mis six ans avant d'approuver Claritin. L'agence de contrôle estimait que les études soumises par la compagnie étaient inadéquates. D'après la revue *New Internationalist*, Schering-Plough a demandé et obtenu une extension de près de quatre années pour le brevet de Claritin, sous prétexte que la FDA avait tardé à approuver son médicament. Comme des milliards étaient en jeu, Schering-Plough a voulu étendre davantage ses brevets. En 1999, le sénateur Torricelli a soumis un projet de loi pour étendre le brevet de Claritin et de six autres médicaments. La journée précédant la présentation du projet de loi, la compagnie a fait don de 50 000 dollars au Comité sénatorial de campagne des démocrates présidé par Torricelli. Plus tard, on a rapporté qu'un autre sénateur, qui présidait les audiences sur le projet de loi, avait voyagé à cinq reprises avec son personnel sur le jet privé de Schering-Plough[73].

Et dans le tiers-monde...
quelques centaines de milliers de morts plus tard

Le monopole de certains médicaments se traduit par des effets désastreux sur le tiers-monde. En 1948, les chefs des nations signent la charte des Nations Unies. En apposant leur signature, ils s'engagent solennellement à ce que chaque humain jouisse de « la plus haute norme de santé physique et mentale ». Plus de 50 ans plus tard, que reste-t-il de ces promesses ? Nous assistons, silencieux, à la pire catastrophe humanitaire qu'ait connue le genre humain : 25 000 enfants de moins de cinq ans meurent *chaque jour* de maladie dans le tiers-monde, faute de médicaments à prix abordables.

Environ 80 % des médicaments sont consommés dans 10 pays, pendant que le reste de la planète se partage les 20 % restants. À eux seuls, les Américains consomment 40 % des médicaments qui se vendent dans le monde, contre 1,9 % au Canada et 1 % pour toute l'Afrique. Nombre de spécialistes dénoncent cette boulimie des habitants des pays industrialisés, boulimie qui n'est pas sans effet. Une étude du Dr Tamblyn, de l'université McGill, souligne que les maladies d'origine médicamenteuse sont responsables à différents degrés de 5 % à 23 % des hospitalisations des personnes de 65 ans et plus au Québec[74].

Les multinationales du médicament vont là où se trouve l'argent, et les priorités en recherche et développement se concentrent sur les produits qui sont susceptibles d'offrir les meilleurs rendements. Comme le pouvoir d'achat de la majorité des citoyens du tiers-monde est pratiquement inexistant, sur les 1223 nouvelles molécules qui ont vu le jour entre 1975 et 1997, seules 13 étaient destinées aux maladies tropicales. Parmi elles, cinq furent développées pour traiter les animaux, et quatre furent produites par l'armée américaine pendant la guerre du Viêt-nam[75]. Vous avez des problèmes d'érection au Nord ? Pfizer s'en charge et vous convainc que votre vie de couple sera améliorée. Vous souffrez de la maladie du sommeil ou de malaria au Sud ? Vous risquez d'y laisser votre peau. Le Viagra a déjà de nombreux concurrents, et d'autres produits sont attendus dans les pharmacies ; mais rien de nouveau n'est apparu pour traiter la maladie du sommeil qui tue 45 000 personnes chaque année.

Les patients sont souvent victimes des guerres de brevets que se livrent les multinationales. En Amérique latine, Novartis vend la cyclosporine (pour prévenir le rejet d'organes transplantés) deux fois plus cher que le produit générique commercialisé par Abbott. Novartis a engagé des procédures pour empêcher Abbott de lui faire concurrence. Des rumeurs ont couru pour discréditer le produit d'Abbott dépeint comme dangereux, voire mortel. Le ministre brésilien de la Santé a accusé Novartis de manipuler les patients[76].

Par ailleurs, certains médicaments, particulièrement les médicaments pour traiter le cancer, se vendent à des prix qui dépassent l'imagination. Le ministère péruvien de la Santé publie les prix de certains remèdes : une fiole de 50 mg de doxorubicine vendue par Pharmacia-Upjohn coûtait 13 000 dollars, tandis que l'Association internationale des dispensaires la vendait 20 dollars. Une fiole d'un milligramme de vincristine d'Eli Lilly pour traiter la leucémie était vendue 2 671,52 dollars au détail ; l'Association des dispensaires la cédait pour 1,58 dollar[77], soit 1691 fois moins cher.

Il arrive fréquemment que la production de certains médicaments soit abandonnée par les multinationales. Ainsi, un médicament contre les méningites bactériennes avait la propriété d'être facile à utiliser et peu coûteux. En 1995, Roussel-Uclaf (maintenant Sanofi-Aventis) en a arrêté la fabrication, et il fut transféré dans un laboratoire de

Malte grâce à l'Association internationale de développement. Aujourd'hui, sa production n'est plus assurée faute de financement. Un autre exemple nous est fourni par la molécule contre la leishmaniose, maladie parasitaire fréquente en Afrique : la molécule existe dans les cartons des laboratoires, mais sa production n'a pas démarré car le rendement sur investissement n'est pas garanti[78].

Des brevets, de la charité et des vies humaines

Dans un article au titre évocateur, « Ne touchez pas aux brevets ! », le président de Rx&D, le groupe de pression des fabricants canadiens de produits de marque, se livre à un vibrant plaidoyer pour convaincre ses lecteurs que le tiers-monde a tout à gagner au maintien des brevets, prétendument essentiels à l'innovation (je reviens sur ce thème au prochain chapitre). Il souligne que les multinationales font preuve de générosité en donnant leurs médicaments au tiers-monde. Une entreprise a donné 250 millions de comprimés pour traiter la cécité des rivières, d'autres ont fait don de médicaments pour traiter le paludisme et la lèpre, et d'autres encore offrent leurs produits contre le VIH à prix réduit[79].

Ceci appelle plusieurs remarques. On ne peut certes reprocher aux géants de la pharmacie de faire des dons ; par contre, il est certain qu'ils s'achètent une bonne conscience à vil prix. En outre, comme le coût de production de ces médicaments est beaucoup plus bas que le prix de détail, la véritable « valeur » de ces cadeaux est limitée. Par ailleurs, la charité n'est pas une solution à long terme, et il est permis de douter de la sincérité et de la pureté des intentions des grosses compagnies pharmaceutiques. À ce sujet, rappelons les propos de Raymond Gilmartin, président de Merck, l'entreprise qui a donné des comprimés pour traiter la cécité des rivières : « Donner nos médicaments serait irréaliste. Au bout du compte nous devons rentabiliser nos investissements pour financer la recherche dans l'avenir[80] ». Pendant que les multinationales se félicitent de donner leurs médicaments, les gouvernements les récompensent en étendant la durée de vie des brevets, comme vient de le faire le gouvernement américain, en imposant un accord bilatéral au Maroc portant à 30 ans la protection accordée aux brevets[81].

Michael Reich, de l'université Harvard, a examiné 16 566 dons de médicaments destinés au tiers-monde entre 1994 et 1997. Il en arrive à la conclusion que les sociétés pharmaceutiques combinent leurs dons avec la gestion de leurs inventaires. À cause de la nature même des médicaments, les coûts pour les détruire sont élevés. Reich ajoute que la gestion des inventaires est dispendieuse et que les sociétés pharmaceutiques ont droit à des dégrèvements d'impôts lorsqu'elles font des dons. Cette pratique présente donc un double avantage : elle est excellente pour l'image et avantageuse financièrement. Avec un bon comptable, les compagnies peuvent en retirer davantage que si elles vendaient leurs surplus[82].

Depuis plus de 20 ans, Richard Walden organise et expédie des dons de médicaments à destination du tiers-monde. Nombre d'opérations sont inutiles : elles sont au mieux un coup d'épée dans l'eau, au pire de la mauvaise propagande. Un jour, alors qu'il se prépare à expédier une cargaison de médicaments aux Philippines, il se voit offrir 20 000 fioles d'un vaccin antigrippe, et songe immédiatement à le joindre au chargement. En se renseignant auprès de l'OMS, il apprend que le vaccin est inutile dans l'archipel philippin, et informe donc la compagnie que la souche n'est pas adaptée à la destination de la cargaison. Plus tard, il apprendra qu'une autre organisation charitable a expédié le vaccin aux... Philippines. La compagnie « ne s'est même pas préoccupée de leur dire que c'était la mauvaise souche ». En visitant un camp de réfugiés des Nations Unies, il a vu des bouteilles de médicaments périmés depuis sept ans, et rappelle comment des gens bien intentionnés ont expédié 17 000 tonnes de médicaments inutiles en Bosnie. Les organisations charitables les plus en vue sont souvent celles dont l'action est la plus inefficace. À titre d'exemple, une de ces organisations a expédié au Zaïre 10 000 caisses de sels de réhydratation pour traiter la diarrhée ; il s'est avéré que c'était du Gatorade. Une autre a dépêché pour deux millions de dollars de médicaments en Russie ; c'étaient des friandises[83]. En général, les organisations charitables et non gouvernementales ont tendance à exagérer la valeur des médicaments qu'elles expédient au tiers-monde.

Il arrive que les sociétés pharmaceutiques utilisent le tiers-monde comme terrain d'expérimentation. En 1996, Pfizer profite d'une épidémie de méningite au Nigeria pour tester son antibiotique oral, Trovan, sur des enfants. La prescription de ce médicament (dont le nom générique est trovafloxacine) auprès d'enfants n'est pas encore approuvée. Les stratèges de la compagnie évaluent que les ventes atteindraient le milliard de dollars si les enfants pouvaient être traités au Trovan. Une équipe de Pfizer s'installe dans un hôpital nigérian,

48 L'ENVERS DE LA PILULE

bousculant au passage une équipe de Médecins sans frontières, et recrute 200 cobayes. Onze d'entre eux meurent au cours des essais, et d'autres souffrent d'effets indésirables normalement associés au médicament. Un journaliste du *Washington Post* a tenté de savoir si l'une des patientes qui est morte aurait pu survivre à sa méningite si elle avait été traitée aux antibiotiques conventionnels. Il ne l'a jamais su. Mais il apprendra que les normes éthiques habituelles qui prévalent dans les circonstances n'ont pas été respectées. Outre les conditions sanitaires déplorables de l'hôpital, on a commencé par administrer la pilule aux enfants, alors que les traitements débutent habituellement par des intraveineuses à action rapide ; de plus, la pratique des analyses sanguines régulières, de mise lors des essais, n'a pas été respectée[84]. Enfin, les parents soutiennent qu'on ne leur a jamais demandé leur consentement. D'après Pfizer, plusieurs d'entre eux ne savaient ni lire ni écrire[85].

L'histoire a une suite. En juin 1999, les autorités européennes recommandent de suspendre la vente de trovafloxacine pour un an. Aux États-Unis, on avait enregistré 140 signalements d'effets indésirables, probablement liés à l'utilisation du Trovan, dont cinq décès. *Worst Pills Best Pills* souligne que « la FDA a agi de façon irresponsable en laissant le médicament sur le marché, bien que son utilisation ait été restreinte aux patients dont la vie était menacée[86] ». D'après la même source, l'agence gouvernementale était au courant que la trovafloxacine était toxique avant même qu'elle soit approuvée. Des essais cliniques avaient démontré qu'elle était 10 fois plus toxique qu'un autre antibiotique de la même famille des quinolones, l'ofloxacine. La trovafloxacine a été approuvée en 1997 en même temps que le Rezulin, utilisé dans le traitement du diabète, et le Duract, un anti-inflammatoire. Ces deux derniers produits, que nous retrouverons dans les prochains chapitres, ont été retirés du marché pour raisons de toxicité inacceptable.

CHAPITRE II | *Recherche*
et développement :
tigre ou baudruche ?
**Anatomie
d'une illusion**

La recherche sur la santé
est un bien public.
Éditorial,
*Journal of the American
Medical Association*

Le prix des médicaments n'est pas
déterminé par les coûts de la
recherche. Il est plutôt déterminé
par la valeur qu'ils ont en matière
de prévention et de traitement de
la maladie.
Raymond Gilmartin
PDG de Merck

INCRIMINER les sociétés pharmaceutiques pour cause de profits excessifs revient à faire preuve d'irresponsabilité. C'est l'opinion de Julie Frappier, PDG de Recherches MedecoNovo. Selon elle, les médicaments ont sauvé des gens par millions. Savons-nous seulement que cela prend 10 à 12 années de recherche, et qu'il en coûte en moyenne 750 millions de dollars pour mettre au point un nouveau médicament? De surcroît, 7 produits sur 10 ne récupèrent jamais leurs frais de développement et un seul sur 10 sera un *blockbuster*. Toujours selon Mme Frappier, « l'industrie pharmaceutique est une industrie comme les autres, qui doit obéir aux lois du marché en tentant de maximiser ses profits [1] ». En effet, il en coûterait pour développer un nouveau médicament 802 millions — chiffre récemment révisé à la hausse, pour atteindre 1 milliard. Cet argument est repris à l'unisson par l'industrie, les politiciens, les médias et certains « experts ».

Le président de Pharmaceutical Research and Manufacturers of America (PhRMA), qui compte 623 lobbyistes à Washington, ajoute : « Si nous imposons le contrôle des prix et si nous diminuons le niveau de recherche et développement, cela se fera au détriment de mes enfants et des millions d'Américains dont la vie dépend des médicaments [2] ». Ce point de vue est repris par l'Institut Fraser, un groupe de réflexion [*think thank*] néolibéral de Vancouver (et sa filiale montréalaise, l'Institut économique de Montréal), pour qui le contrôle des prix est un vrai « désastre » qui inciterait les « fabricants de médicaments à investir moins dans la recherche et le développement [...] [3] ».

Aux États-Unis, l'industrie a investi environ 30,3 milliards de dollars en recherche et développement (RD) en 2001. Cette somme représente 12,5 % des profits des sociétés pharmaceutiques, soit près de *trois fois moins* que l'argent consacré au marketing et aux frais d'administration [4]. Déjà, en 1959, le sénateur Estes Kefauver, président une commission sur le prix des médicaments, révélait que les opérations de mise en marché absorbaient près de quatre fois plus d'argent que la recherche [5]. Au Canada, la RD pharmaceutique oscillait autour du milliard de dollars canadiens au tournant du siècle. Environ 70 % des sommes investies par l'industrie le sont en recherche clinique, et 30 % en recherche fondamentale [6].

Les sommes consacrées à la recherche ont progressé de 14 % en 1999, contre une augmentation de 38 % pour la publicité [7]. D'après PhRMA, le personnel en RD a diminué de 2 % depuis 1995, tandis que le marketing a accru son personnel de 59 %. À l'heure actuelle,

22 % du personnel est employé en RD, contre 39 % en marketing[8].

En 1983, Hans-Paul Hauser, le responsable de la division marketing de Ciba-Geigy, s'exprimait en ces termes : « Dans le passé, les départements de RD sortaient un nouveau produit et le confiaient au marketing. Maintenant que la concurrence est plus féroce et que l'industrie arrive à maturité, le côté marketing devient plus important[9] ». Aujourd'hui, il arrive souvent que le président d'une compagnie ait été auparavant chef du marketing. Nul doute que les sociétés pharmaceutiques tentent de maximiser leurs profits. Mais est-il vrai que le prix élevé des médicaments s'explique par les coûts démesurés de la recherche et par les risques encourus par les sociétés pharmaceutiques ? Devons-nous croire que les dépenses en RD sont consacrées à la mise au point de *nouveaux* médicaments qui représentent des avancées thérapeutiques significatives ? Et le contrôle des prix paralyserait-il vraiment l'innovation ?

Le tigre de 802 millions
Vers la fin des années 1990, les représentants de l'industrie, PhRMA en tête, prétendaient qu'il en coûtait 500 millions de dollars pour développer un nouveau médicament. Ce chiffre est tiré d'une étude réalisée en 1991 par le Tufts Center for the Study of Drug Development de Boston. Il ne s'agit pas de données réelles, mais d'une estimation assez complexe, sur laquelle nous reviendrons.

Un simple calcul fondé sur les données de l'industrie elle-même donne des résultats radicalement différents. D'après les données de PhRMA, au cours des années 1990, les dépenses en recherche et développement consenties par les sociétés américaines et étrangères en sol américain totalisent 139,8 milliards de dollars. On peut calculer ce qu'il en a coûté pour mettre au point un nouveau produit en divisant cette somme par le nombre de nouveaux médicaments approuvés par la FDA durant cette période, soit 857. Nous obtenons un montant de 163 millions de dollars par médicament[10]. Ce chiffre, exprimé en dollars de l'an 2000, reste très généreux à tous égards. En effet, il ne tient pas compte des exonérations d'impôts dont bénéficie la recherche, et comprend le coût de mise au point des produits qui ont été approuvés, mais aussi des autres ; de plus, si on se fie au comité spécial du Sénat américain sur le vieillissement, ce montant cacherait divers coûts de mise en marché. En tenant compte de tous ces éléments, pour la période 1988-1994, nous approchons donc davantage de la somme de 70 millions de dollars. Le tigre de 500 millions s'est soudainement transformé en baudruche de 70 millions. L'Office of Technology Assessment du Congrès (aujourd'hui dissous) arrivait à des résultats comparables: les dépenses de RD pour une nouvelle entité chimique avoisinaient les 65,5 millions de dollars (en dollars de 1990). La dernière étude du Tufts Center, publiée en 2001, actualise l'étude de 1991 et révise le montant de 500 millions pour le porter à 802 millions de dollars [11]. D'une part, il s'agit d'un coût avant impôts, comprenant les échecs, les « coûts financiers », et les coûts d'essais cliniques largement supérieurs à ceux estimés par d'autres sources plus indépendantes. D'autre part, les données sur lesquelles l'étude se fonde sont confidentielles, et ont été fournies par l'industrie au seul Tufts Center. Il est donc impossible de les vérifier. Pendant neuf ans, le puissant Congrès a vainement tenté d'obtenir les sommes réelles consacrées à la RD par l'industrie pharmaceutique. À travers tout un ensemble de manœuvres légales, les fabricants ont réussi à échapper aux demandes du General Accounting Office (GAO, l'organisme d'enquête du Congrès), qui a dû plier devant l'industrie. Bien sûr, le Congrès aurait pu user de ses pouvoirs pour forcer les fabricants à produire ces données, mais il ne l'a pas fait. Le Tufts Center se présente comme un organisme « indépendant ». En réalité, il est financé à hauteur de 65 % par les sociétés pharmaceutiques, et compte parmi ses commanditaires des compagnies telles que Merck, Pfizer et Bayer. Serions-nous accusés d'entretenir des vues extrémistes si nous parlions de conflit d'intérêt? Cela en a du moins toutes les apparences.

En s'appuyant sur la méthodologie utilisée par l'Office of Technology Assessment du Congrès, Public Citizen a dégonflé le mythe des 802 millions de dollars, comme le Congrès l'avait fait à l'époque où l'industrie prétendait qu'il en coûtait 500 millions de dollars pour un nouveau médicament, et a suivi le raisonnement suivant:
– Premièrement, ce montant ne tient pas compte des avantages fiscaux dont jouissent les fabricants de remèdes qui paient 40 % moins d'impôts que la moyenne des autres industries [12]. D'après *Rx R&D Myths*, le taux réel d'imposition des sociétés pharmaceutiques s'élevait à 16 % entre 1993 et 1996, par comparaison à 27 % pour les principales industries. Chaque dollar investi en RD *coûte donc en réalité 66 cents*. Soulignons que ces exonérations d'impôts ne touchent pas que la RD. L'industrie profite également

de déductions d'impôts pour ses importantes, sinon exorbitantes, dépenses en marketing [13].

- À ce chapitre, le Canada déroule le tapis rouge devant les marchands de pilules. Une étude réalisée en 1994 par le ministère des Affaires étrangères et du Commerce international révélait que le Canada offrait le meilleur traitement fiscal au monde en ce qui a trait aux activités de recherche des sociétés pharmaceutiques [14]. Au Québec, qui tente d'attirer les fabricants de produits brevetés et de damer le pion à l'Ontario, c'est l'apothéose : les crédits d'impôts provinciaux et fédéraux atteignent la somme fabuleuse de 80,50 dollars sur chaque tranche de 100 dollars canadiens dépensée en salaires de RD [15]. D'après certaines sources, suite aux déductions généreuses offertes par le gouvernement péquiste dans son budget de 1999, le coût net après impôt de la recherche pour les petites entreprises passait de 27 % à 9 %, et de 42 % à 34 % pour la grande entreprise [16]. Québec se distingue également en défrayant le coût d'un médicament générique seulement si le produit breveté est sur le marché depuis 15 ans. Par exemple, le Prozac est remboursé jusqu'en 2004, même si son équivalent générique, disponible depuis 1996, est beaucoup moins cher [17].

- Deuxièmement, l'étude arrive au chiffre miraculeux de 802 millions grâce à un artifice comptable qu'on appelle le « coût d'opportunité du capital », et qui désigne ce qu'il en « coûte », en théorie, pour engager des sommes d'argent en RD pharmaceutique, plutôt que de les investir dans d'autres placements lucratifs. Cet artifice comptable permet de multiplier par deux les sommes réellement engagées en RD. En réalité, les sociétés ne sortiraient pas 802 millions de dollars de leur poche, mais seulement un peu plus de la moitié, soit 403 millions de dollars.

- En soustrayant les exonérations d'impôt et le coût d'opportunité du capital, on arrive au montant de 240 millions de dollars pour la mise au point d'un nouveau médicament [18].

- Troisièmement, l'échantillon de données utilisées par le Tufts Center est biaisé. D'une part, il exclut tous les médicaments ayant bénéficié du financement public. D'autre part, il ne comprend que les nouvelles entités chimiques qui coûtent plus cher à mettre au point. Or, nous le verrons, la plupart des « nouveaux » médicaments ressemblent étrangement aux produits existants, et la majorité des médicaments les plus populaires ont été développés grâce au soutien de l'État.

- Quatrièmement, l'étude du Tufts Center évalue les coûts des essais cliniques à 282 millions de dollars, à savoir un montant quatre fois plus élevé que celui estimé par le service de recherche du Congrès, et substantiellement plus élevé que les données fournies par les fabricants eux-mêmes. Des données du National Cancer Institute laissent penser que ces chiffres sont fortement exagérés. En effet, ces données évaluent le coût moyen d'un essai clinique de phase III (voir le chapitre V), à 7000 dollars par patient en 1995-1996. Si l'on applique ce coût aux chiffres du Tufts, cela supposerait que les essais de la phase III ont été effectués sur 16 000 patients. Or, le Tufts a comptabilisé en moyenne 5303 patients pour l'ensemble des trois phases [19], ce qui est déjà le double du nombre de patients évalués par la FDA.

- Finalement, et nous l'avons déjà mentionné, des sommes importantes investies en recherche sont en réalité consacrées à la recherche en marketing [20].

Une fois ce calcul effectué, Public Citizen arrive à un chiffre situé entre 71 et 150 millions de dollars pour la mise au point d'un nouveau produit. Raymond Gilmartin, PDG de Merck, contredit les affirmations de PhRMA — et ce faisant, ruine d'autres affirmations des sociétés pharmaceutiques :

> Le prix des médicaments n'est pas déterminé par les coûts de la recherche. Il est plutôt déterminé par la valeur qu'ils ont en matière de prévention et de traitement de la maladie [21].

Récemment, le président de Pfizer Canada reprenait ces propos à son compte : « Le prix des médicaments ne correspond pas à l'investissement en recherche [22] ».

Si ces affirmations sont justes, cela signifie-t-il que le vieux discours sur les coûts de la recherche n'était qu'un tissu de mensonges ?

Les « nouveaux » médicaments ?

Les fabricants soutiennent qu'ils ont besoin de gros et juteux profits, en raison des sommes colossales exigées par la mise au point de nouveaux médicaments. Or toutes les données montrent que l'industrie pharmaceutique n'est pas très innovatrice, puisque la vaste majorité des «nouveaux» médicaments sont des versions légèrement modifiées des produits existants. Ce sont souvent des combinaisons de médicaments déjà sur le marché, présentés sous une nouvelle forme, des molécules qui diffèrent des anciennes par un carbone, un oxygène, un hydrogène ou simplement un isomère (formule chimique inversée comme dans un miroir). Ces manipulations relativement simples se traduisent potentiellement par des changements importants dans les propriétés des molécules. Sur le lot impressionnant de molécules disponibles sur le marché, l'OMS a identifié 270 médicaments essentiels, auxquels ont été ajoutés les médicaments pour le VIH. Ces produits ont été testés, sont reconnus pour leur fiabilité, et sont relativement sécuritaires. Finalement, et c'est un avantage appréciable, ils sont, pour la plupart, bon marché[23].

La majorité des médicaments qu'on appelle des nouveautés sont d'intérêt restreint. Le Patented Medicine Review Board a examiné 577 médicaments brevetés commercialisés entre 1991 et 1997. Parmi eux, seulement *8,7 % représentent des avancées thérapeutiques substantielles*. La moitié des «nouveaux» médicaments sont de simples dérivés du produit original, et 41 % des nouveautés offrent peu ou pas d'avantages par rapport aux produits déjà sur le marché[24]. La revue *Prescrire* a examiné 223 nouveaux médicaments mis en marché : sur le lot, seuls *neuf* apportent réellement un plus[25]. Une étude française s'est penchée sur les 508 nouvelles entités chimiques qui ont vu le jour entre 1975 et 1984, et a conclu que 70 % d'entre elles n'apportent *aucun avantage* sur les produits existants. Toutes les sources convergent. Au Canada, seulement deux des 81 médicaments brevetés en 1995 étaient considérés comme des découvertes importantes ou des améliorations considérables pour les thérapies existantes. Les autres étaient de nouvelles versions de médicaments existants ou des médicaments qui amélioraient peu les thérapies existantes. Entre 1991 et 1995, seulement 8 % des médicaments étaient classés comme médicaments innovateurs. Le reste n'était que des prolongements de lignes (43 %) ou des produits offrant des améliorations modérées, faibles, voire aucune amélioration par rapport aux thérapies existantes[26]. Un examen des 348 nouveaux produits mis en marché entre 1981 et 1988 par les 25 plus importantes sociétés pharmaceutiques américaines, réalisé par la FDA, apporte les conclusions suivantes :

- 3 % des produits représentent une « contribution potentielle importante aux thérapies existantes » ;
- 13 % représentent une « contribution potentielle modeste » ;
- 84 % ne contribuent en rien ou peu aux thérapies existantes [27].

Toujours d'après la FDA, seules 16 % de toutes les nouvelles molécules approuvées par l'agence entre 1981 et 1991 représentent des avancées thérapeutiques significatives. Plus de la moitié (53 %) des « nouveaux » médicaments sont ce qu'on appelle des « *me-too* », c'est-à-dire des quasi-répliques de produits existants. Plusieurs médicaments sont remplacés par des quasi-répliques [*me-too*] proclamées meilleures. Les anciens médicaments n'étant plus utilisés, la communauté scientifique ne peut comparer les effets du nouveau produit avec l'ancien ; par conséquent, elle ne connaît jamais le vrai profil de toxicité et de bénéfice de cette nouveauté, même après 10 ou 15 ans d'utilisation. Cela est vrai pour toutes les familles de médicaments utilisées de manière constante.

Le système de classification qui évalue la valeur thérapeutique des médicaments a déplu à l'industrie. Il a été éliminé en 1992 sous l'administration Bush père, décision applaudie par le président de PhRMA. L'abolition du système « était une priorité depuis longtemps [28] », a-t-il déclaré.

Il apparaît donc que la majorité des dépenses en RD est consacrée à la fabrication de quasi-répliques ; par conséquent, le service médical rendu est faible, voire nul, par rapport aux anciens médicaments. D'après la Coalition canadienne de la santé, environ 75 % des dépenses de recherche consenties par les géants de la pharmacie le sont pour que les nouveaux médicaments passent à travers le processus d'approbation réglementaire. Bien peu est consacré à la recherche fondamentale [29]. La plupart du temps, ces produits sont fabriqués pour concurrencer un rival et lui enlever des parts de marché, mais n'améliorent pas substantiellement le traitement des maladies et ne concernent que des affections répandues dans les pays riches. Cet illogisme découle en grande partie du fait que les sociétés pharmaceutiques ne sont pas obligées de fournir de preuve que leur nouveau produit est plus performant que les médicaments existants, sur les plans de la sécurité et de l'efficacité. La seule chose qu'elles sont tenues de prouver, c'est que leur produit est plus efficace qu'un placebo — une pilule de sucre sans principe actif.

En outre, les sociétés qui dépensent le plus en RD ne sont pas nécessairement celles qui innovent le plus, comme le montre une étude d'une firme de Wall Street citée par le Dr Stephen Schondelmeyer. Pour la même somme, certaines sociétés sont beaucoup plus performantes que d'autres [30].

Pour toutes ces raisons, on ne peut accepter l'argument des compagnies pharmaceutiques qui s'opposent au contrôle des prix sous prétexte qu'il découragerait l'innovation. D'autre part, les pays où le contrôle des prix existe ne sont pas moins « innovateurs » que les autres. Une étude du Tufts Center montre que 49 % des nouvelles entités chimiques mises en marché ont été approuvées par la FDA, ce qui suggère qu'une petite majorité des nouveaux produits a été développée à l'extérieur des États-Unis, dans des pays où le contrôle des prix existe [31]. De plus, 85 % des études publiées et des essais cliniques menant à la découverte de nouveaux médicaments ont été financés par les contribuables et les universités étrangères [32]. D'après la Fédération européenne des associations des industries pharmaceutiques, les États-Unis ont mis en marché 161 nouvelles entités chimiques entre 1990 et 1999, contre 189 en Europe et 113 au Japon.

À qui appartiennent les médicaments ?

L'industrie pharmaceutique défend son territoire bec et ongles, qu'elle considère comme son bien et sa propriété. Mais dans quelle mesure les brevets sont-ils la « propriété » des sociétés pharmaceutiques ?

Les brevets ne profitent qu'à leurs détenteurs, en général une poignée de multinationales et d'individus. Pourtant, ils reposent sur le savoir-faire et les efforts antérieurs d'une multitude de chercheurs, souvent anonymes, qui ont mis au point des théories, des molécules et des procédés sans lesquels ces découvertes n'auraient pas eu lieu. Une grande partie des médicaments brevetés ont vu le jour grâce au financement public et aux larges déductions fiscales dont jouit l'industrie.

L'étude de Cockburn et Henderson, portant sur les 21 médicaments les plus importants commercialisés entre 1965 et 1992, montre que 76 % d'entre eux ont bénéficié des fonds publics. Entre 1992 et 1997, 45 des 50 médicaments les plus vendus ont profité de subsides gouvernementaux. D'après les National Health Institutes (NIH), les contribuables ont financé 55 % des projets de recherche ayant mené à la découverte des cinq médicaments les plus populaires en

1995 : Capoten et Vasotec pour l'hypertension, Prozac pour la dépression, Zovirax pour l'herpès, et Zantac pour le traitement des ulcères digestifs[33].

En 1995, une étude du Massachusetts Institute of Technology montre que sur les 14 médicaments les plus prometteurs pour l'industrie, 11 sont produits grâce au financement par l'État. Ainsi, les contribuables ont participé au développement du Taxol pour le traitement du cancer à hauteur de 27 millions de dollars. Bristol-Myers Squibb en a obtenu l'exclusivité ; en 2000, les ventes de Taxol atteignaient 1,6 milliard de dollars. Le gouvernement a investi quatre millions de dollars dans la mise au point du Xatalan pour le glaucome. Le brevet fut racheté pour la somme de 150 000 dollars par Pharmacia (aujourd'hui absorbée par Pfizer) ; en 1999, le chiffre d'affaires du Xatalan s'élevait à 507 millions de dollars[34]. Pour la société qui produit le médicament, c'est de l'« or liquide », note le *New York Times*. Le même scénario s'est reproduit avec le Copaxone, utilisé dans le traitement de la sclérose en plaques.

La recherche fondamentale ouvre la voie à la découverte de nouveaux médicaments. Or, la National Science Foundation (États-Unis) révèle que seulement 14 % des dépenses en RD sont allées à la recherche fondamentale, contre 38 % à la recherche appliquée et 48 % au développement du produit. Cette étude suggère que le travail de recherche fondamentale précédant le choix de nouveaux produits est effectué par des chercheurs financés par les fonds publics. Quand les fabricants pensent avoir un produit commercialisable, ils investissent dans sa production[35].

La chimie organique constitue le fondement même du processus de découverte des nouveaux médicaments. Les techniques pour identifier, isoler et modifier la structure des corps chimiques ont été développées au XIXᵉ siècle. Elles font partie du patrimoine de connaissances générales de l'humanité, et leurs auteurs ne sont jamais identifiés, encore moins récompensés financièrement pour leurs contributions. On peut en dire autant des autres techniques qui jouent un rôle de premier plan dans la recherche, telles que les méthodes de chirurgie animale et de culture des cellules développées au début du XXᵉ siècle. La plupart de ces découvertes ont été faites en Europe, et c'est seulement depuis la Deuxième Guerre mondiale que les États-Unis se sont taillé une place enviable dans le domaine. Ces dernières années, la recherche a été révolutionnée par la chimie combinatoire, qui a mis au point des méthodes permettant de produire des quantités impressionnantes de molécules interreliées. Si plusieurs de ces méthodes ont été mises au point par des scientifiques employés par l'industrie, elles furent précédées de recherche fondamentale financée par les fonds publics. Les NIH ont obtenu de PhRMA la liste des 13 produits dont les ventes dépassaient le milliard de dollars en 1994. Ils ont choisi les cinq médicaments les plus populaires, mentionnés précédemment, pour en faire des analyses de cas (Prozac, Zantac, Capoten, Vasotec, Zovirax). Aucun des cinq produits n'est un médicament de première génération. Ils ont vu le jour grâce à une somme considérable de recherche fondamentale financée par les contribuables. Il serait fastidieux d'énumérer l'ensemble des recherches qui ont donné naissance à chacun de ces médicaments : la liste des chercheurs qui ont donné naissance au Zantac occupe trois pages. Le texte des NIH détaille la contribution des chercheurs et de leurs équipes en identifiant le lieu d'origine de la recherche et la provenance des fonds. On apprend ainsi que la *majorité des recherches* ayant mené à la découverte du Zantac ont été faites par des universitaires américains ou des chercheurs financés par les NIH, dont un grand nombre d'universitaires travaillant dans des institutions publiques à l'extérieur des États-Unis.

En outre, il arrive fréquemment qu'une découverte dépende des avancées ayant lieu dans des domaines qui ne sont pas directement reliés au produit. C'est le cas pour le Zantac, dont la mise au point a découlé de la découverte de la structure chimique de l'histamine, du concept de récepteur cellulaire, et du développement d'un médicament pour le cœur. Il en va de même pour les quatre autres produits ayant fait l'objet d'un examen détaillé par les chercheurs des NIH.

Les brevets : incitation ou entrave à l'innovation ?
Après avoir étudié en quoi consistait l'essentiel des nouveautés mises au point par l'industrie pharmaceutique, nous voyons bien qu'il est loin d'être évident que les brevets sont une source d'innovation. On pourrait même observer que la durée de vie des brevets est inversement proportionnelle au nombre d'innovations. S'il est vrai que l'enrichissement personnel peut servir le travail de certains inventeurs, il n'en est pas moins vrai que la propriété intellectuelle peut devenir une entrave à la liberté de créer. Le généticien Axel Kahn, ancien président du Comité consultatif national d'éthique en France, souligne qu'il y

a cinq à 10 fois plus d'information dans les banques de données privées sur les gènes, dont l'accès est limité et payant, que dans le domaine public librement accessible. L'utilisation des brevets ou les coûts exorbitants des licences empêchent les médecins et les chercheurs d'effectuer des tests génétiques. Ceci «limite l'accès aux soins, réduit leur qualité et en augmente le coût de manière déraisonnable[36]». En outre, les brevets risquent d'inciter leurs détenteurs à s'asseoir sur leurs lauriers, puisque leurs sources de revenus sont protégées. N'est-il pas plus avantageux de faire circuler librement les idées que d'en limiter la circulation? D'ailleurs, les brevets ne sont-ils pas en contradiction avec une vieille valeur libérale bien connue, la «concurrence»?

Il est permis de relever la contradiction. Nous avons une industrie qui, d'un côté, bénéficie à la fois des contributions des chercheurs des générations passées et de celles du public, sous forme de subventions et de dégrèvements d'impôts, et qui, d'un autre côté, se comporte comme si elle ne devait rien à personne.

Soulignons que l'innovation obéit à d'autres motifs que le profit. Le docteur Jonas Salk a inventé le vaccin contre la poliomyélite dans les années 1950. Répondant à la question de savoir qui détenait le brevet de son invention, il répondait: «Personne! Pourriez-vous breveter le soleil?» Roentgen, l'inventeur des rayons X, a refusé de prendre un brevet, afin de faire profiter l'humanité de sa découverte. Avec le néolibéralisme triomphant, qui valorise la propriété privée avant même la vie et la santé, on essaie de tout breveter. La cupidité n'a plus de limites. On tente de faire passer ce qui appartient au patrimoine de l'humanité dans le domaine de la propriété privée pour en tirer le plus grand bénéfice personnel. C'est ainsi qu'on a breveté les gènes du cancer du sein, de l'obésité, les cellules du cordon ombilical des fœtus et des nouveau-nés, et les gènes du curcuma et du margousier, un arbre biopesticide. Pourtant, ces propriétés biopesticides étaient connues des populations indiennes bien avant que les scientifiques ne les découvrent. En 1984, un médecin américain a breveté la lignée cellulaire d'un de ses patients à son insu. Les États-Unis ont même voulu déposer un brevet sur la lignée cellulaire d'un homme Hagahai, de Papouasie–Nouvelle-Guinée. Devant le tollé provoqué par ce geste insensé, ils ont renoncé au brevet[37].

Pour l'industrie, toute atteinte aux brevets signifie la mort des recherches et la fin du progrès. Cet argument est à la fois faux et cynique. Si l'on devait admettre cette thèse, la poursuite du progrès ne pourrait se faire qu'au prix du sacrifice de millions de vies humaines, particulièrement dans le tiers-monde. Le sida fait trois millions de morts chaque année en Afrique, 40 % des femmes du Botswana et le tiers de la population du Lesotho sont infectés par le VIH. La situation est à ce point tragique que le Vatican, d'ordinaire si conservateur, vient d'accuser l'industrie pharmaceutique de « génocide » des sidéens[38]. En 1997, 39 sociétés pharmaceutiques ont poursuivi l'Afrique du Sud pour avoir passé une loi permettant l'importation de génériques et la fabrication de copies de médicaments brevetés antisida. À la suite de ce geste, le vice-président Al Gore avait menacé l'Afrique du Sud de sérieuses représailles. Cette logique de la sacro-sainte propriété privée nous mène au choix insensé entre l'allongement de la durée de vie au Nord et la réduction des maladies mortelles au Sud. Comme le souligne Philippe Pignarre, l'attitude de l'industrie et des gouvernements des pays riches pourrait nous faire paraître aussi immoraux aux yeux des générations futures que nos ancêtres pratiquant l'esclavage.

Certains pays du tiers-monde, comme l'Inde et le Brésil, ont pu développer une industrie pharmaceutique grâce à une loi de 1970 qui autorise la production locale de médicaments brevetés, dans le cas où l'inventeur ne propose pas des conditions correctes pour son exploitation. À la suite de la promulgation de cette loi, l'Inde a vu le nombre de fabricants de médicaments passer de 5000 à 24 000, et la production a été multipliée par 48. Une leçon que les gouvernements québécois qui font des courbettes devant les fabricants de produits brevetés devraient méditer. En plus des emplois créés, cela a mis à disposition des habitants de l'Inde des médicaments à prix abordables[39]. La signature d'un accord en 1994, donnant 20 ans de protection aux brevets, menace ces acquis. D'après les règles de l'OMC, tous les pays devront s'y conformer d'ici à 2005.

La mise en œuvre de lois sur les brevets dans le tiers-monde s'est traduite par des fermetures d'usines, l'augmentation des prix, et l'importation des médicaments. Au Chili, de nombreuses sociétés, dont Pfizer, Parke-Davis, Bayer, et Schering-Plough, ont fermé leurs usines. Les bénéfices commerciaux et les investissements promis au Chili ne se sont jamais matérialisés[40].

Avec la loi C-22, le gouvernement de Brian Mulroney rétablissait la protection des brevets. Depuis 1988, date de l'adoption de cette loi, les sommes investies en recherche ont augmenté de 343 %, et le secteur a créé plus de 18 000 emplois au Québec, aux dires de l'ancien premier ministre[41]. Mais Barry Sherman, président d'Apotex, voit les choses d'un autre œil, et en a long à dire au sujet des politiciens et de l'industrie des produits brevetés. Bien sûr, il prêche pour sa paroisse et défend ses intérêts, mais sa critique n'en est pas moins pertinente. Il rappelle qu'à la fin du XXᵉ siècle, les compagnies de produits brevetés qui se vantent aujourd'hui de créer des emplois siphonnaient le système de santé jusqu'à hauteur de 9 milliards de dollars canadiens, alors que la facture aurait dû s'élever à 1 ou 2 milliards, et que pour chaque dollar investi elles *créaient six fois moins d'emplois* que l'industrie en général. Il ajoute que si ces compagnies font de la recherche au Canada pour des raisons financières, ce n'est pas le Canada qui en profite. Et de résumer : « On se fait arnaquer en payant des prix affreusement élevés pour les médicaments, l'argent sort du pays libre d'impôt et par-dessus le marché nous finançons la moitié de leur recherche [...]. Ils [les gouvernements] sont soit stupides ou voleurs, je ne vois pas de troisième possibilité[42] ».

On apprécie (!) à quel point les sociétés de produits de marque font preuve de mauvaise foi, prêtes à tout pour défendre les brevets. L'Occident a pu développer une puissante industrie pharmaceutique précisément parce qu'il n'y avait pas de législation protégeant les médicaments. Ce n'est que durant les années 1960-1970 que de telles lois ont été adoptées, notamment en Suisse et en France[43].

En dernière instance, l'existence des brevets soulève une question autrement plus importante, que j'aborde dans un autre ouvrage : quelle est la valeur qui doit primer ? La propriété ou la vie[44] ?

CHAPITRE III | # Le danger des pilules : une industrie à mettre sous haute surveillance

Tout médicament comporte des risques [...] Ce qui rend un médicament problématique n'est pas tellement le risque pharmacologique qui lui est inhérent, mais la façon dont il est prescrit et utilisé.

Andrew Chetley

L'HISTOIRE COMMENCE au printemps 2000. Une femme apprend que son mari est atteint d'un cancer. Afin de surmonter sa propre douleur, elle décide de consulter un médecin, qui lui remet plusieurs échantillons ainsi qu'une ordonnance de néfazodone, le principe actif de l'antidépresseur Serzone-5HT2 fabriqué par Bristol-Myers. Peu après, elle connaît des maux de ventre, des nausées et des vomissements. D'après les documents déposés au palais de justice de Montréal, le médecin lui aurait recommandé de poursuivre le traitement et de prendre des Gravol pour ses nausées. Quelques semaines plus tard, la patiente est admise d'urgence à l'hôpital, où l'on diagnostique une hépatite aiguë fulminante. Après avoir subi une greffe du foie, sa situation se détériore et elle meurt en 2002. Le pathologiste relie la mort à la prise de néfazodone. Au moment où la patiente s'est fait prescrire le médicament, plusieurs études internationales rapportaient que l'antidépresseur pouvait causer des lésions au foie susceptibles de menacer la vie des patients [1]. Depuis, le produit a été retiré du marché canadien — encore une nouveauté dont la santé publique n'avait nullement besoin.

Tout médicament comporte des risques

S'il est vrai que tout médicament comporte des risques, ils sont multipliés du fait que l'industrie pharmaceutique est orientée vers la recherche du profit. Cette combinaison entre un produit potentiellement risqué et le profit peut être explosive, d'où la nécessité d'organismes de contrôle de taille, et indépendants de l'industrie. Ce genre d'organisme est d'autant plus nécessaire que, depuis un certain nombre d'années, les tenants du néolibéralisme réclament l'assouplissement, voire l'abolition des contrôles de toutes sortes, pour donner carte blanche aux industriels et aux financiers. Selon eux, les règlements et lois destinés à protéger la population sont un carcan pour les entreprises.

Ce vent de déréglementation se fait sentir chez les fabricants de pilules. Ainsi, le *FDA Modernization Act* de 1997 diminue le nombre d'essais cliniques nécessaires pour établir la sécurité et l'efficacité d'un médicament ; d'autre part, en plusieurs points du processus d'approbation des médicaments, c'est désormais à la FDA de prouver que le médicament est potentiellement dommageable, et non plus au manufacturier de fournir les preuves nécessaires à l'approbation de son produit [2]. Par ailleurs, des efforts concertés sont entrepris par les grands de l'industrie, en collaboration avec les agences de contrôle, pour harmoniser les politiques d'approbation des médicaments, efforts qui visent l'affaiblissement des règles actuelles (*voir le chapitre V*). Or, si une industrie doit être réglementée, c'est bien l'industrie pharmaceutique. Ces mesures seraient superflues si le comportement des sociétés pharmaceutiques avait toujours été exemplaire, si elles n'avaient jamais vendu, en toute connaissance de cause, des produits pouvant causer la mort, ou si elles n'avaient jamais fait la promotion de médicaments destinés à guérir de fausses maladies. Mais l'histoire récente nous démontre le contraire.

Des victimes inévitables ?

Le cas présenté au début de ce chapitre n'est pas un cas isolé. Une étude américaine publiée en 1992 estime que 5 % à 20 % des admissions à l'hôpital sont le résultat des effets indésirables des médicaments [3]. Entre 1984 et 1994, le Canada a enregistré 1 400 décès causés par une réaction médicamenteuse indésirable [4]. Lucienne Robillard, ministre de la Santé du Québec dans les années 1990, évaluait de 10 % à 15 % la proportion d'hospitalisations de personnes âgées liées aux médicaments, et à 7,5 % le pourcentage de médecins responsables de la majorité de ces ordonnances [5]. En 1990, une étude de Robyn Tamblyn, professeure à l'université McGill, a examiné les ordonnances destinées à plus de 65 000 personnes âgées du Québec. Son étude révèle que plus de 52 % des prescriptions par ordonnance étaient risquées ou dangereuses, et que 45 % des personnes âgées utilisaient un médicament dangereux ou inadéquat. Durant son mandat en tant que ministre de la Santé, Bernard Kouchner a reconnu que les effets indésirables des médicaments étaient la quatrième cause de mortalité en France [6], loin devant les accidents de la route. Tandis qu'on installe des feux rouges à une intersection après deux ou trois accidents mortels, il faut attendre que 200 à 300 personnes meurent avant de retirer un produit du marché ou d'imposer des mises en garde explicites lorsque le produit est indispensable. Si prendre un médicament nécessaire est dangereux mais sage et inévitable, prendre un médicament inutile est dangereux, imprudent et évitable.

Une étude américaine auprès des hôpitaux universitaires abonde dans le même sens. En 1998, le *Journal of the American Medical Association* révèle que 106 000 citoyens américains seraient morts après avoir consommé des médicaments dans des conditions normales, c'est-à-dire en suivant les conseils d'utilisation à la lettre. Ces chiffres excluent les décès dus aux surdoses, aux erreurs de prescription, aux abus de médicaments, ou aux prescriptions ne respectant pas les indications approuvées. C'est presque deux fois plus de victimes qu'en a fait la guerre du Viêt-nam du côté américain. En outre, plus de deux millions de personnes sont devenues sérieusement malades. À la suite de la consommation de médicaments, un patient hospitalisé sur 15 s'expose à de sérieuses réactions, et 5 % à la mort. C'est ainsi que les médicaments occuperaient entre la quatrième et la sixième place dans la hiérarchie des causes de mortalité [7].

On pourrait contre argumenter, en disant que ces 106 000 personnes ne constituent que 0,32 % de la population hospitalisée et que ces chiffres doivent être mis en perspective, eu égard aux millions de vies sauvées par les médicaments. La logique de cet argument — les pilules font plus de bien que de mal, par conséquent nous n'avons rien à nous reprocher — est une bien piètre consolation pour les victimes. (Si seulement 0,32 % de la population hospitalisée est décédée, ceux qui sont morts le sont à 100 %. Tant pis pour les victimes, comme disait le marquis de Sade, il en faut.) Comme certains observateurs le font remarquer, les prescripteurs ne sont pas assez informés — ni suffisamment formés — sur les risques médicamenteux. Certains médicaments, n'apportant rien de neuf et dont la toxicité est reconnue, ne devraient tout simplement pas être mis en marché et prescrits.

Ces données ne nous informent pas sur tous les problèmes causés par la consommation de médicaments, puisque la grande majorité des effets indésirables ne sont jamais rapportés. À la fin des années 1990, on estimait que seuls 10 % des effets indésirables étaient signalés à la FDA. La majorité des cas ne sont jamais signalés, comme en témoigne une étude réalisée par la FDA. Dans les années 1980, l'agence de contrôle a financé un projet dans l'État du Rhode Island, qui a conclu que le nombre de signalements d'effets indésirables avait augmenté de *17 fois* par rapport à l'année précédente [8]. Une étude française révèle que lorsque les médecins portent une attention particulière aux effets secondaires, ils rapportent, pour une période donnée, 4 500 réactions de plus qu'en temps ordinaire [9].

Les retraits, une tendance à la hausse
L'industrie pharmaceutique se plaint que les règlements empêchent la mise en marché de médicaments qui pourraient sauver des vies. Il convient, sans doute, de ne pas étirer indûment le processus d'appro-

bation des médicaments, mais l'histoire récente des retraits de médicaments témoigne de la nécessité de contrôles sévères. Deux experts français en médecine pharmaceutique, Claude Spriet-Pourra et Maurice Auriche, ont répertorié le retrait de 131 médicaments avant 1992 (63 en France, 58 en Allemagne, 49 en Grande-Bretagne et 41 aux États-Unis). Les retraits affichent une hausse inquiétante, la moyenne annuelle étant passée de 2,5 produits avant 1982 à 7,2 depuis [10]. Selon le journaliste d'enquête Thomas Moore, deux médicaments pour combattre l'arythmie cardiaque, l'encaïnide et la flucaïnide, auraient fait à eux seuls 50 000 victimes américaines [11]. Ces retraits, ainsi que le rappel de dispositifs médicaux dangereux, comme les implants mammaires à la silicone, le stérilet Dalkon Shield, montrent qu'on ne peut s'en remettre à l'industrie pour s'autodiscipliner (*voir le chapitre VI*).

Entre 1997 et 2001, Santé Canada a publié 20 mises en garde concernant des médicaments approuvés, et 6 d'entre eux ont dû être retirés du marché [12]. Il s'agissait de nouveautés coûteuses. Entre 1972 et 1997, seuls 17 médicaments avaient subi les foudres de la FDA. Depuis quelques années, le nombre de rappels a connu une progression inquiétante, au point que l'agence est accusée de faire preuve de complaisance à l'égard des grosses compagnies pharmaceutiques, en assouplissant les critères d'autorisation et en approuvant les médicaments trop rapidement. Le président Clinton n'enjoignait-il pas la FDA à considérer les sociétés pharmaceutiques comme des « partenaires et non des adversaires [13] » ? En 2001, la FDA ordonnait le retrait de quatre médicaments, un record d'après le *Wall Street Journal*. Un article du *Journal of General Internal Medicine* cite 11 produits récemment retirés de la circulation. Avant même qu'ils ne soient approuvés, il y avait des preuves qu'au moins quatre d'entre eux (Duract, Posicor, Rezulin, Lotronex) pouvaient être dangereux. Ce sont ces preuves qui ont convaincu les autorités de retirer ces produits ; alors, pourquoi avoir attendu ? Il a été prouvé que l'utilisation de quatre autres produits (Seldane, Hismanal, Prepulsid et la phénylpropanolamine) s'accompagnait d'effets indésirables sérieux bien avant qu'ils ne soient retirés [14]. Faut-il s'étonner que la FDA soit souvent accusée de traîner les pieds ?

Héroïne, élixirs & Cie: pour ne pas répéter les erreurs du passé
Le philosophe américain George Santayana disait que ceux qui oublient le passé sont condamnés à le répéter. L'historique suivant, très incomplet, nous rappelle qu'il existe d'excellentes raisons de réglementer l'industrie et de résister aux pressions des compagnies pharmaceutiques se plaignant de la longueur du processus d'approbation des nouveaux médicaments.

En 1898, l'un des premiers produits mis en marché par un géant de la pharmacie est la diacétylmorphine, mieux connue sous le nom d'Héroïne. Elle était vendue comme médicament contre la toux pour les enfants. Qui peut rêver d'un meilleur moyen d'assurer la fidélité des futurs clients ? La publicité prétendait qu'elle ne causait aucune dépendance.

En 1937, une société américaine provoque la mort de 107 personnes, dont plusieurs enfants, avec son élixir de sulfanilamide, un médicament dissous dans le diéthylène glycol utilisé comme excipient (une substance permettant d'incorporer le principe actif), autrement connu sous le nom d'antigel pour les automobiles. La compagnie est blâmée pour ne pas avoir bien identifié son produit, car un élixir doit être dissous dans l'alcool éthylique, celui que l'on boit. Le manufacturier confie aux journalistes : « Mes chimistes et moi regrettons profondément ces résultats tragiques, mais [...] nous ne ressentons aucune responsabilité ».

En 1964, la société William S. Merrell Company est trouvée criminellement responsable d'avoir mis en marché un médicament pour diminuer le taux de cholestérol, le MER 29. La compagnie sait que son produit peut abîmer les yeux des animaux de laboratoire, mais n'en informe pas la FDA, et ses représentants reçoivent l'ordre de dissimuler cette information. Le médicament fera l'objet de 1 500 poursuites, impliquant 490 cas de cataractes [15].

Diéthylstilbestrol: « Pour des bébés plus forts »
« Prenez un nouveau médicament. En vous appuyant principalement sur des considérations théoriques, prescrivez-le à des millions de patients pendant plus de 30 ans. Arrêtez seulement quand il est démontré sans l'ombre d'un doute qu'il cause le cancer ». Ces mots de Cynthia Laiman, biologiste et victime du diéthylstilbestrol (DES), résument bien la triste histoire de ce médicament. C'est à partir de la théorie selon laquelle les fausses couches sont causées par un

manque de progestérone et que l'œstrogène stimule la production de progestérone, que l'on commence à traiter les femmes au DES, un œstrogène synthétique. La vente de DES est stimulée à l'aide du slogan « Pour des bébés plus forts et en meilleure santé » — mais ce produit s'est avéré être l'un des pires désastres de l'histoire du médicament. Tour à tour surnommé « bombe à retardement » ou « cauchemar médical », le DES, découvert en 1938, est maintenant reconnu comme substance cancérigène. Il est prescrit à des millions de femmes en Amérique du Nord entre 1941 et 1971 (de deux à trois millions aux États-Unis), et plus longtemps en Europe.

En 1953, une étude en double aveugle menée auprès de 1600 femmes montre que ce traitement « augmentait de façon significative le nombre de fausses couches, les morts néonatales et les naissances prématurées [16] ». On a pourtant persisté dans l'utilisation du DES contre les fausses couches. On sait également dès la fin des années 1930, à partir de tests sur des animaux, que le DES et d'autres œstrogènes peuvent causer le cancer. Mais c'est seulement en 1971 qu'on démontre l'existence d'un lien entre le DES et une forme de cancer du vagin (adénocarcinome) chez des filles de 20 ans, habituellement très rare à cet âge. Ce type de cancer survient chez les filles des femmes exposées au DES durant leur grossesse, dans une fourchette qui va d'un cas sur 1000 à 10000. Le traitement chirurgical consiste à enlever le vagin cancéreux. De plus, les filles des femmes qui ont pris du DES présentent deux fois plus de risques de développer des anomalies précancéreuses du col de l'utérus et du vagin ; les deux tiers ont des tumeurs bénignes, et 40 % d'entre elles présentent des défauts structurels des organes reproducteurs. En conséquence, elles ont plus de risques d'être infertiles, de faire des fausses couches et d'avoir des grossesses ectopiques. De plus, les mères traitées au DES ont 1,5 fois plus de risque de contracter un cancer du sein, et leurs garçons pourraient présenter des anomalies testiculaires, comme le développement incomplet des testicules ou la production déficiente de sperme.

Si les œstrogènes sont aujourd'hui bannis chez les femmes enceintes, ces hormones sont toutefois encore employées pour supprimer la lactation et traiter des problèmes liés à la ménopause ; elles sont également utilisées comme pilule du lendemain et pour traiter certains cancers du sein et de la prostate. Ce traitement est problématique, selon la British Medical Association, qui note que les effets indésirables sont courants. Le DES est toujours vendu librement dans les pays du tiers-monde [17].

La catastrophe de la thalidomide lance la pharmacovigilance

« Lancée en 1957, retirée en 1961 après des dégâts dont l'ampleur en fait la catastrophe la plus notoire du xxe siècle [18] », la thalidomide a provoqué une catastrophe qui a déclenché la mise en place de structures nationales de pharmacovigilance. Commercialisé en Europe, ce tranquillisant était utilisé durant la grossesse et a fait de 7000 à 8000 victimes. Les enfants naissaient avec des infirmités, telles que l'absence ou la malformation d'oreille, du pouce, ou d'autres membres, le raccourcissement des bras et des jambes, et la luxation de la hanche. Les tests précliniques n'ont pas décelé d'effet tératogène (causant des malformations) car les animaux utilisés en laboratoire (rat, souris, hamster) n'ont pas présenté de problème, à l'exception, parfois, du hamster. Le lapin blanc, qui se rapproche plus de l'humain, n'a pas été utilisé au cours des tests.

Au Canada, la thalidomide est commercialisée pendant huit mois, « huit mois de trop puisque le problème était connu ailleurs [19] ». Il n'existait pas encore de réglementation fédérale permettant le retrait de produits dangereux. On se contente de restrictions d'emploi inscrites dans les directives aux médecins. Ces derniers s'opposent au rappel des échantillons en leur possession, et le Collège royal des médecins spécialistes proteste contre le retrait du produit. Mais la tragédie dont était alors victime l'Europe force la modification de la Loi sur les aliments et les drogues, permettant aux autorités de retirer un produit pour raisons de sécurité. Mais la résistance du fabricant est forte, qui accuse un médecin allemand d'incompétence alors qu'il publie les résultats d'une étude incriminant la thalidomide. Malgré tout, la compagnie retire son produit du marché deux jours plus tard.

La thalidomide connaît une seconde vie dans le traitement de la lèpre. On sait que les restrictions d'utilisation chez les femmes en âge de procréer ne sont pas ou difficilement appliquées dans le tiers-monde. Comme prévu, on a assisté à la naissance de bébés souffrant de malformations. Un reportage britannique révèle 21 cas en 1993, et 26 autres observations ont été recensées en 1994.

Ciba-Geigy : une compagnie qui a commercialisé des produits « à risques » ?

En 1949, quand Ciba-Geigy met en marché la phénylbutazone, il existe peu de médicaments pour traiter l'arthrite. Les butazones font partie de la famille des anti-inflammatoires non stéroïdiens, une sorte d'aspirine en plus puissant. Au début des années 1980, une note de service de Ciba-Geigy (maintenant Novartis) divulgue que la phénylbutazone a fait au moins 777 morts entre 1952 et 1981, et que l'oxyphenbutazone, un proche cousin, a causé 405 morts entre 1960 et 1982. Le docteur Sidney Wolfe, de Public Citizen, estime quant à lui que plus de 10 000 décès sont imputables à ces médicaments, la plupart des cas n'étant pas signalés aux autorités. La note de service de Ciba-Geigy est rendue publique par un médecin suédois qui l'obtient d'une source interne. Devant le scandale, la société décide de retirer tous ses produits à base d'oxyphenbutazone en 1985, tandis que les produits à base de phénylbutazone sont considérés comme traitements de deuxième ligne et restreints à certaines pathologies.

Les butazones ont déjà été décrits comme « toxiques et dangereux ». En plus des risques habituels associés à la consommation d'anti-inflammatoires (irritation du système digestif, nausées, hémorragies, ulcères), il arrive que les butazones fassent chuter les globules blancs de façon importante (agranulocytose) et provoquent des troubles sanguins pouvant s'avérer fatals [20].

Malgré les mesures entreprises pour les bannir ou en restreindre l'utilisation, des produits à base de butazone étaient toujours distribués dans plusieurs pays du tiers-monde en 1990-1991. À cette date, plus de 7 % des médicaments employés en Afrique, aux Caraïbes, au Moyen-Orient et au Pakistan contiennent des butazones [21].

En 1969, une jeune Japonaise de 19 ans devient presque entièrement paralysée après une diarrhée. Quelques mois plus tard, elle perd la vue, rejoignant les 11 000 victimes d'une maladie qui s'abat sur le Japon entre 1955 et 1970. C'est en 1970 qu'on fait le lien entre ces symptômes et un médicament pour le traitement de la diarrhée à base de clioquinol. Ce médicament commercialisé sans ordonnance depuis le début du siècle est introduit sous forme orale en 1934. L'année suivante, la compagnie Ciba reçoit un rapport argentin décrivant les mêmes symptômes que ceux de la patiente japonaise. Vers la fin des années 1930, des essais en laboratoire sur des animaux montrent que le produit peut causer la mort. En 1966, un article publié dans *The Lancet* incrimine le produit et donne lieu à des poursuites menées par les victimes japonaises. Six ans plus tard, Ciba formule des excuses et accepte de leur payer une compensation financière. Pourtant, en 1980, la compagnie suisse soutient qu'il n'existe aucune preuve de la toxicité du médicament et que le dédommagement des victimes n'est pas en contradiction avec la décision de continuer la fabrication de produits à base de clioquinol. Lorsqu'ils sont consommés suivant les règles, « Vioform et Mexaform (les marques de Ciba) sont à la fois sûrs et fiables [22] ». En outre, plusieurs spécialistes commencent à remettre en question l'efficacité du produit contre la diarrhée. Finalement, la compagnie annonce en 1982 son intention de retirer graduellement du marché mondial ses médicaments, sur une période de trois à cinq ans. Le retrait est achevé en 1985. Mais, encore une fois, d'autres produits appartenant à la même famille chimique étaient encore disponibles dans le tiers-monde en 1990 [23].

Les anti-inflammatoires : des produits banals ou à risque insoupçonné ?

Les anti-inflammatoires non stéroïdiens (AINS) sont parmi les médicaments les plus prescrits au monde. Ils sont principalement utilisés dans le traitement de l'arthrite, dont souffrirait plus ou moins 80 % de la population américaine de 65 ans et plus, et pour soulager les douleurs de toutes sortes (maux de dos et de tête, douleurs menstruelles, etc.) [24].

Ces produits sont si familiers qu'on a tendance à les considérer comme absolument sécuritaires. Pourtant, ils peuvent présenter un danger mortel s'ils ne sont pas prescrits et utilisés correctement. Le taux élevé de consommation de cette classe de produits les place souvent en tête de liste des effets indésirables. Au Royaume-Uni, les AINS représentent 5 % des ordonnances mais sont responsables de 25 % des réactions indésirables signalées au Committee on Safety of Medicines, le programme britannique de pharmacovigilance. Au début des années 1990, on évalue à 3000 ou 4000 le nombre de morts liées à la consommation de ces produits au Royaume-Uni. À la même époque, aux États-Unis, l'utilisation des anti-inflammatoires entraîne 70 000 hospitalisations et 7000 morts. Ils font partie des produits les plus fréquemment retirés du marché ; c'est le cas ces dernières années de l'indoprofène, l'isoxicam, le kétorolac, le suprofène et le zomépirac.

Les autres catégories de produits fréquemment retirés du marché sont les anti-infectieux, les antalgiques et les antidépresseurs[25].

Le bénoxaprofène et le bromfénac comptent parmi les anti-inflammatoires ayant fait l'objet de retraits. Le bénoxaprofène, lancé en 1980 sous les noms d'Oraflex et d'Opren par Eli Lilly, est décrit par un médecin de la compagnie comme «l'avancée la plus significative dans le traitement de l'arthrite depuis l'aspirine». Dans sa publicité, la firme décrit les effets secondaires du médicament «comme étant généralement doux et transitoires». Mais le Royaume-Uni signale une centaine de morts liés à l'utilisation du médicament, et près de 4000 effets indésirables sont rapportés. La compagnie Eli Lilly est poursuivie par plus de 1400 personnes et a versé 2,3 millions de livres sterling aux victimes, soit une compensation de 10 à 20 fois moins importante que celle obtenue par les victimes américaines[26].

Plus récemment, en juin 1998, la FDA annonce le retrait du bromfénac (Duract) produit par Wyeth-Ayerst, en raison de sa possible toxicité pour le foie. Après avoir utilisé cet anti-inflammatoire, des patients sont morts et d'autres ont dû se soumettre à une transplantation du foie[27]. Il est à noter qu'aucun fabricant ne rembourse les dépenses publiques engendrées par ces effets indésirables inattendus. Dans le feuillet d'accompagnement du médicament, les effets indésirables de Duract ne sont mentionnés qu'au 19e paragraphe (sur un total de 56). Avant son approbation, cet anti-inflammatoire suscitait déjà des inquiétudes. Un employé de la FDA consignait ses craintes dans un rapport en ces termes : «cause des dommages encore plus grands que d'autres AINS».

Ce médicament, comme bien d'autres (citons pour exemples la dexfenfluramine contre l'obésité (*voir ci-dessous*) et le mibéfradil pour traiter l'hypertension), soulevait énormément de questions avant son approbation, questions auxquelles on aurait dû logiquement répondre avant de les mettre en marché.

Le Baralgin : «tue la douleur efficacement»... et plus ?

Le dipyrone, commercialisé en Europe sous le nom de Baralgin, est un analgésique pouvant réduire la fièvre et possédant des propriétés anti-inflammatoires. Il fait partie de la même famille thérapeutique que le phénylbutazone. Entre 1981 et 1986, 94 personnes sont mortes en Allemagne après avoir consommé un médicament à base de dipyrone, présenté par son fabricant comme un produit qui «tue la douleur très efficacement ». Le médicament peut provoquer des réactions sévères, comme l'agranulocytose, et causer la mort. Le fabricant retire volontairement le Baralgin d'Allemagne en 1987. Pourtant, dès 1973, le manuel *Drug Evaluations* de l'Association médicale américaine avait découragé l'utilisation de dipyrone.

En 1978, une étude partiellement financée par Hoechst (maintenant Sanofi-Aventis) pour évaluer la possibilité que la prise de dipyrone entraîne l'agranulocytose montre que les patients de trois villes différentes sont 23,7 fois plus à risque de contracter la maladie. En revanche, ceux de deux autres villes présentent un risque normal. Hoechst voit dans ces résultats paradoxaux la preuve que le risque de contracter l'agranulocytose à cause de son médicament est « extrêmement bas ». Le *Side Effects of Drugs Annual* considère cette interprétation comme « trompeuse ». Compte tenu du niveau d'utilisation du médicament à l'époque, il pourrait être à l'origine de l'apparition de 7000 cas d'agranulocytose chaque année. En 1990, les autorités médicales allemandes bannissent tous les produits combinés à base de dipyrone, et les mono-préparations sont considérées comme médicaments de dernier recours.

Après le retrait « volontaire » du produit en Allemagne, le Baralgin et le Novalgin représentaient toujours près de 25 % des ventes de la compagnie au Pakistan en 1989 ; en 1990, il arrivait au sixième rang des médicaments les plus vendus en Inde. Aux dires du médecin qui dirigeait les affaires médicales de la compagnie, les produits à base de dipyrone ont une « marge de sécurité exceptionnelle » ; « depuis 60 ans il a démontré qu'il était efficace et remarquablement bien toléré [...] [28] ». Dans une tournée entreprise en Thaïlande, il a soutenu que le médicament était aussi « sûr que l'aspirine ».

Employé par Merck, le docteur Groll estime quant à lui que chaque cas doit être évalué. Un médicament peut avoir causé « quelques victimes après avoir été utilisé par des dizaines de milliers de consommateurs » dans un pays comme l'Allemagne. « Mais le même médicament pourrait sauver des milliers de vies dans un pays en développement ; alors serait-il moralement condamnable d'exporter le produit dans ce pays [29] ? » Mais n'oublions pas que le Baralgin est un analgésique ; en règle générale, on ne meurt pas d'un mal de tête ou de coliques. L'Association médicale allemande écrit à ce sujet : « Les coliques n'ont jamais tué personne. Pour cette raison, même un petit risque pouvant causer la mort [...] est un prix inacceptable à payer pour soulager la douleur, d'autant plus qu'il existe d'autres produits qui font l'affaire[30].»

Un sondage de l'organisation Health Action International montre que les trois quarts des analgésiques utilisés en 1985 en Afrique, en Indonésie, en Inde, au Moyen-Orient et dans les Caraïbes contiennent des substances potentiellement dangereuses, des combinaisons d'ingrédients inefficaces, ou sont trop dispendieux quand on les compare aux autres produits disponibles[31]. D'après Chetley, l'aspirine et d'autres anti-inflammatoires comme l'ibuprofène sont tout aussi efficaces et beaucoup plus sûrs.

Un produit anticholestérol qui cause des maux de tête à la compagnie

Les produits anticholestérol, comme le Baycol, sont employés par huit millions d'Américains pour diminuer les risques de crise cardiaque. D'après les documents d'une poursuite intentée à Minneapolis contre Bayer et son partenaire Glaxo, les cadres de la société savaient depuis 1997 que Baycol causait des problèmes. Mais ce n'est qu'en 2001 qu'il est retiré du marché. À l'époque, le vice-président de SmithKline Beecham (ancêtre de GlaxoSmithKline), écrivait au responsable de Bayer pour l'Amérique du Nord qu'il avait des «inquiétudes sérieuses» au sujet du médicament lorsqu'il est pris en association avec d'autres produits. En juin 2000, un courriel envoyé à un vice-président de la compagnie Bayer notait «qu'il y a eu des morts reliées à l'usage du Baycol». Un autre courriel s'interrogeait sur la façon dont le département du marketing allait désamorcer le problème[32].

Pour faire la promotion de son médicament en France, Bayer offrait des week-ends dans les Relais et Châteaux, des soirées au Ritz et un logiciel médical d'une valeur de 10 000 francs de l'époque aux médecins qui le prescrivaient. L'Agence française des produits sanitaires s'est inquiétée de ce logiciel. Celui-ci aurait contenu des données médicales et des posologies incomplètes, voire «potentiellement dangereuses pour les patients[33]».

À travers le monde, on a signalé une centaine de morts et 1600 incidents liés à l'utilisation du Baycol. Il s'est avéré qu'il pouvait détruire les tissus musculaires, une affection connue sous le nom de rhabdomyolyse. D'après la FDA, il existe d'autres médicaments tout aussi efficaces et qui causent ces problèmes moins fréquemment.

Plus de 10 000 patients ont déposé une plainte contre Bayer et Glaxo. Au début de l'année 2003, les compagnies ont versé la somme de 125 millions de dollars pour mettre fin aux demandes de plus de 450 plaignants. Bayer soutient que le médicament est efficace lorsqu'il est utilisé selon les indications du fabricant. Des actionnaires américains ayant acquis des titres de Bayer ont accusé la compagnie devant un tribunal fédéral de New York d'avoir « omis » de fournir des informations au sujet du Baycol, ou de les avoir « présentées sous un faux jour [34] ». En octobre 1999, la FDA avait déjà prévenu la compagnie que son matériel promotionnel était « faux ou trompeur », et qu'il sous-estimait les risques les plus importants, à savoir l'apparition de la rhabdomyolyse.

Les gourous de la minceur

Lancé en 1970, l'Aminorex, premier produit pour maigrir, cause après neuf mois des symptômes d'hypertension pulmonaire primitive chez 10 % des sujets exposés à plus d'un an de traitement. La pression des vaisseaux pulmonaires s'élève tellement que le sang ne peut plus circuler librement dans les poumons et peut entraîner une défaillance cardiaque. Après 18 mois de traitement, près de 1 % des personnes traitées décèdent [35].

En septembre 1997, deux médicaments utilisés pour traiter l'obésité sont bannis du marché américain : il s'agit de la dexfenfluramine, connue sur le nom de Redux, et sa proche cousine sur le plan chimique, la fenfluramine, commercialisée sous le nom de Pondimin. Le Canada imite rapidement son voisin. Ces deux produits sont retirés après révélation par des technologues et des médecins de deux cliniques américaines du constat que 24 patientes, auparavant en bonne santé, ont subi des dommages aux valvules cardiaques. L'hypertension pulmonaire est apparue comme un autre effet indésirable des pilules pour maigrir. Les utilisateurs d'anorexigènes sont 23 fois plus susceptibles de développer une hypertension pulmonaire quand le médicament est consommé pendant plus de trois mois. À la suite de ces révélations, la réaction de Wyeth, qui distribue Pondimin, est d'exiger que d'autres recherches soient réalisées pour tester le produit.

La fenfluramine fait son apparition en 1973. À cette époque, elle est produite par un fabricant qui sera racheté par la compagnie American Home Products en 1987. Plus tard, cette dernière passera elle-même dans le giron de Wyeth. En 1996, Redux fait son entrée sur le marché et est présenté comme une version améliorée de la fenfluramine. Soumise à deux reprises à la FDA, elle est chaque fois refusée par l'agence. Finalement, un directeur de la FDA passe outre aux recommandations de ses subalternes et donne le feu vert à Redux. Ces produits pour maigrir sont approuvés avec la mention « à utiliser pour *quelques semaines* seulement ». Ils doivent être accompagnés d'une diète appropriée et suivis d'un programme d'exercices ; enfin, ils ne doivent pas être consommés en association avec la phentermine. L'agence américaine précise que ces produits ne doivent pas être utilisés à des fins cosmétiques et que les effets à long terme de Redux sur « la mortalité et la morbidité dues à l'obésité n'ont pas été démontrés ». Malheureusement, cet avertissement de la FDA n'a pas été transmis aux patients, mais seulement aux médecins et aux pharmaciens.

Malgré la recommandation du fabricant, la fenfluramine est utilisée en association avec la phentermine. Ces combinaisons sont familièrement désignées par l'expression fen/phen. Durant les quatre années précédant 1997, les prescriptions de phentermine augmentent de 442 % et le nombre d'ordonnances de fenfluramine bondit d'un spectaculaire 6390 % [36].

American Home Products a fait l'objet de poursuites de la part de dizaines de milliers de consommateurs. En juin 2000, un juge fédéral prend des dispositions en vue d'un règlement pour des poursuites s'élevant à 3,75 milliards de dollars. Dans l'une des poursuites, un plaignant du Texas affirme que Wyeth a dissimulé les risques associés à l'utilisation de son produit en contrôlant l'information diffusée auprès de différents journaux médicaux : la compagnie aurait payé un pigiste pour écrire 10 articles. Ces journaux étaient la propriété de la société Reed Elsevier, pour laquelle travaillait également le pigiste [37].

Cette pratique est courante. Certaines agences de publicité sont propriétaires de compagnies spécialisées dans la rédaction d'articles par des pigistes ; à la demande des sociétés pharmaceutiques, ces agences sont également chargées de créer des cours d'éducation continue. Il arrive fréquemment qu'on fasse signer les articles par des médecins dits « chercheurs » pour faire la promotion des médicaments. Ce métier, Linda Lodberg, docteure en anatomie, l'a exercé pendant 12 ans. Elle a rempli son dernier contrat pour Novartis qui cherchait un moyen d'arrêter la dégringolade des ventes de Ritalin. D'après Lodberg, la procédure est la suivante : son manuscrit était expédié à la compagnie pharmaceutique avant qu'il ne soit transmis aux médecins qui étaient payés pour figurer comme auteurs. Toujours selon Lodberg, ces agences ne gardent jamais un médecin qui « n'est pas assez malléable [38] ». Même s'ils sont peu nombreux, ces derniers exercent toutefois un effet promotionnel considérable, et trompent leurs collègues et leurs patients.

Rezulin : un médecin écarté du processus d'évaluation

Rezulin (troglitazone de son nom générique) était employé dans le traitement du diabète adulte chez ceux qui ne réagissent plus à la diète et aux hypoglycémiants oraux. La saga Rezulin, un produit de Parke-Davis, filiale de Warner-Lambert (maintenant Pfizer), montre à quel point l'influence des multinationales se fait sentir auprès des *échelons supérieurs* des agences gouvernementales, souvent à couteaux tirés avec leur personnel compétent et de bonne foi [39]. En juillet 1996, Warner-Lambert soumet son produit à la FDA pour approbation. La compagnie est d'autant plus pressée d'obtenir l'aval de l'agence que deux compétiteurs, Glaxo et Lilly, travaillent à la mise au point d'un produit similaire. Six mois plus tôt, la société admettait avoir caché de l'information à l'agence au sujet de certaines de ses pratiques manufacturières déficientes, et un cadre de la société était accusé de conspiration pour avoir permis l'expédition de médicaments frelatés.

Le responsable du processus d'approbation pour la FDA, le Dr John Guerigian, suit le dossier pendant trois ans. Guerigian maintient qu'il n'obtient pas de réponses satisfaisantes à ses questions et que la compagnie se contredit à propos de certains détails. Après trois années de travail, il demande à Warner-Lambert un délai supplémentaire de trois mois. Il veut prendre connaissance d'une étude plus large et avoue être arrêté par le nombre de cas de toxicité qu'il constate. La compagnie refuse le délai et lui demande ce qu'il pense du médicament. Mais Warner-Lambert connaît déjà son opinion : Guerigian croit que l'efficacité du produit est faible et que sa probabilité de toxicité pour le foie et le système cardio-pulmonaire est élevée. La compagnie est persuadée qu'il ne recommandera pas l'approbation de Rezulin. À la question de savoir ce qu'il pense du médicament, il répond : « Ce médicament, c'est de la merde ». La compagnie en appelle aux supérieurs de Guerigian et l'accuse d'avoir employé un langage immodéré. Guerigian est écarté du processus d'approbation. Quand un membre du Congrès demande pourquoi il est retiré du dossier et cherche à savoir s'il s'est prononcé contre l'approbation de Rezulin, les autorités de la FDA affirment que l'agence « ne peut répondre à ces questions en raison de la nature confidentielle de l'information ».

C'est finalement un patron de la FDA — celui-là même qui avait donné le feu vert à Redux — qui a le dernier mot. En l'espace de deux mois, Warner-Lambert se lance à toute vapeur dans une campagne de promotion : la première année, les ventes de Rezulin atteignent 545 millions de dollars, et 748 millions l'année suivante. Dès 1997, la FDA rapporte 150 signalements d'effets indésirables, y compris trois morts au Japon. La presse fait état de ces problèmes à mesure que les cas s'accumulent. Un cadre supérieur de Warner-Lambert s'en prend aux médias qu'il accuse de faire circuler des « commentaires mal informés » au sujet de Rezulin et de nuire aux ventes de son produit. En mars 1999, 28 morts, 43 cas de défaillance du foie et 81 cas d'hépatite (inflammation du foie) causés par la consommation de troglitazone sont signalés — et il y en aura beaucoup d'autres. En juin de la même année, la FDA change les indications pour la quatrième fois [40] et multiplie les mises en garde.

Le Rezulin est approuvé au Canada mais n'y est jamais distribué. Par contre, le produit est vendu par Glaxo en Grande-Bretagne dès juillet 1997 sous le nom de Romozin. Il est retiré de la circulation après seulement 122 jours, soupçonné d'être à l'origine de la mort de quatre personnes et de 147 cas de lésions au foie. Cela n'émeut pas la FDA qui considère que les bénéfices du médicament sont supérieurs aux risques.

En 1998, le *Los Angeles Times* révèle que le Rezulin était employé dans une étude de 150 millions de dollars financée par les instituts nationaux de la santé depuis 1996, avant qu'il ait reçu son sceau d'approbation de la FDA. Un professeur de l'Illinois qui prend le médicament à titre de volontaire décède, et Rezulin est retiré de l'étude. Le médecin responsable de l'étude dirigeait une division de la NIH et était consultant pour Warner-Lambert depuis 1995 [41].

Au début de 1997, le Dr Robert Misbin, un autre médecin de la FDA, prend la relève dans le dossier Rezulin. Il écrit une lettre au *Washington Post* dans laquelle il critique les gestionnaires de l'agence, soutient que la FDA ne prend pas les problèmes d'éthique au sérieux, et que les patients ne sont pas adéquatement protégés. Dans le cas de Rezulin, il trouve que l'agence traîne les pieds. Mais la FDA prétend qu'il n'y a pas encore assez de données pour prendre une décision sur le retrait de Rezulin. Misbin écrit une lettre à plusieurs membres du Congrès pour leur expliquer la situation et leur demander d'intervenir ; l'un d'eux fait part de ses inquiétudes à la commissaire Jane Henney. En réaction, l'agence déclenche une enquête interne sur Misbin, accusé d'avoir divulgué des informations de façon inappropriée. La presse se saisit de l'affaire en mars et le réseau CBS rapporte que le médicament est lié à 63 décès. Une semaine plus tard, la FDA demande à Warner-Lambert de retirer son produit, et la compagnie se conforme enfin à la demande. D'autres produits membres de la famille des glitazones comme le Rezulin ont été approuvés au Canada. D'après des experts indépendants, même s'ils abaissent le sucre, il n'y a pas de preuves qu'ils préviennent les complications du diabète.

Nous aurons l'occasion de voir que les conflits entre les échelons supérieurs des agences d'approbation et leur personnel sont nombreux. En 2001, la FDA a fait une enquête auprès des employés de son Centre d'évaluation des médicaments afin de connaître les raisons du taux élevé de roulement parmi le personnel. Environ le tiers des répondants ne se sentaient pas suffisamment à l'aise pour exprimer leur opinion ; plus du tiers affirmaient que le refus d'approuver des médicaments était stigmatisé et que leur travail avait plus trait à la mise en marché d'un produit qu'à la santé publique. Plusieurs évaluateurs pensaient que leurs décisions auraient dû être davantage fondées sur des considérations scientifiques, plutôt que sur les besoins et les désirs des multinationales[42].

Le refus de divulguer des informations compromettantes

Nombre de sociétés pharmaceutiques disposent d'informations compromettantes au sujet de leurs médicaments, de leurs procédés de fabrication, ou des matières qu'elles utilisent. Elles sont tenues par la loi de divulguer ces informations qu'elles refusent souvent de dévoiler aux autorités — qui font preuve, elles, d'une complaisance étonnante à l'égard de ces pratiques. Dans les années 1980, SmithKline (maintenant GlaxoSmithKline) et Hoechst ont plaidé coupable pour avoir soustrait des informations à la FDA concernant des décès et des problèmes sérieux causés par leurs médicaments, respectivement le ticrynafène et la nomifensine.

Accusée d'avoir refusé de transmettre des données importantes à la FDA au sujet de pratiques manufacturières douteuses dans la production de certains médicaments, la compagnie Warner-Lambert (maintenant Pfizer) plaide coupable, et paie une amende de 10 millions de dollars[43].

En 1996, Pfizer reçoit une lettre de la FDA lui signalant qu'elle a omis de rapporter des événements indésirables concernant huit de ses médicaments : Diabenese, Minipress XL, Feldene, Norvasc, Zoloft, Procardia XL, Diflucan et Teramycin. D'après la loi, un fabricant dispose de 15 jours pour rapporter un événement indésirable sérieux. Or, les rapports affichent un retard de 70 à 500 jours. Un de ces signalements implique un patient décédé pendant qu'il prenait du Feldene. Ces rapports sont importants dans la mesure où ils fournissent des indications permettant aux autorités de retirer un produit ou de changer les informations sur les feuillets d'accompagnement des médicaments. La FDA souligne dans sa lettre que depuis 1983, « les mêmes problèmes ou des problèmes semblables se reproduisent, et vous aviez promis de les corriger ». L'agence qualifie la situation de « préoccupation majeure », mais ne prend aucune mesure pour pénaliser Pfizer. Un porte-parole de la compagnie soutient que la lettre ne soulève pas de nouveau problème sur le plan de la sécurité. Pourtant, le Zoloft avait une feuille de route inquiétante. En août 1994, un rapport fait état de pas moins de 324 incidents reliés au Zoloft, un antidépresseur[44].

CHAPITRE IV

Des médicaments plus ou moins utiles

La réponse à la question «Combien de temps faut-il pour retirer du marché un médicament inefficace?», c'est plus de 25 ans.

«Vos impôts au travail», *Worst Pills Best Pills News,* février 1997

Comment peut-on faire de sains profits avec un client malade? Il n'y a rien de tel qu'un hiver froid pour que le vent souffle de chauds profits dans votre direction.

Publicité australienne à l'intention des pharmaciens [1]

NOMBRE DE MÉDICAMENTS sont utilisés à mauvais escient. Une étude de Santé et Bien-être Canada (le nom de Santé Canada à l'époque, en 1991) révélait que c'est le cas de 40 % des antibiotiques utilisés dans les hôpitaux canadiens [2]. En outre, certains médicaments sont inutiles, comme le dévoilait une enquête de la Sécurité sociale en France, l'équivalent de l'assurance-maladie canadienne : près de 20 % des médicaments sur le marché français seraient inutiles ou presque [3]. Sur les 4490 médicaments remboursés par l'État, 835 ont ce qu'on appelle un « service médical rendu » insuffisant limité à l'effet placebo. Sur cette liste, les médicaments en cardiologie, en hépatologie et en oto-rhino-laryngologie arrivent en tête. Un certain nombre de ces médicaments n'existent qu'en France et sont prescrits pour des conditions très vagues propres à la culture française — ce qui démontre bien le rôle des croyances courantes sur les diagnostics. Il n'est donc pas étonnant que le service rendu par certains de ces produits soit à peu près nul. Qu'en est-il au Québec ? De telles enquêtes n'ont jamais été menées systématiquement de ce côté-ci de l'Atlantique, où le concept de « service médical rendu » n'existe pas. Néanmoins, en 1982, le gouvernement fédéral demande à l'agence canadienne du médicament de réévaluer les médicaments qui avaient été approuvés avant 1963. Nicolas Regush, journaliste et auteur, souligne que 450 des 7000 médicaments d'ordonnance sont soupçonnés d'être complètement déficients sur le plan du bénéfice médical [4].

On trouve donc sur le marché nord-américain nombre de médicaments dont l'utilité est loin d'être démontrée. Certains d'entre eux ne sont pas plus efficaces qu'un placebo et d'autres sont d'une efficacité douteuse. À côté de ces produits, on assiste régulièrement à la mise en marché de nouveautés prescrites sur ordonnance et présentées comme des produits miracles. Or, ces nouveautés s'avèrent souvent décevantes : elles ne sont pas ou à peine plus efficaces que les vieux remèdes, mais se vendent beaucoup plus cher ; en outre, elles ont parfois de sérieux effets indésirables, que l'on « découvre » seulement après commercialisation.

Des nouveautés moins efficaces que les vieilles pilules ?
L'hypertension impose un travail plus dur au ventricule gauche du cœur et le fait grossir. Sur une longue période, l'hypertension augmente les risques de crise cardiaque et d'accident vasculaire cérébral. D'après une étude appelée Antihypertensive and Lipid-Lowering

Treatment to Prevent Heart Attack Trial (ALLHAT), publiée dans le *Journal of the American Medical Association* du 19 avril 2000, Cardura, qualifié de produit miracle par un cadre de Pfizer, s'est avéré moins efficace pour traiter l'hypertension qu'un diurétique (ces médicaments de la famille des thiazides favorisent l'élimination d'un excès d'eau et de sel de l'organisme)[5]. Les diurétiques ont prouvé leur efficacité pour réduire les complications de l'hypertension et coûtent moins cher que tous les autres agents antihypertenseurs. Les ventes de Cardura atteignent 800 millions de dollars en 2000. Le médecin qui préside le comité responsable de l'étude, le Dr Furberg, avance que l'utilisation de produits comme Cardura se traduit par des coûts de 8 à 10 milliards de dollars supplémentaires sans que les patients en retirent un quelconque bénéfice.

D'après le *British Medical Journal*, des documents internes de la société Pfizer révèlent comment elle s'est mise en mode « contrôle des dommages » une fois l'étude publiée. Le plan consiste alors à utiliser les services d'une agence pour savoir jusqu'à quel point les médecins sont informés des résultats de l'étude. L'agence découvre que peu de médecins sont au courant, et Pfizer décide de ne pas commenter les résultats de ALLHAT afin d'éviter d'attirer l'attention. La société donne à ses représentants l'ordre de ne fournir les résultats de l'étude que sur demande. Dans un courriel interne, deux représentants de la compagnie sont loués pour leur initiative. Ils ont envoyé leurs « principaux médecins faire du tourisme » durant une présentation du Dr Furberg à la conférence annuelle de l'American College of Cardiology (ACC) en Californie en 2000.

Pour faire suite à l'étude, l'ACC émet une alerte sur son site Internet en mars 2000, encourageant les « médecins à interrompre l'utilisation de Cardura ». Un mémo confidentiel de Pfizer signale que le fabricant a réussi à obtenir une « clarification » de l'ACC. L'organisme retire son message original pour le remplacer par une recommandation plus douce, demandant aux médecins de réévaluer l'utilisation du médicament. La rédactrice de l'article du *British Medical Journal* souligne que Pfizer a contribué à l'ACC à hauteur de plus de 500 000 dollars annuellement dans les dernières années[6].

Une étude de l'université Georgetown compare un diurétique à cinq médicaments différents pour traiter l'hypertension. Les chercheurs suivent les patients durant un an et mesurent les effets de ces produits sur le ventricule gauche du cœur. Ils découvrent qu'un diurétique, un antihypertenseur de la famille des IECA[7] (comme Capoten) et un bêtabloquant (par exemple l'aténolol), entraînent une diminution de la taille du ventricule gauche après une année d'utilisation. En revanche, les bloqueurs calciques comme le diltiazem, commercialisé sous le nom de Cardizem, ne donnent pas ce résultat. D'après *Worst Pills Best Pills News*, cette étude confirme les recommandations de l'époque des instituts nationaux de la santé, à savoir que seuls les diurétiques et les bêtabloquants devraient être utilisés comme traitement *initial* pour la haute pression. Ces médicaments ont fait leurs preuves, et peuvent réduire le risque de crise cardiaque provoquée par la haute pression. Par ailleurs, la forme générique du médicament est disponible. D'autres recherches publiées dans le *New England Journal of Medicine* en juillet 1999 montrent que les diurétiques réduisent substantiellement les risques de crise cardiaque[8]. Le choix du traitement de première ligne en hypertension exerce un effet considérable sur les coûts. Selon des experts indépendants, des millions de dollars seraient économisés en débutant la majorité des traitements par un diurétique, quitte à rajouter d'autres produits en cas d'hypertension mal contrôlée.

Il existe une autre raison de se fier aux vieux médicaments tels que les diurétiques. En 1997, s'approvisionner en diurétiques pour une durée de deux mois auprès d'une pharmacie de Washington (DC) revenait à 7,33 cents par jour. Par comparaison, s'approvisionner pour un mois en médicament générique aténolol pouvait coûter 50 cents par jour; tandis qu'un produit tel que diltiazem revenait à 2,50 dollars par jour, soit 34 fois plus[9].

Quand les preuves d'efficacité accrue se font attendre

Il n'est évidemment pas impossible que plusieurs nouveautés soient plus efficaces que les anciens remèdes, mais nombre d'entre elles, pour ne pas dire la plupart, ne le sont pas, et leurs prix sont beaucoup plus élevés. On pense notamment aux nouveaux anti-inflammatoires non stéroïdiens qui peuvent coûter aux États-Unis 13 fois plus que les anciens remèdes.

C'est à grand renfort de publicité que G.D. Searle (maintenant Pfizer) a lancé Celebrex, un anti-inflammatoire pour le traitement de l'arthrite. Introduit au Canada en 1999, c'est l'un des huit médicaments les plus prescrits au pays avec 3 796 000 ordonnances en 2000. Au Québec, l'Union des consommateurs dépose une demande d'autorisation en septembre 2002 pour exercer un recours collectif contre Pfizer au nom de tous les Québécois ; elle l'accuse d'avoir fait une promotion trompeuse de l'innocuité de son médicament. À ce sujet, la FDA avait fait parvenir, dès février 2001, une deuxième lettre d'avertissement au PDG de Pharmacia (à la suite de sa fusion avec G.D. Searle/Monsanto) : « Malgré une lettre d'avertissement que nous vous avons adressée antérieurement et, en dépit de vos garanties, Pharmacia a continué de faire la promotion mensongère et trompeuse de Celebrex [10] ».

Celebrex (célécoxib de son nom générique) est le 20e membre de la famille des anti-inflammatoires non stéroïdiens (AINS), tout en appartenant à une nouvelle famille pharmacologique. En bloquant l'action d'un enzyme qui se présente sous deux formes appelées cox-1 et cox-2 (pour cyclo-oxygénase), les anti-inflammatoires soulagent les symptômes de l'arthrite. De graves problèmes gastro-intestinaux reliés à l'utilisation des AINS (ulcères, perforations de l'estomac et de l'intestin, saignements qui dans certains cas peuvent entraîner la mort), sont attribuables à l'inhibition de la cox-1. Mais en bloquant seulement la cox-2, on prétend minimiser cette toxicité digestive. Un communiqué de presse de Pfizer du 15 avril 1999 annonçait : « L'innocuité est certes l'un de principaux avantages de Celebrex [11].» L'idée est qu'en bloquant sélectivement cox-2, le médicament soulage l'arthrite sans causer autant d'effets digestifs indésirables que les produits de type cox-1. Afin de démontrer que le célécoxib produit moins d'ulcérations digestives que les autres AINS, le chercheur utilise un endoscope pour examiner la paroi de l'estomac. Mais selon *Worst Pills Best Pills*, on ne peut affirmer que le fait de constater moins d'ulcérations à travers un endoscope signifie que le nombre d'ulcères plus sérieux va diminuer.

Le cas de Celebrex illustre également à quel point les sociétés pharmaceutiques savent profiter des médias pour doper la vente de leurs produits. À partir de 1996, le fabricant positionne son médicament en le présentant comme un inhibiteur de la cox-2 et non comme un autre AINS. Au cours de l'année précédant l'approbation du célécoxib par la FDA, 700 écrits avaient déjà paru sur les vertus des inhibiteurs de la cox-2. Une fois le médicament approuvé, une campagne de publicité agressive a construit l'image d'un médicament « révolutionnaire » — terme repris d'un communiqué de presse de Pfizer — en présentant les résultats positifs d'essais cliniques non publiés et financés par la compagnie dans des rencontres de scientifiques relayées par une presse complaisante. Les médias, comme il arrive souvent, se sont transformés en caisse de résonance pour l'industrie [12]. Les reportages portant sur les inhibiteurs de la cox-2 donnent l'impression que cette nouveauté changera complètement la vie des arthritiques. Après son approbation par la FDA, les ventes de célécoxib décollent rapidement : juste derrière Viagra, il devient le deuxième nouveau médicament à se vendre le plus rapidement. Plus tard, on découvrira que le fabricant a supprimé une partie des résultats des essais cliniques soumis à la FDA, induisant ainsi le public en erreur sur la supériorité de son produit (*voir le chapitre V*).

Des essais montrent que le célécoxib est meilleur qu'un placebo, mais son efficacité serait similaire à celle des produits existant déjà sur le marché. Lorsqu'il est pris deux fois par jour en comprimés de 100 à 200 milligrammes, ses effets sont comparables à ceux de 500 milligrammes de naproxène (commercialisé notamment sous les noms de Naprosyn et Aleve). Searle a vainement tenté de convaincre la FDA que Celebrex ne devait pas contenir d'avertissement de toxicité comme les autres AINS. L'agence ne s'est pas rendue à ses arguments [13]. Le 20 avril 1999, le *Wall Street Journal* révèle que la mort de 10 personnes est reliée à l'utilisation du médicament, et 11 autres ont souffert de saignements gastro-intestinaux [14]. Un inhibiteur de la cox-2 est disponible en Grande-Bretagne depuis septembre 1996. Après 21 mois d'usage, les autorités sanitaires britanniques rapportent 1339 réactions indésirables au produit et cinq décès.

L'American College of Rhumatology (ACR) recommande l'utilisation d'une dose maximale de quatre grammes d'acétaminophène par jour comme traitement de première ligne pour l'arthrite avant d'employer un AINS.

En 1999, dans une pharmacie de Washington (DC), une provision d'un mois de comprimés de 100 milligrammes de célécoxib coûtait 107,99 dollars, et les comprimés de 200 milligrammes se vendaient 168,99 dollars. Un flacon de 250 comprimés d'acétaminophène de 500 milligrammes coûtait 7,69 dollars et constituait une quantité suffisante pour une durée d'un mois, puisqu'elle correspondait à la dose maximale recommandée par l'ACR. En utilisant l'acétaminophène plutôt que les comprimés de 100 milligrammes de célécoxib, un patient souffrant d'arthrite économisait donc 1203,60 dollars au cours d'une année. Autrement dit, le traitement au célécoxib coûte

13 fois plus cher. Avec les comprimés de 200 milligrammes, l'économie était de 1935,60 dollars. Au Canada, un comprimé de célécoxib se vendait au prix de 69 cents américains contre 2,42 dollars au prix de gros aux États-Unis.

Pour concurrencer Celebrex, le rival de Pfizer, Merck, met son propre produit en marché en mai 1999 sous le nom de Vioxx (rofécoxib de son nom générique). Pour faire approuver son produit, Merck présente substantiellement les mêmes preuves que Searle à la FDA. Un petit nombre de patients participant aux essais cliniques éprouve des réactions indésirables sérieuses. Les essais cliniques démontrent que le produit de Merck est comparable en efficacité à une dose de 800 milligrammes d'ibuprofène (Motrin) ou à 50 milligrammes de diclofénac (Voltaren), et les essais révèlent que l'effet antidouleur du rofécoxib est généralement similaire à 550 milligrammes de naproxen ou 400 milligrammes d'ibuprofène [15].

Des médicaments à l'efficacité douteuse

Au début de l'année 1990, on estime que la diarrhée fait quatre millions de victimes parmi les enfants, surtout dans le tiers-monde où elle est l'une des principales causes de mortalité. En Occident, elle constituerait la deuxième cause d'hospitalisation chez les enfants. Les sels de réhydratation par voie orale accompagnés d'une alimentation continuelle sont une thérapie efficace et bon marché (bien moins de un dollar par enfant) pour venir à bout de ces problèmes. Un tel remède pourrait sauver presque la moitié de ceux qui meurent de diarrhée et éliminer 10 % des décès évitables chez les enfants américains, selon les Centers for Disease Control and Prevention d'Atlanta.

Environ 50 % des diarrhées sont causées par des virus. Une étude réalisée dans cinq pays du tiers-monde, dont l'Inde et la Chine, montre que c'est la cause la plus fréquente de diarrhée chez les enfants de moins d'un an. Les diarrhées provoquées par une bactérie sont également plus communes dans le tiers-monde. La plupart des antibiotiques, qui agissent sur les bactéries et non sur les virus, peuvent provoquer des diarrhées, tout comme le stress ou un changement de régime alimentaire.

La diarrhée est un symptôme et un mécanisme de protection naturelle. Dans plusieurs endroits de la planète, on persiste à traiter la diarrhée en administrant des médicaments, notamment des antibiotiques, qui sont utiles seulement dans certains cas précis. L'Organisation mondiale de la santé (OMS) le souligne: «Les antibiotiques ne sont pas efficaces contre la plupart des organismes qui causent la diarrhée»; «Il n'existe aucun médicament disponible à présent pour arrêter la diarrhée efficacement et en toute sécurité»; «La plupart des médicaments contre la diarrhée sont soit inefficaces soit nuisibles [16].»

Un des produits antidiarrhée les plus populaires est Lomotil. Aux États-Unis, il porte l'avertissement suivant: ce produit «n'est pas inoffensif et la posologie doit être strictement respectée, particulièrement pour les enfants». Cet avertissement a été rendu nécessaire en raison de plusieurs cas de toxicité du système nerveux central pouvant entraîner un coma, voire provoquer la mort, y compris dans les cas où la posologie est respectée. L'OMS reconnaît que des préparations telles que Lomotil (composé de diphénoxylate et d'atropine) «peuvent être dangereuses et même fatales, si elles ne sont pas utilisées correctement chez les enfants». Certains spécialistes ont décrit le diphénoxylate comme étant «le *pire* traitement» (souligné dans le texte) pour les diarrhées infectieuses. Il peut prolonger la période pendant laquelle les toxines des bactéries sont susceptibles de rester dans l'intestin, ce qui aggrave la déshydratation.

Une publicité datant de 1990 et diffusée par G.D. Searle pour Lomotil aux Philippines avançait que le produit est tellement fiable «que même les astronautes le prennent avec eux dans leurs voyages spatiaux». À l'inverse, Chetley souligne que le *Guide des médicaments d'ordonnance* (édition de 1991) considère que Lomotil est contre-indiqué pour les pilotes, qui doivent consulter auparavant un médecin spécialisé dans le domaine de l'aviation. La même publicité affirme que «depuis 25 ans à travers le monde, des essais cliniques bien documentés ont démontré son efficacité et son innocuité [17]». L'annonce omet de dire que si 80 % des patients ayant participé à une étude sur l'efficacité du produit rapportent que le médicament les a «beaucoup aidés», 75 % *de ceux qui ont pris un placebo* affirment la même chose.

En 1988, G.D. Searle invitait les médecins australiens qui prescrivaient son produit à participer au tirage de deux billets pour les Olympiques de Séoul. Le fabricant a dû annuler son offre, qui contrevenait au code de conduite des manufacturiers australiens de produits pharmaceutiques.

Le traitement de la diarrhée n'est pas le seul sujet à controverse. Il y a 21 ans, la *Medical Letter*, bulletin indépendant et respecté en matière de médicaments, écrivait : «Il n'y a aucune preuve que le siméthicone seul ou en association avec d'autres ingrédients est efficace dans le traitement des flatulences [...][18]». De nombreux antiacides populaires contenaient du siméthicone. Deux décennies plus tard, de nouvelles études viennent confirmer que le médicament n'est pas plus efficace qu'un placebo pour soulager les coliques chez les enfants. D'après *Worst Pills Best Pills*, en dépit des millions qui sont dépensés chaque année pour nous convaincre que les sensations de ballonnement et de douleur après un repas sont causées par les gaz, il n'en est rien, et l'utilisation de ces produits n'est pas justifiée. Il n'y a aucune relation entre ces symptômes et la quantité de gaz dans l'intestin.

Dans un autre domaine de maladie encore, la FDA approuvait en 1997 le penciclovir, destiné à traiter l'herpès simplex de type 1 (herpès buccal communément appelé feux sauvages), et commercialisé sous le nom de Denavir par SmithKline Beecham Deux études cliniques ont comparé le produit à un placebo. Dans la première étude, la guérison prenait en moyenne 4,8 jours chez les utilisateurs de Denavir et 5,5 jours chez les utilisateurs du placebo. Dans la deuxième, ces chiffres sont respectivement de 4,4 et 5,3. Autrement dit, l'utilisation de la crème abrège le temps de guérison d'à peu près une journée. Pour un traitement, il en coûtait 26,69 dollars dans une pharmacie de Washington DC. Cela vaut-il vraiment la dépense[19]?

Vingt-cinq ans pour retirer un produit inefficace

Combien de temps faut-il pour retirer de la circulation un médicament qui n'a jamais prouvé son efficacité ? On ne peut pas généraliser, mais dans le cas du cyclandélate, il a fallu 25 ans. C'est le temps qu'a mis la FDA pour retirer ce produit commercialisé sous le nom de Cyclospasmol par une filiale d'American Home Products. Ce médicament avait été approuvé en 1938 pour réduire la mauvaise circulation du sang au cerveau et dans les extrémités. En 1962, le gouvernement américain amende la vieille loi exigeant qu'un médicament fasse seulement la preuve de son innocuité. Dorénavant, un produit doit également prouver son efficacité, et il incombe au fabricant de le démontrer. Cette loi donne aux fabricants jusqu'à 12 mois pour apporter des preuves de l'efficacité de leurs produits. On charge l'Académie des sciences d'établir l'efficacité des vieux médicaments approuvés avant 1962. En 1971, l'Académie rend son verdict : le cyclandélate est jugé « potentiellement efficace », mais elle considère que des recherches exhaustives sont nécessaires afin de démontrer son utilité. Un ancien membre de l'Académie affirme que l'expression « potentiellement efficace » signifie que si les « études appropriées étaient faites, le résultat serait négatif ».

En 1972, la FDA estime que le médicament correspond à un besoin et qu'il peut rester sur le marché au-delà des limites prévues. En 1978, le fabricant soumet cinq études pour démontrer l'efficacité du produit, mais la FDA juge que la preuve d'efficacité n'est pas faite. L'année suivante, l'agence décide de retirer le produit, mais le fabricant demande à se faire entendre. Ce n'est qu'en 1986 que l'agence juge finalement le cyclandélate inefficace, et demande son retrait du marché. Il faudra attendre encore 11 ans avant que les avocats du fabricant et de la FDA terminent leurs délibérations et leurs manœuvres et que le commissaire sortant de l'agence décide de maintenir la décision de 1986[20].

En France aussi, les autorités ont fait preuve de négligence et de passivité devant un médicament dangereux qui est resté en circulation pendant 14 ans. En 1976, un laboratoire français met sur le marché dans le monde entier un médicament contre l'hypertension artérielle, le Diflurex. Aux États-Unis, on enregistre 52 cas d'atteintes hépatiques, dont 5 mortels. En 1980, le médicament est retiré du marché américain ; l'Allemagne suit peu après. Mais en France, il faudra attendre 1990 pour que le médicament soit retiré par la firme qui le commercialise. Il existe pourtant de nombreux produits concurrents et plus sûrs. Les effets secondaires graves du médicament avaient déjà été signalés, notamment par la revue *Prescrire*, dès le début des années 1980[21].

Démystifier les traitements du rhume et de la toux

Le vieil adage selon lequel un rhume se guérit en sept jours sans médicaments et en une semaine avec des remèdes pourrait bien s'avérer être vrai. D'après Chetley, il n'y a « aucune façon de prévenir ou de guérir le rhume », bien que la cause soit parfaitement connue, à savoir l'une des nombreuses souches d'une famille de six virus. En 1933, H.S. Diehl observait dans le *Journal of the American Medical Association* que *35 % des patients qui avaient le rhume réagissaient positivement à un placebo*. Il écrivait : « Il est possible de convaincre le public que pratiquement n'importe quelle préparation peut aider dans la prévention et le traitement du rhume[22].» C'est précisément ce que les marchands de pilules ont fait avec grand succès au cours des dernières années. Le résultat : d'immenses sommes d'argent sont consacrées à traiter ce qui ne peut l'être. En 1990, le marché mòndial des médicaments en vente libre pour traiter le rhume et la toux s'élevait à 7,3 milliards de dollars. Des projections évaluaient que ce montant atteindrait près de 10 milliards de dollars au tournant du siècle. L'efficacité des antihistaminiques n'a pas été démontrée dans le traitement du rhume. Si elle est établie dans le cas des rhinites (inflammation des conduits nasaux) causées par des réactions allergiques, les études menées pour évaluer la contribution des antihistaminiques dans le traitement des rhinites dues au rhume n'ont pas donné de résultats concluants. Pourtant, c'est en janvier, durant la saison des rhumes, et non au cours de l'été, saison des allergies, que les ventes d'antihistaminiques sont les plus élevées en Grande-Bretagne.

Les décongestifs nasaux sont également utilisés pour traiter le rhume, mais la plupart d'entre eux peuvent causer des problèmes. S'ils semblent fonctionner pour une courte période, la congestion est susceptible de revenir encore plus forte, et les produits oraux peuvent entraîner la constriction de vaisseaux sanguins de l'organisme et accroître la pression artérielle. Quand il est nécessaire d'utiliser un décongestif, le British Medical Association suggère d'employer des médicaments contenant de l'oxymétazoline ou de la xylométazoline pour un jour ou deux (la version générique en vaporisation est disponible au Canada). Une simple solution à base de sel et d'eau peut être utile chez les jeunes enfants.

Toute une mythologie s'est également développée autour des médicaments pour la toux. En gros, il existe deux types de médicaments, les expectorants et les antitussifs. Les premiers sont censés accroître les sécrétions et faciliter l'expectoration. Mais les doses qui pourraient faciliter l'expectoration peuvent également produire des nausées et des vomissements. D'après la liste officielle des médicaments en Grande-Bretagne, le British National Formulary, « il n'y a aucune preuve qu'un médicament puisse faciliter l'expectoration ». La même source ajoute que les antitussifs peuvent à l'occasion être utiles. L'American Medical Association (AMA) souligne que les rapports sur l'efficacité de ces produits se contredisent ; par conséquent, leurs effets sont difficiles à établir. D'après l'AMA, la codéine serait le médicament le plus efficace pour traiter la toux sévère et chronique; c'est également le seul médicament contre la toux qui fait partie de la liste des médicaments essentiels de l'OMS. Mais la codéine constipe et peut, quoique rarement, créer une dépendance. Seules des doses minimes sont disponibles sans ordonnance, car c'est un agent classé parmi les narcotiques. D'après l'AMA, un produit similaire, la dextrométorphane, est le produit le plus sécuritaire pour supprimer la toux. Cependant, son efficacité a été remise en question lors d'études plus récentes. La dernière, publiée dans le journal *Pediatrics* de juillet 2004, souligne que la dextrométorphane et un antihistaminique en vente libre «ne sont pas supérieurs à un placebo» pour traiter le rhume chez les enfants. L'American Academy of Pediatrics n'entérine pas l'usage de la dextrométorphane puisque les preuves d'efficacité laissent à désirer et qu'il «possède un certain potentiel de toxicité», à la grande déception de l'auteur, qui utilise ce produit[23].

Les médicaments les plus vendus contre la toux sont ceux qui combinent des expectorants et des antitussifs, ce qui est le cas de la majorité des médicaments contre la toux. Une enquête mondiale réalisée en 1987 et 1988 montre que plus du tiers des 2198 médicaments contre le rhume et la toux contiennent plus de trois ingrédients. Or, la FDA considère qu'aucune population cible ne peut tirer profit d'un produit contenant plus de trois groupes pharmacologiques: ces combinaisons sont irrationnelles. En outre, une évaluation montre que 86 % des ingrédients contenus dans ces médicaments sont inefficaces et que 55 % d'entre eux sont susceptibles de causer des effets indésirables. En France, un guide publié en 1992 souligne que sur les 276 médicaments en vente libre contre la toux, à peine une douzaine sont dignes de figurer dans votre armoire à pharmacie[24]. Les caractères d'imprimerie sur l'étiquette énumérant les produits sont si petits que le consommateur ignore ce qu'il achète.

Des vitamines pour la croissance... des barons de l'industrie

En 1991, SmithKline Beecham annonçait en Inde que son cocktail de vitamines et de zinc, Zevit, pouvait lutter contre l'infertilité, la perte de libido, la léthargie, la dépression, et plus encore. Une organisation australienne visant la protection des patients exposés aux pilules, Medical Lobby for Appropriate Marketing (MaLAM, maintenant

Healthy Skepticism), a été incapable de trouver une seule étude contrôlée du produit ou de son équivalent pour confirmer ces allégations.

Un laboratoire français, Servier, faisait la promotion de la vitamine B1, sous le nom d'Arcalion, dans différents pays du tiers-monde pour lutter contre la fatigue. La publicité conseillait de prendre 400 milligrammes d'Arcalion tous les jours au petit déjeuner. Pourtant, la dose quotidienne recommandée est de 1,5 milligramme par jour chez l'adulte.

En 1992, trois fabricants britanniques de vitamines soutiennent que leurs produits peuvent contribuer à développer l'intelligence. Poursuivis, ils tentent vainement de faire la preuve que l'intelligence est stimulée par les vitamines à l'aide de différentes études. La poursuite est couronnée de succès. *The Lancet* conclut : « Il n'y a aucune preuve que les suppléments de vitamines et de minéraux ont pour effet d'accroître le QI[25]. »

Les sociétés pharmaceutiques vendent des milliards en vitamines (deux milliards de dollars aux États-Unis en 1984). D'après l'AMA, une thérapie à base de vitamines est justifiée chez les patients qui ne peuvent assimiler les éléments nutritifs des aliments, chez ceux qui ont certaines maladies ou encore ceux dont le métabolisme est congénitalement défectueux. Dans les pays industrialisés, les carences en vitamines sont très rares et les suppléments vitaminiques de routine ne sont pas indiqués. Il demeure que la vitamine D associée à un supplément de calcium est recommandée l'hiver aux femmes ménopausées. Mais prendre de la vitamine E en grande quantité n'a aucun sens, puisqu'il est prouvé qu'elle ne protège pas des maladies du cœur. La majorité des gens qui ont les moyens d'acheter les vitamines ont déjà une nourriture suffisamment — voire trop — riche, et n'en ont pas besoin.

Dans les pays du tiers-monde, les carences peuvent être corrigées par des doses importantes de vitamines, mais la réponse à long terme à ce problème consiste en un régime alimentaire approprié, ce qui implique de s'attaquer aux causes sociales et économiques de la malnutrition, notamment le partage inéquitable des ressources planétaires.

Les vitamines ont la réputation d'être inoffensives. Or, une surdose de vitamine A peut provoquer la perte de l'appétit, l'enflure des os et des jointures et peut causer des déformations chez les bébés des femmes enceintes. De même, la vitamine D en trop forte dose peut provoquer des nausées, de la constipation, des dépôts de calcium dans les organes et des problèmes rénaux. Enfin, une surconsommation prolongée de cette vitamine peut entraîner un retard mental. Si les vitamines solubles dans l'eau, comme les vitamines B et C, peuvent être éliminées, la vitamine C, à raison d'un gramme par jour, peut irriter les intestins, et la vitamine B6 peut causer des dommages sérieux aux nerfs [26].

| # Une industrie malade du secret : les essais cliniques

La plupart des consommateurs ne savent pas que les études et les messages d'intérêt public font partie d'un plan pour vendre des médicaments.

Wall Street Journal

Il est temps que la FDA cesse de protéger les grandes compagnies pharmaceutiques. Il est temps qu'elle commence à aider les gens.

Rod Blagojevich
Gouverneur de l'Illinois

UNE ÉTUDE RÉCENTE publiée dans les pages du *New England Journal of Medicine* souligne que les chercheurs manquent d'information sur l'efficacité des médicaments, particulièrement pour les sous-groupes de la population comme les enfants, les femmes et les vieillards [1]. Ce manque d'information est d'autant plus inquiétant que les fabricants de pilules, principaux bailleurs de fonds de la recherche [2], utilisent les résultats des essais cliniques pour faire la promotion de leurs produits. On se rappellera l'annonce de Lomotil : « Depuis 25 ans à travers le monde, des essais cliniques bien documentés ont démontré son efficacité et son innocuité. » Le *Drug and Therapeutic Bulletin* déplore cette pratique : « Trop souvent ces études ne sont guère qu'une forme déguisée de promotion commerciale afin d'encourager les médecins — qui sont souvent compensés pour ce travail — à prescrire un médicament que les patients prendront ensuite pendant des années [3] ». Au Canada, chaque année, 1 300 études emploient des cobayes humains pour tester de nouveaux médicaments [4].

Nous verrons que les essais cliniques sont souvent biaisés, tant dans leur concept que dans leur présentation, et qu'il y a incompatibilité entre les buts commerciaux et les buts scientifiques visés par ces essais. Le Dr Sackett souligne qu'en permettant aux sociétés pharmaceutiques de financer les essais cliniques, on laisse les impératifs du profit plutôt que ceux de santé publique dicter l'ordre du jour des programmes de recherche [5].

Procédure d'approbation des médicaments

L'approbation d'un médicament par les agences de contrôle passe par différentes étapes. Les études américaines étant souvent utilisées pour l'approbation des nouveautés au Canada, il n'est pas inutile de savoir comment la FDA autorise les nouvelles molécules. Tout d'abord, des analyses de laboratoires sont effectuées sur des tissus et des cellules avant de procéder à des tests sur des animaux. Ensuite commence l'étape des essais cliniques, qui consiste à démontrer l'efficacité et l'innocuité du produit sur des personnes volontaires. Cette dernière étape se divise généralement en plusieurs phases. Pendant la phase I, le médicament est testé sur environ 20 à 80 volontaires en bonne santé, pour déterminer à quelle dose apparaissent les effets indésirables (car il y en a toujours). Durant la phase II, 100 à 300 volontaires atteints de la maladie ciblée par le médicament sont traités pour trouver la dose efficace. Au cours de la phase III, le médicament est testé sur 1000 à 3000 patients habituellement recrutés dans les cliniques et les hôpitaux. On le compare avec un placebo (ou un produit standard) durant au moins deux essais cliniques contrôlés. Après la troisième phase, le fabricant soumet l'ensemble des données aux agences de contrôle et demande l'autorisation de mettre son médicament sur le marché. Dans certains cas, l'agence exige d'autres études pour évaluer les effets à long terme du produit[6]. C'est seulement après l'approbation du médicament que les résultats des études clés sont rendus publics.

Au Canada, les médicaments sont approuvés par ce qu'on appelle maintenant la Direction des produits thérapeutiques (DPT) de Santé Canada. En 1999, la DPT a approuvé 37 nouveaux principes actifs, contre 39 pour la FDA. Le budget de la FDA avoisine les 700 millions de dollars (américains) par comparaison à 70 millions de dollars canadiens pour la DPT[7]. Contrairement à ce qui se passe aux États-Unis, le processus se déroule à huis clos au Canada, et personne n'a accès aux décisions des évaluateurs pour de prétendues raisons de « confidentialité commerciale ». De plus, la DPT ne livre aucune information sans le consentement de la compagnie. Au Royaume-Uni, la loi sur les secrets officiels de 1911 et une loi votée en 1968 interdisent aux scientifiques employés par le ministère de la Santé et à ceux qui siègent sur des comités d'experts conseils de divulguer toute information concernant les demandes d'approbation des médicaments. Des lois semblables existent en France et en Allemagne. En mai 2004, l'Association canadienne des journalistes accordait son prix « La loi du silence » à Santé Canada. Pendant plus de cinq ans, l'organisme a refusé « tout accès significatif à une base de données sur les médicaments d'ordonnance susceptibles d'être dangereux, voire mortels, pour les Canadiens[8] ».

Après que la DPT a passé en revue l'ensemble des données soumises par les fabricants, le médicament est prêt pour le lancement. « Techniquement, le gouvernement n'"approuve" pas le médicament ; il vérifie si la compagnie a tout fait correctement[9] », puisque l'autorisation de mise en marché repose sur les informations fournies par les fabricants. Après l'« approbation » du médicament, le fabricant et Santé Canada s'entendent sur la monographie destinée aux médecins qui décrit les avantages, le mode d'emploi et les risques du produit. Cette monographie sera mise à jour à mesure que de nouvelles informations seront connues sur les effets indésirables du médicament, mais ces mises à jour sont souvent tardives. Le fabricant est obligé de rapporter tout effet indésirable 15 jours ouvrables après qu'il soit déclaré par un clinicien. Une fois que le produit est mis en marché, le Bureau de la surveillance des médicaments recueille les déclarations d'effets indésirables inattendus, c'est ce qu'on appelle la pharmacovigilance. Les effets indésirables importants sont publiés dans le *Journal de l'Association médicale canadienne* périodiquement[10].

Les coupes fédérales qui ont affecté de nombreux domaines, dont la santé, ont laissé les agences de contrôle pratiquement à la merci des sociétés pharmaceutiques. Une partie substantielle du financement pour l'évaluation des nouveaux médicaments provient de l'industrie, soit 40,7 millions de dollars canadiens en 2003-2004[11]. C'est ainsi qu'une tranche importante des salaires du personnel provient de l'industrie pharmaceutique. Les fonctionnaires, aussi compétents et intègres soient-ils, n'ignorent pas cette situation.

Les essais cliniques réalisés dans les règles de l'art en phase III sont ce qu'on appelle des essais *contrôlés*. L'explication qui suit est technique, mais elle est importante pour comprendre et interpréter les résultats des essais cliniques. Ces essais sont des études en double aveugle comparant l'efficacité du produit testé avec un placebo — une pilule de sucre sans principe actif. Dans une étude en double aveugle, le médecin ne sait pas s'il administre le médicament ou le placebo, et le sujet ne sait pas s'il reçoit le médicament ou le placebo. Le tirage au sort détermine qui administrera et qui recevra le médicament ou le placebo, seul moyen de répartir également les malades. Les deux groupes (l'un recevant le médicament, l'autre le placebo) sont censés être comparables à tous points de vue — âge, condition socio-économique, genre. Les chercheurs comptent sur le hasard pour égaliser les variables qui ne peuvent être mesurées. Ces variables peuvent introduire une certaine marge d'erreur dans les résultats et entraîner des interprétations différentes. Quand les résultats montrent que les différences entre les deux groupes sont minimes — supposons par exemple que 1,7 % de ceux qui prennent le placebo meurent au cours de l'étude, contre 1,3 % de ceux qui prennent le médicament —, les chercheurs peuvent conclure que cette différence de 0,4 % n'est pas statistiquement significative. En effet, cette différence peut survenir du fait que certains participants, souffrant d'une condition particulière inconnue des chercheurs, ont été répartis sur une base 49-51 ou 48-52, plutôt que sur une base 50-50.

Toutefois, il est arrivé fréquemment qu'un médicament soit mis en marché sur la base d'études qui ne suivaient pas ce processus. Ce fut le cas du diéthylstilbestrol (DES) et de l'hormonothérapie de substitution. Qu'un médicament ait été approuvé par une agence officielle n'est pas la preuve absolue de son innocuité, comme en témoignent les nombreux retraits. Les essais cliniques révèlent les limites de nos connaissances en biologie. Nous ignorons si la substance aura un effet thérapeutique ; en effet, si nous connaissions parfaitement le pouvoir d'action des molécules sur l'organisme, il serait inutile de procéder à ces essais.

Depuis une douzaine d'années, un organisme composé de représentants de l'industrie pharmaceutique et d'agences gouvernementales en provenance des États-Unis, de l'Union européenne et du Japon, travaille à l'harmonisation des protocoles d'approbation des nouveaux médicaments. Bien que n'ayant pas de droit de vote, le Canada collabore avec cet organisme appelé *International Conference on Harmonisation of Technical Requirements* (ICH). L'ICH veut alléger la réglementation en raccourcissant le processus d'approbation des nouveaux médicaments.

Si les règles proposées par l'ICH sont adoptées, on assistera à un nivellement des normes de protection vers le bas, au détriment de la sécurité des populations. Pour diminuer les coûts de développement des médicaments et réduire les délais de mise en marché, l'ICH envisage les mesures suivantes :

– Le développement d'un ensemble unique de règles pour les essais cliniques et de normes pour le processus de fabrication ;
– La réduction du nombre de sujets requis lors des évaluations des produits sur les animaux et les humains ;
– La réduction du nombre d'essais requis lors d'études sur des animaux. Or, ces études évaluent les risques de cancer posés par les nouvelles molécules. Une directive de l'ICH prévoit que les tests sur les humains pourraient débuter en l'absence d'études complétées sur la carcinogénicité du médicament (sauf en présence d'un risque particulier pour une population donnée) ;
– Le nouveau protocole ne prévoit aucune politique d'inclusion des femmes dans les études ;
– Une clause permet aux sociétés pharmaceutiques d'exclure les sujets âgés des essais cliniques [12].

Le message est clair : il faut réduire les coûts, accélérer et simplifier l'adoption des nouveaux médicaments au mépris de la santé et de la sécurité.

Ces grandes orientations sont confirmées dans un document récent de Santé Canada, *La santé et la sécurité d'abord !* [13], qui propose un cadre légal pour promouvoir le risque et réduire les normes de sécurité. L'accent qui était mis sur la sécurité sera dorénavant mis sur les avantages des risques. Ce concept a été introduit en 1983 par l'administration Reagan dans les ministères de la Santé et de l'Environnement. Si la nouvelle loi est adoptée, elle pourrait permettre la publicité directe au consommateur pour les médicaments d'ordonnance, empêcher l'application du principe de précaution, transférer le fardeau de la preuve du manufacturier à Santé Canada (les nouveaux produits étant dorénavant considérés comme sûrs), en exigeant de l'agence fédérale une preuve de préjudice possible, et ôterait au fabricant toute responsabilité pour négligence en matière de réglementation [14]. Santé Canada fait actuellement face à des poursuites de 12 milliards de dollars canadiens pour le sang contaminé, des appareils médicaux défectueux et des médicaments dangereux [15]. Les gardiens de la santé se sont transformés en promoteurs de risques.

Par ailleurs, Santé Canada entend revoir la *Loi sur les aliments et drogues* sous prétexte qu'elle est désuète et qu'il faut l'adapter au monde moderne. D'après l'organisme fédéral, la loi actuelle ne permet pas de tenir compte de « considérations autres que la sécurité et l'efficacité dans la gestion des risques pour la santé [...] [16] ». Désormais, il faudra tenir compte de la « nécessité d'améliorer l'économie et de promouvoir la concurrence ». Et comme on ne peut être contre la vertu, le document met l'éthique dans la balance. Bienvenue dans le monde des organismes génétiquement modifiés, des thérapies géniques, des transplantations d'organes d'animaux sur des humains, du clonage, et que sais-je encore. Nous avons effectivement besoin d'une réglementation « intelligente » — mais veut-on d'une « réglementation axée sur le marché, sur le commerce, et favorable aux investissements [17] », comme la définit l'Organisation de coopération et de développement économique (OCDE) ?

On me permettra une courte digression. Dans les années 1980, Santé Canada avait accumulé des retards dans l'approbation des nouveaux médicaments. Pour résoudre le problème, le gouvernement Mulroney accorde 129 contrats à des firmes privées pour combler le retard. De nombreuses évaluations se sont avérées inadéquates et ont dû être recommencées. Cela n'a rien d'étonnant lorsque l'on sait que certaines de ces évaluations, portant sur un médicament contre le cancer, ont été confiées à un expert en endocrinologie. D'autre part, certains experts externes étaient potentiellement en situation de conflit d'intérêt. L'un d'eux dirigeait une compagnie de recherche pharmaceutique canadienne; sa femme, directrice médicale de cette même société, était également directrice médicale d'une société pharmaceutique américaine. Or, l'expert en question bénéficiait d'un contrat de Santé Canada pour conduire des essais cliniques pour la firme américaine pour laquelle travaillait sa femme. Autre exemple: un neurologue d'Ottawa chargé d'évaluer Imitrex, un médicament contre la migraine, avait auparavant conduit des essais cliniques pour son fabricant, Glaxo Canada, en plus d'avoir participé à la campagne de promotion du produit (*voir le chapitre VI*). En matière de conflit d'intérêt, Santé Canada n'est pas un novice. En 1991, Judy Erola, qui fut ministre dans le cabinet de Pierre Elliott Trudeau, présidente de l'Association canadienne de l'industrie du médicament et lobbyiste en chef pour les manufacturiers de produits brevetés, a siégé au comité de sélection de la dirigeante de l'organisme gouvernemental responsable des médicaments en vente libre. Mme Erola a nié l'existence de tout conflit d'intérêt. Que les fabricants de médicaments d'ordonnance produisent également des médicaments en vente libre importe peu. Fin de la parenthèse[18].

Des études biaisées

En dépit d'une procédure apparemment rigoureuse, ces essais ont été critiqués pour leur nombre trop restreint, leur trop grande simplicité et leur durée trop limitée. D'après le Dr Lexchin, les nouveaux médicaments qui arrivent sur le marché ne sont pas testés sur un assez grand nombre de personnes, « ce qui signifie que les effets indésirables moins fréquents n'ont pu être observés. Les médecins et les patients doivent savoir que les nouveaux médicaments ne sont pas nécessairement meilleurs et qu'ils peuvent être moins sécuritaires[19] ».

La plupart des essais sont faits sur des populations plus jeunes, moins susceptibles de produire des effets indésirables. Les femmes en âge de procréer, les personnes âgées et les enfants sont souvent exclus des études, bien qu'ils soient susceptibles d'être exposés aux médicaments testés[20]. On mesure l'ampleur du problème à la lecture d'une étude canadienne, publiée en 1991, qui révèle que la plupart des effets indésirables des médicaments se produisent chez les femmes et les personnes âgées de plus de 50 ans. Enfin, le préjugé sexuel introduit des biais dans les résultats des essais. Une étude britannique auprès de 17 000 personnes pour tester des médicaments contre la haute pression demandait seulement aux hommes et non aux femmes, si le médicament affectait leur désir sexuel[21].

Tout indique que les entreprises conçoivent les études cliniques pour obtenir des résultats qui mettront leurs produits sous une lumière favorable, à l'inverse de ceux de leurs concurrents[22]. Plusieurs études se contentent de comparer la « nouvelle » molécule avec un placebo. Or, si la nouvelle molécule peut s'avérer plus efficace que le placebo, est-elle plus efficace qu'un produit semblable déjà disponible sur le marché, et moins dispendieux ? Si le résultat montrait que le nouveau médicament n'apporte rien de neuf, le laboratoire qui a souvent investi des sommes considérables pour le mettre au point aurait-il renoncé à commercialiser le produit ou trouvé un nouvel angle pour le vendre, quitte à exagérer la signification des résultats de la recherche ? D'autres études comparent la molécule à des produits qui se vendent aussi cher ou plus cher. Des chercheurs ont analysé 151 études menées pour tester les anti-inflammatoires non stéroïdiens. Ils ont découvert que 149 études comparaient le produit à des médicaments aussi chers ou plus chers, et que seulement deux d'entre elles les comparaient à l'aspirine[23]. Il arrive couramment que le formatage et la publication des essais cliniques soient orientés par des objectifs qui relèvent davantage du marketing que de la recherche clinique exécutée dans l'intérêt de la santé publique.

La plupart des études sont effectuées dans de nombreux centres, et les chercheurs — sauf ceux des compagnies — n'ont pas accès à l'ensemble des données, mais seulement à celles de leur hôpital ou de leur clinique. Une enquête parue en 2002 dans le *New England Journal of Medicine* et menée auprès de 108 facultés de médecine américaines, montrait que seulement 1 % des chercheurs interrogés avaient accès à toutes les données d'étude, et que 40 % contrôlaient la publication des résultats de leurs recherches[24]. Les médecins sont ainsi privés d'informations essentielles et transparentes leur permettant de choisir la meilleure thérapie pour leurs patients.

La participation des patients aux essais cliniques requiert leur consentement éclairé. Il arrive que cette condition minimale ne soit pas respectée, comme en témoigne la publication de deux études dans le *British Medical Journal* en 1997. Ces études impliquaient plusieurs centaines de patients dont le consentement n'avait pas été obtenu. Les deux études avaient reçu l'aval du comité d'éthique local, ce qui porte à s'interroger sur l'éthique de ces comités [25]. Les « consentements éclairés » que signent les patients volontaires ne mentionnent pas que le médecin chercheur est payé pour l'étude, ni combien il reçoit par patient. Il serait peut-être plus réaliste, comme le suggère Pignarre, chargé de cours à Paris VIII que le consentement soit signé comme un contrat entre le promoteur et le patient.

Suppression des résultats gênants

Dans un article pour le prestigieux *New England Journal of Medicine* datant de mai 2000, le Dr Thomas Bodenheimer, de l'université de Californie à San Francisco, cite de nombreux cas de manipulation des résultats des essais cliniques. Il affirme que les essais en question sont préconçus pour obtenir des conclusions allant dans le sens désiré par les compagnies, que les bénéfices sont systématiquement majorés, les effets indésirables minimisés, et les résultats gênants supprimés [26]. Une psychiatre et chercheuse clinique, E. Jane Garland, a participé à quelques études sur les antidépresseurs chez les enfants. Elle a dû signer une entente de non-divulgation d'une durée de 10 ans. Après cette expérience, elle a confié au *Journal de l'Association médicale canadienne* « ne jamais plus participer à une étude financée par l'industrie, à moins qu'on en modifie radicalement la structure et la gestion [27] ». Le gouvernement est également impliqué dans la dissimulation des résultats gênants, puisque les entreprises qui veulent faire approuver un nouveau médicament « doivent signaler toutes les études aux organismes de réglementation [...] Santé Canada ne peut ignorer les études dissimulées et les preuves contradictoires sur l'efficacité et l'innocuité [28] ».

En 1998, Celebrex est présenté comme « un médicament qui traite l'arthrite rhumatoïde et l'arthrose en toute sécurité, sans dommages pour l'estomac et sans risques d'ulcères gastro-intestinaux [29] ». Selon la firme d'experts conseils Health, il ne présente pas les effets secondaires normalement ressentis avec les autres médicaments utilisés dans le traitement de l'arthrite. De son côté, le Dr William Bensen, rhumatologue, affirme : « C'est la première fois qu'on dispose d'un médicament qui offre une telle association d'innocuité et d'efficacité [30] ». Les résultats d'une recherche parue dans les pages du *Journal of the American Medical Association (JAMA)* en septembre 2000 semblent confirmer ces déclarations optimistes. Les chercheurs concluent que ce nouveau produit « révolutionnaire » est supérieur aux autres anti-inflammatoires non stéroïdiens. Il présenterait moins d'effets gastro-intestinaux que les médicaments traditionnels tels que le diclofénac et l'ibuprofène. Mais il s'avère que les 16 auteurs de l'étude étaient employés par Pharmacia, ou sous contrat avec la compagnie. On se rappellera qu'Eli Lilly avait lancé son anti-inflammatoire Opren en utilisant des termes semblables, l'annonçant comme la percée la « plus significative » dans le traitement de l'arthrite depuis l'aspirine, ses effets étant « doux et transitoires ».

L'histoire ne finit pas là. Les résultats présentés dans le *JAMA* sont tronqués : les auteurs de l'article dévoilent seulement les résultats des *six premiers mois des essais cliniques*, sous prétexte que des patients ont abandonné leur participation au projet. Dans un édito-rial de juin 2002, le *British Medical Journal* qualifie ces raisons de non valables. Seuls les résultats favorables sont présentés ; et que disent les parties de la recherche que les auteurs ont supprimées ? Un article du 21 novembre 2001, paru dans le *JAMA* et signé par deux méde-cins, signale que « les données qui n'ont pas été publiées montrent que dès la 65ᵉ semaine, le célécoxib était associé à un nombre de compli-cations ulcéreuses similaire à celui observé avec la prise de diclofénac et d'ibuprofène [31] ». Le scandale devient public mais les dommages sont déjà faits. Des dizaines de milliers de médecins ont lu l'article ori-ginal sur lequel Pharmacia s'appuie pour mousser la vente de son produit, tant et si bien que Celebrex se hisse au sommet des médi-caments pour l'arthrite avec des ventes de trois milliards de dollars. En 2002, plus de 30 000 tirés à part des conclusions publiées à partir de la recherche originale sont distribués, et l'article est encore abon-damment cité.

Au cours d'une seule année, Santé Canada a reçu des centaines de signalements d'effets indésirables associés au Celebrex, dont 10 décès et près de 70 cas d'hémorragie digestive. En mai 2002, l'organisme gouvernemental émet un avis soulignant qu'il n'y a pas de différence entre Celebrex, ibuprofène ou diclofénac, en ce qui a trait aux risques de complications ulcéreuses. Combinés à l'aspirine, ces médicaments présentent un risque quatre fois plus élevé de complications [32]. Autre détail intéressant : au Canada, une dose mensuelle de Celebrex s'élève à 80 dollars canadiens contre 20 dollars pour l'ibuprofène et 40 dollars pour le diclofénac. La requérante dans la demande de recours collectif contre Pfizer souligne que si elle a dû assumer un coût mensuel de 16,63 dollars canadiens, c'est l'assurance-médicaments qui l'a couverte pour le reste, soit 86,35 dollars par mois. Dans la seule année 2000, 3,79 millions d'ordonnances ont été rédigées au Canada, ce qui représente des sommes colossales [33].

Les sociétés pharmaceutiques peuvent engranger des milliards de dollars en vendant un produit qu'elles savent pertinemment n'être pas (ou très légèrement) plus efficace que les autres, en parvenant à supprimer des résultats de recherche gênants, et grâce à une machine publicitaire redoutable qui majore ou invente les vertus du produit et minimise les effets indésirables connus avant lancement, ainsi que ceux qui apparaissent après lancement grâce à la pharmacovigilance.

Les résultats déprimants d'un antidépresseur

L'histoire qui suit concerne un antidépresseur ; elle aurait pu figurer sous le titre « publicité trompeuse », « pas plus efficace qu'un placebo », ou encore « suppression des résultats gênants des études ».

Philippe Pignarre évalue qu'en France, le nombre de personnes dépressives a été multiplié par sept entre 1970 et 1996, et qu'aux États-Unis, le nombre de consultations avec prescription d'antidépresseurs a quasiment doublé entre 1980 et 1989. Les femmes sont trois fois plus nombreuses que les hommes à prendre ces pilules [34]. Il faut préciser que la France est un cas d'exception, puisqu'on y consomme quatre fois plus de psychotropes (dont font partie les antidépresseurs) qu'ailleurs en Europe, et que 11 % des adultes en prennent depuis plus de six mois [35]. Par ailleurs, on estime que 11 millions d'enfants américains et 3 millions d'enfants canadiens consomment des antidépresseurs [36]. La dépression se porte bien.

Le *Journal de l'Association médicale canadienne* a obtenu un document interne de Glaxo (à l'époque SmithKline Beecham, avant sa fusion avec Glaxo Wellcome), enjoignant son personnel de garder sous clé les résultats des études cliniques indiquant que son antidépresseur vedette — Paxil en Amérique du Nord, Seroxat en Grande-Bretagne — n'était d'aucune utilité pour traiter les mineurs. Paxil fait partie de la nouvelle génération d'antidépresseurs, appelés inhibiteurs sélectifs de la recapture de la sérotonine (ISRS) [37], dont le plus célèbre est le Prozac. Ces produits ont quasiment remplacé les médicaments de la génération précédente, les tricycliques qui avaient la réputation de manquer d'efficacité et critiqués pour les risques de toxicité qu'ils présentaient. À l'échelle mondiale, les ventes de Paxil/Seroxat atteignaient la somme fabuleuse de 4,9 milliards de dollars en 2003. Le document de Glaxo fournit des directives à son personnel sur la façon de gérer les résultats de deux essais cliniques sur les effets du Paxil (paroxétine de son nom générique) chez les jeunes. Puisque les preuves d'efficacité du médicament ne sont « pas suffisamment robustes » pour justifier une demande d'autorisation pour traiter les mineurs, le document suggère de « gérer la dissémination des données de façon à minimiser tout impact commercial négatif ». Plus clairement : « Il serait commercialement inacceptable d'inclure une déclaration stipulant que l'efficacité du produit n'a pas été démontrée ; ceci saperait le profil de la paroxétine [38] ».

Une première étude, la plus importante du genre à mobiliser des jeunes, a été réalisée aux États-Unis entre 1993 et 1996 ; ses résultats sont connus en 1998. D'après le document, la paroxétine n'était *pas plus efficace* qu'un placebo. La deuxième étude réalisée en Amérique latine, en Europe et ailleurs, révélait que le *placebo était plus efficace* que l'antidépresseur. Le *Journal de l'Association médicale canadienne* précise que la première étude a finalement été publiée dans un journal américain de pédopsychiatrie. Paradoxalement, les auteurs de l'article concluaient que le produit est « généralement bien toléré et efficace pour les dépressions majeures chez les adolescents [39] » !

Parmi les 93 adolescents qui se sont soumis aux essais cliniques et qui ont pris le médicament, cinq ont développé des idées et des comportements suicidaires. Par comparaison, on n'a relevé qu'un seul cas semblable parmi les 95 patients prenant un médicament de référence, et un seul autre parmi les 89 sujets prenant un placebo. En juin 2003, les autorités britanniques ont avisé les professionnels de la santé que les patients de moins de 18 ans ne devaient pas être traités à la paroxétine. Elles furent rapidement imitées par plusieurs pays dont les États-Unis, la France et l'Irlande. Les données de différents essais cliniques démontraient que les épisodes de comportement suicidaire étaient de 1,5 à 3,2 fois plus élevés chez les jeunes patients prenant de la paroxétine que ceux sous placebo. Les autorités britanniques ont subséquemment banni l'usage pédiatrique de six autres médicaments de la même famille et réévaluent à l'heure actuelle l'usage des antidépresseurs chez les adultes. Elles n'ont cependant pas étendu l'interdiction de traiter les jeunes au Prozac. Mais comme l'indique le Dr E. Jane Garland au sujet de la fluoxétine, le nom générique du Prozac, « les preuves d'efficacité de ce médicament dans les deux essais publiés sont faibles [40] ».

En juillet 2003, les autorités canadiennes ont publié une mise en garde sur l'utilisation pédopsychiatrique des antidépresseurs. Dans une lettre à l'intention des professionnels de la santé, disponible sur le site Internet de la Direction des produits thérapeutiques, GlaxoSmithKline écrit : « Chez les enfants et les adolescents souffrant d'un trouble dépressif majeur (TDM), Paxil ® est *contre-indiqué*, en raison de preuves additionnelles et [sic] démontrant un manque d'efficacité [41] ». Le 2 février 2004, les autorités canadiennes demandaient aux utilisateurs de confirmer avec le médecin traitant si les bénéfices d'un traitement aux antidépresseurs chez les jeunes étaient supérieurs aux risques potentiels. En plus du Paxil, l'avertissement concerne Wellbutrin, Celexa, Luvox, Remeron, Zoloft et Effexor. Au sujet de ce dernier, trois essais cliniques chez les jeunes montraient que le médicament était inefficace pour traiter la dépression. De plus, il était associé à un taux deux fois plus élevé d'idées et de gestes suicidaires que dans le groupe sous placebo [42]. D'après le Dr Garland, en plus de la faiblesse des preuves concernant l'efficacité de ces produits dans le traitement de la dépression chez les jeunes, les observations lors des essais cliniques et les rapports de cas indiquent que jusqu'à 25 % des enfants qui les consomment éprouvent d'autres effets indésirables dont l'agitation, l'irritabilité et la désinhibition [*behavioural disinhibition*] [43]. Récemment, la FDA soulignait qu'on doit faire preuve de prudence dans l'utilisation des inhibiteurs sélectifs de la recapture de la sérotonine (ISRS) pour *tous* les groupes d'âge. Le National Institute of Clinical Excellence de Grande-Bretagne signale que « les antidépresseurs ne sont pas indiqués comme traitement de première ligne pour la dépression légère chez les adultes [44] ».

Ce n'est pas un hasard si la « dépression » se porte si bien et qu'elle a pris les proportions d'une véritable épidémie. En 1990, l'OMS lançait une enquête, financée par l'industrie pharmaceutique, pour sensibiliser les médecins à l'importance des troubles psychologiques, et soulignait l'incapacité des généralistes à les dépister. Si l'idée n'est pas mauvaise en soi, les moyens mis en œuvre sont nettement insuffisants. L'OMS a mis au point des programmes de formation rapides, d'une durée d'une demi-journée, pour permettre aux médecins de poser un diagnostic en un temps très bref à partir de guides cliniques[45]. En permettant aux médecins généralistes de traiter la dépression, l'offre d'antidépresseurs a été multipliée plusieurs fois. Ainsi, avec 10 000 psychiatres et 100 000 médecins, la France a vu son nombre de prescripteurs potentiels multiplié par 10. De 1991 à 1995, cette initiative s'est accompagnée d'une campagne intense en Grande-Bretagne, la Defeat Depression Campaign. Peu après, la consommation d'antidépresseurs a grimpé de 33 %. Les États-Unis, quant à eux, tiennent depuis 1991 le National Depression Screening Day. La presse, notamment la presse féminine, fait une large place à la dépression et la met « à la portée de tous[46] ». Le Dr Édouard Zarifian, chargé de rédiger un rapport sur les psychotropes pour le ministère français de la Santé, soutient que l'American Psychiatric Association ainsi que les grandes associations internationales de psychiatrie dépendent de l'industrie pharmaceutique pour l'essentiel de leur financement. Ces organismes ont introduit toutes sortes de « nouvelles » maladies mentales depuis quelques années (*voir le chapitre VII*).

Les sociétés pharmaceutiques cherchent à culpabiliser les médecins en leur répétant que la montée des suicides est liée au fait qu'ils ne prescrivent pas assez d'antidépresseurs. Certains experts lobbyistes lanceraient de fausses rumeurs, telles que le fait qu'un dépressif, même soigné, connaît inévitablement des rechutes, ou que 50 à 70 % des suicides seraient dus à des dépressions non traitées. D'après le Dr Zarifian, seulement « 3 à 4 % des suicides sont liés à des facteurs psychopathologiques, comme l'a montré le rapport du Comité économique et social en 1993[47] ». De nombreux suicides sont liés à la détresse sociale sur laquelle les antidépresseurs n'ont pas de prise. En dépit du fait que la tendance consiste à chercher la cause de la dépression dans les neurones, soulignons qu'on n'a pas réussi à établir un lien clair entre un mécanisme biologique et la dépression, bien que celle-ci semble impliquer ou « mobiliser » la sérotonine, comme le souligne Pignarre.

Les antidépresseurs font partie de la famille des psychotropes qui sont sur la sellette depuis un certain nombre d'années. En simplifiant, les psychotropes comprennent quatre grandes catégories de médicaments, traitant quatre états différents : les tranquillisants (anxiété), les somnifères (insomnie), les antidépresseurs (dépression) et les neuroleptiques (délire et agitation).

Les tranquillisants s'accompagnent d'effets secondaires importants : perte d'attention, somnolence, hyperexcitation. Une enquête
française auprès de 168 conducteurs ayant eu des accidents de la
route montrait que 20,8 % des conducteurs responsables de l'accident
et 9,9 % des conducteurs impliqués mais non responsables avaient
consommé des benzodiazépines[48]. En outre, ces produits seraient à
l'origine de nombreux accidents de travail en donnant une fausse
assurance aux salariés en butte à des conditions de travail difficiles.
Au Québec, on soupçonne que 2013 des 154 200 hospitalisations
qui ont eu lieu en 1990 pour blessures consécutives à une chute,
seraient possiblement attribuables à la consommation de benzodiazépines à action prolongée[49]. Par ailleurs, les psychotropes peuvent
réagir dangereusement avec d'autres médicaments et avec l'alcool. Le
sevrage aux benzodiazépines est difficile et s'accompagne d'effets
secondaires tels que l'agitation, l'anorexie, ou des nausées. En 1990,
des chercheurs britanniques ont interrogé 64 consommateurs de ce
produit : 37 avaient vainement tenté d'arrêter leur traitement.

Bâillonner les chercheurs : à qui appartiennent les résultats ?
Boots Pharmaceuticals (devenu Knoll Pharmaceuticals, division du
groupe allemand BASF) a supprimé les résultats d'une recherche afin
de perpétuer l'impression que son produit, le Synthroid, un traitement pour l'hypothyroïdie (insuffisance thyroïdienne), est meilleur
que son équivalent générique, la lévothyroxine. C'est ce que révèle
une étude publiée dans le *Journal of the American Medical Association*
en 1997. Selon les critères de la FDA, cette étude constate qu'il y a
bioéquivalence entre les produits, c'est-à-dire qu'ils ont un même taux
d'absorption dans le sang. L'étude du Dr Dong montre que, pour la
plupart des gens, le Synthroid est interchangeable avec les équivalents génériques de trois compagnies différentes. La suppression des
résultats de cette recherche aurait coûté 800 millions de dollars aux
patients américains.

Voici toute l'histoire : en 1987, Boots confie la recherche à Betty
Dong, de l'université de Californie à San Francisco. Elle s'attend à ce
que son équipe prouve la supériorité du Synthroid qui domine le
marché avec des ventes de 600 millions de dollars par année. Le
contrat contient une clause donnant à Boots un droit de veto sur les
résultats de la recherche. Lorsqu'il devient apparent que les résultats
ne sont pas conformes aux attentes de Boots, la compagnie se met à

discréditer l'étude, et se plaint à la direction de l'université. Après enquête, l'université conclut à des fautes mineures pouvant être corrigées facilement et ne constate aucun problème majeur entachant l'étude. Certains membres du comité d'enquête accusent Boots de harcèlement à l'égard de Dong[50].

En 1994, le Dr Dong envoie les résultats du travail de son équipe au *Journal of the American Medical Association*, qui accepte de le publier après révision par les pairs. En janvier 1995, Dong reçoit une injonction du fabricant de Synthroid lui interdisant de publier l'étude. L'université se dit dans l'impossibilité de défendre Dong, puisque le contrat donne un droit de veto à la compagnie sur les résultats. Par la suite, le médecin responsable de la recherche médicale chez Boots publie une version remaniée de l'étude dans l'*American Journal of Therapeutics*, une obscure publication dont il était, comme par hasard, éditeur associé. Comme il fallait s'y attendre, les conclusions de l'article sont favorables au produit.

En 1996, après la transaction qui fait passer Boots dans le sérail de BASF, la compagnie (renommée Knoll) est prise en défaut pour distribution de publicité trompeuse destinée aux médecins au sujet de Synthroid. Knoll faisait circuler une étude montrant que son médicament serait mieux absorbé par le sang que les produits génériques. L'étude, dont le médecin responsable de la recherche médicale chez Boots était coauteur, avait été réalisée sur des volontaires ne souffrant pas d'hypothyroïdie, et les tests avaient duré en tout 48 heures.

L'étude est publiée en 1997; les sept années qui précèdent, pendant lesquelles la compagnie réussit à bâillonner Dong, ont été des plus profitables. D'après certaines évaluations, le fabricant aurait réussi à amasser 2,45 milliards de dollars[51]. En 1997, dans la même pharmacie de Washington DC, 100 comprimés de Synthroid de 0,1 milligramme se vendaient 28,39 dollars, contre 10,99 dollars pour 100 comprimés de lévothyroïde, soit près de trois fois plus[52].

Dans le même ordre d'idées, des fabricants intimident les chercheurs en empêchant la circulation d'informations mettant en cause leurs produits. C'est le traitement qui fut réservé à Anne Holbrook, médecin et chercheuse de l'université McMaster à Hamilton. Le Dr Holbrook est embauchée par le gouvernement ontarien pour diriger un groupe d'experts afin de formuler des directives pour le traitement des brûlures d'estomac, des ulcères et autres affections semblables. Le groupe de travail produit un rapport préliminaire sollicitant les commentaires du gouvernement et de l'industrie pharmaceutique. Le rapport conclut qu'il n'y a aucune différence sur le plan de l'efficacité entre l'oméprazole, un produit d'AstraZeneca commercialisé sous le nom de Losec, et deux autres médicaments semblables mais moins dispendieux. Les médecins pourraient donc prescrire ces médicaments plutôt que ce que l'on nomme pompeusement les inhibiteurs de la pompe à protons d'AstraZeneca. Le géant anglo-suédois répond par l'intermédiaire de ses avocats, qui expédient une lettre à Holbrook, lui demandant de ne pas finaliser et de ne pas distribuer les directives, si elle ne voulait pas se voir exposée à des poursuites.

Dans une lettre au *British Medical Journal*, la compagnie AstraZeneca écrit qu'elle « n'a jamais empêché ni tenté d'empêcher un médecin ou un chercheur de publier ou de communiquer les résultats de leurs études ». Le journal observe que les avocats n'étaient visiblement pas au courant de l'éthique de l'entreprise. AstraZeneca a présenté ses excuses à Holbrook, pour lui avoir envoyé la lettre à elle plutôt qu'au ministère[53].

Toujours selon le *British Medical Journal*, Bristol-Myers Squibb a tenté d'empêcher la diffusion d'un rapport de l'Office canadien de coordination de l'évaluation des technologies de la santé (OCCETS) sur les statines, utilisées dans la réduction du cholestérol sanguin. Ce rapport devait être soumis à l'industrie en vue d'obtenir des commentaires. Mais la publication du rapport préliminaire est retardée pendant près d'un an. L'OCCETS a dû payer des frais d'avocats équivalant à une portion substantielle de son budget. Une grande partie de l'énergie déployée dans cette affaire aurait pu être employée à des tâches plus urgentes en santé publique.

L'étrange couple science et profit :
les organisations de recherche contractuelle
Il n'y a pas si longtemps, les études cliniques se faisaient dans les institutions universitaires sous la direction de chercheurs relativement indépendants des commanditaires. Aujourd'hui, ces études sont surtout financées par l'industrie puisqu'il y a de moins en moins de fonds publics destinés à ces fins. Aux États-Unis, elles sont confiées dans une proportion de 60 % à des firmes privées, les Clinical Research Organisations (CRO).

Cette évolution est source d'inquiétude pour plusieurs observateurs. Que se produit-il quand la firme de recherche découvre l'existence de problèmes plus ou moins graves avec le médicament testé ? Est-elle payée pour fournir des résultats positifs ou pour dire la vérité ? comme se le demande Robinson. Une enquête du *British Medical Journal (BMJ)* semble donner raison aux sceptiques. En effet, les études commanditées par l'industrie pharmaceutique sont *quatre* fois plus susceptibles de présenter des résultats positifs que les études indépendantes. Le *BMJ* signale qu'il existe d'excellentes raisons pour expliquer cet état de fait. Les sociétés pharmaceutiques n'aiment guère que leurs produits soient remis en question, et les chercheurs craignent que la publication de résultats négatifs ou défavorables compromette leurs chances d'obtenir du financement pour de futures études [54].

Les trois plus grandes agences américaines de publicité ont investi des dizaines de millions de dollars dans des sociétés comme Scirex, une firme qui fait des essais cliniques pour tester les nouveaux médicaments. Un cadre supérieur d'Omnicom, une agence qui a investi 20 millions de dollars dans Scirex, disait qu'il « s'attendait à ce que Scirex produise des résultats positifs pour les clients des compagnies pharmaceutiques, résultats qui accéléreraient le processus d'approbation des nouveaux médicaments [55] ».

Les études cliniques sont devenues à ce point problématiques qu'une douzaine de journaux médicaux de haut calibre — notamment le *British Medical Journal, The Lancet*, le *New England Journal of Medicine*, et le *Journal de l'Association médicale canadienne* — ont récemment annoncé qu'ils vont renforcer leurs exigences éthiques avant de publier les résultats des études cliniques. Les rédacteurs en chef des revues dénoncent certaines pratiques de laboratoires qui influencent les essais, censurent les résultats défavorables, introduisent des biais dans les études, pratiques qui sont évidemment contraires à l'intégrité scientifique. Dorénavant, demande sera faite aux auteurs de signer une déclaration établissant qu'ils ont l'entière responsabilité de l'étude, qu'ils ont accès à l'ensemble des données, et qu'ils contrôlent la décision de publier [56].

La recherche clinique est devenue une véritable industrie qui brasse des milliards de dollars. Aux États-Unis, les sociétés pharmaceutiques offrent aux médecins des sommes alléchantes, qui vont de 1000 à 5000 dollars par patient recruté. D'après Robinson, le Dr David

Shimm, membre du comité d'éthique d'un hôpital de Denver, mentionne qu'une étude pour un antidépresseur a rapporté à chaque médecin 42 000 dollars. Selon le *New York Times*, les médecins qui connaissent le système peuvent ainsi gagner 500 000 à 1 000 000 de dollars par année. Il n'est pas étonnant d'apprendre de l'American College of Physicians et de l'American Society of Internal Medicine que le nombre de médecins œuvrant dans la pratique privée et participant aux essais cliniques a quasiment triplé au cours des années 1990. Ces deux organismes estiment que de telles sommes d'argent pourraient encourager certains médecins à exercer des pressions auprès de leurs patients pour qu'ils participent aux essais cliniques. Robinson rapporte même le cas de psychiatres à qui les compagnies pharmaceutiques ont demandé de participer à une étude sur l'hormonothérapie de substitution, et de spécialistes de l'asthme qui ont été sollicités pour distribuer des médicaments psychiatriques à l'état expérimental.

**Des experts au service des compagnies pharmaceutiques :
les leaders d'opinion transformés en promoteurs**
Les auteurs des études publiées dans les revues scientifiques entretiennent souvent — certains disent même que le phénomène est devenu universel (*voir ci-après*) — des liens financiers avec les commanditaires. Si le fait qu'un auteur ait participé à une recherche pour une société pharmaceutique n'est pas une preuve de manque d'intégrité et d'indépendance — les cas Olivieri et Healy dont nous parlons au prochain chapitre en sont la preuve —, il est légitime de se demander à quel point certains d'entre eux ne sont pas en conflit d'intérêt, surtout quand les résultats des recherches sont ambigus et sujets à interprétation.

Une équipe dont faisait partie le Dr Detsky, de l'université de Toronto, a mené une enquête à propos des bloqueurs calciques utilisés dans le traitement de l'angine et de l'hypertension. L'équipe a examiné 70 articles parus entre mars 1995 et septembre 1996, et réparti les jugements posés par les auteurs en trois catégories : critiques, neutres, favorables. L'équipe a fait parvenir un questionnaire aux 80 auteurs leur demandant s'ils avaient reçu un soutien financier de l'industrie. Il s'avéra que 96 % de ceux qui avaient une opinion favorable entretenaient des liens avec les fabricants de bloqueurs calciques. En revanche, seulement deux articles mentionnaient que leurs auteurs étaient liés financièrement à l'industrie. Ajoutons toutefois que 37 % des auteurs critiques à l'égard de ces produits entretenaient également des liens avec leurs fabricants [57]. Selon Detsky, il n'y avait pas réellement de preuve que les conclusions des chercheurs avaient été faussées à cause de ces liens, mais il se pouvait qu'ils aient été influencés inconsciemment [58].

En 1996, le Dr Krimsky, du Tufts Center for the Study of Drug Development — qui reçoit une grande partie de son financement de la part de l'industrie — analyse 267 articles parus dans des journaux biomédicaux pour savoir quels sont les liens financiers que les auteurs entretiennent avec les firmes dont ils vantent le produit. Il découvre que 34 % des auteurs détiennent un brevet dans l'invention dont ils parlent ou bien sont employés ou actionnaires de la société de bio-technologie qui exploite la recherche, ou ont un quelconque intérêt financier dans l'affaire. Aucun des articles ne mentionne ces liens [59].

Une étude récente révèle que plus de 59 % des experts qui rédigent des guides de pratique clinique ont déclaré avoir des liens financiers (honoraires, contrats de consultation, actions) avec les fabricants des produits qu'ils recommandaient. Ainsi, six des neuf experts choisis par l'American Heart Association pour rédiger des guides sur la prise en charge de l'accident vasculaire cérébral aigu ont reçu de l'argent de Genentech, fabricant du médicament qu'ils recommandent. D'après un éditorial du *Journal de l'Association médicale canadienne,* « On pourrait considérer que ces dons constituent un achat — entendons un achat d'influence [60] ».

En 1984, le *New England Journal of Medicine (NEJM)* adopte une politique obligeant les rédacteurs des articles à dévoiler les liens qu'ils entretiennent avec les fabricants des médicaments sur lesquels ils sont appelés à se prononcer. Pour que cette politique fonctionne, il faut compter sur l'honnêteté des rédacteurs. Le *Los Angeles Times* décide de vérifier ce qu'il est advenu de cette politique en examinant 36 articles parus dans le *NEJM* entre 1997 et 1999. Le journal découvre que huit articles ont été rédigés par des chercheurs n'ayant pas dévoilé les liens qu'ils entretiennent avec les fabricants de médi-caments. Moins d'un an après la déclaration d'adoption de sa nou-velle politique, le *NEJM* est de nouveau forcé d'admettre qu'il a contourné ses propres règles en publiant 19 articles sur des médica-ments sans que leurs auteurs n'aient dévoilé leurs liens avec les com-pagnies qui les fabriquaient.

Les liens entre les chercheurs et l'industrie sont devenus monnaie courante. Dans un numéro du *NEJM* de mai 2000, les liens financiers entre les auteurs et certains fabricants sont tellement importants que le journal doit amender sa propre politique. Au lieu de publier la liste exhaustive de ces liens, il se contente d'un résumé, la liste complète étant disponible sur le site Internet du journal. Comme l'écrit Robinson, sans présumer de l'existence d'un conflit d'intérêt et sans poser de jugement moral sur les auteurs, plus de 30 sociétés parmi les plus connues sont nommées. Certains auteurs déclarent avoir reçu un soutien financier de la part des fabricants, d'autres des subventions ou des honoraires, d'autres encore étaient actionnaires des sociétés dont ils vantaient le produit [61].

Ces problèmes n'empêchent pas le *NEJM* d'annoncer, en juin 2002, un assouplissement des directives éthiques qui avaient au préalable été renforcées. Le nouvel éditeur, le Dr Drazen, affirme qu'il est devenu impossible de publier des articles sur les nouveaux médicaments, car *plus aucun auteur n'est indépendant de l'industrie*. En 1999, ce médecin avait reçu un blâme de la FDA pour avoir fait des déclarations «fausses et trompeuses» au sujet de la sécurité et de l'efficacité d'une nouveauté pour traiter l'asthme. Ce produit, variante d'un autre médicament, était de cinq à huit fois plus dispendieux [62].

Le tamoxifène: présenter les statistiques sous un jour favorable

Plusieurs médicaments s'accompagnent de bénéfices réels, mais de risques qui le sont tout autant. Si les études sont un outil d'information précieux, elles ne peuvent être satisfaisantes si elles ne présentent que les bénéfices en minimisant les risques ou en les passant sous silence. En effet, il arrive trop souvent que la façon de rapporter les résultats et de les présenter confine à la désinformation quand il y a un marché lucratif en perspective.

Avant 1998, le tamoxifène, commercialisé sous le nom de Nolvadex par Zeneca (maintenant AstraZeneca), était utilisé avec un certain succès chez les patientes atteintes d'un cancer du sein. En octobre 1998, Zeneca demande à la FDA d'élargir les indications pour son produit et de l'approuver dans la *prévention* du cancer du sein pour les femmes qui sont à risque élevé de contracter cette maladie [63]. Cette demande vise un nouvel usage pour le médicament, à savoir traiter des femmes en bonne santé, et non des patientes atteintes de cancer. C'est après de longs débats que la FDA accouche d'un compromis: Zeneca est autorisée à promouvoir son produit pour *réduire le risque de cancer du sein à court terme* et non pour le prévenir. Santé Canada imite la FDA en refusant d'approuver l'usage du tamoxifène à titre préventif, mais en conservant la formule adoptée par l'agence américaine. Inutile de dire que la subtile différence que cette formule introduit, aussi capitale soit-elle, s'est perdue : les manchettes des journaux rapportent une « percée troublante » dans la prévention du cancer du sein. Un chercheur affirme que pour la « première fois dans l'histoire, nous savons qu'il est possible de prévenir le cancer à l'aide de médicaments [64] ».

Ces manchettes spectaculaires s'appuient sur les résultats du *Breast Cancer Prevention Trial*, réalisé auprès de 13 388 Américaines et Canadiennes suivies sur une période de 4,2 ans. Les résultats révèlent que 124 femmes traitées au tamoxifène ont contracté le cancer du sein contre 244 femmes sous placebo. Autrement dit, le tamoxifène réduit le *risque relatif* de contracter cette maladie de 49 %.

Arrêtons-nous quelques instants sur cette façon toute promotionnelle de présenter les résultats des études et de mettre ce concept de risque relatif en perspective. En effet, quand une étude se limite à parler de risque relatif, les données peuvent facilement nous induire en erreur. Quand un médicament abaisse le taux de mortalité de 10 % à 7 %, on dira que le *risque relatif* de mortalité a diminué de 30 % (c'est-à-dire 3 sur 10), alors que le risque absolu de mortalité a diminué de 3 % (10 moins 7). Dans certains cas, l'usage de ce concept est encore plus problématique. On obtient une réduction du risque relatif de 50 % si le risque de cancer est réduit de 100 % à 50 % ou de 2 % à 1 %. L'argument peut sembler technique, mais il a son importance. Supposons qu'au cours d'une période donnée la compagnie Renault double ses ventes aux États-Unis de 100 à 200 véhicules, alors que celles de Toyota augmentent de 100 000 à 200 000. Dans les deux cas l'augmentation relative est de 100 %. Mais cette donnée est trompeuse car la différence absolue, réellement importante dans ce cas-ci, est de 100 dans un cas et de 100 000 dans l'autre. Pour mousser les mérites de leurs produits, les sociétés pharmaceutiques se contentent trop souvent de présenter uniquement les données liées au risque relatif, dans leurs publicités auprès des médecins et des consommateurs [65].

Nous sommes maintenant en mesure d'apprécier les résultats de l'étude. En effet, si elle montre une réduction du risque relatif de 49 %, la réduction du risque absolu n'est que de 1,3 %. Cette différence provient du fait que 2,7 % des femmes de l'étude qui prenaient un placebo et 1,4 % des femmes sous tamoxifène ont contracté le cancer. En effet, 14 femmes sur 1000 ayant été traitées au tamoxifène ont développé une forme sévère de cancer du sein, contre 27 femmes sur 1000 pour le groupe sous placebo ; la différence est donc de 13 femmes sur 1000. Pour réduire le risque d'apparition à court terme d'*un seul cas de cancer du sein il a donc fallu traiter 77 femmes*, alors que les 76 autres n'en ont tiré aucun bénéfice[66]. On dit aussi que « le nombre de cas à traiter » est de 77 pour qu'une femme en retire un bénéfice.

L'étude, bien que réalisée dans les règles de l'art, soulève d'autres questions. Comment doit-on évaluer le rapport risques/bénéfices d'un médicament ? C'est l'objet du tableau suivant, qui ne tient compte que des risques sérieux auxquels sont exposées les patientes.

Rapport bénéfices-risques dans la prise de tamoxifène (cas par an par 1000 femmes)

Maladie	Tamoxifène	Placebo	Différence
Cancer du sein	3,6	6,5	−2,9
Cancer de l'endomètre	2,3	0,9	+1,4
Caillots aux poumons	0,8	0,3	+0,5
Caillots dans les veines	1,3	0,8	+0,5
Attaques cérébrales	1,4	1,0	+0,4
Somme des risques sérieux		.	+2,8

Source : Worst Pills Best Pills, « *Health Research Group Petitions the FDA to Revise Labeling on the Breast Cancer Drug Tamoxifen (NOLVADEX)* », op. cit., juin 1999, p. 42.

La lecture du tableau révèle que les risques sont pratiquement aussi importants que les bénéfices. De plus, il n'y a aucune différence dans le taux de survie des femmes, et presque pas de différence dans le nombre de femmes victimes d'un cancer du sein (six dans le groupe sous placebo, sept dans le groupe sous tamoxifène). S'étant déroulée sur 4,2 ans, l'étude n'est pas en mesure de confirmer si le tamoxifène prévient le cancer du sein ou s'il en retarde l'apparition à long terme. Ajoutons également que les propriétés cancérigènes du tamoxifène chez les humains sont déjà reconnues. Il est prouvé qu'il peut causer le cancer de l'endomètre (la couche qui tapisse la cavité de l'utérus). Nous savons également qu'il altère le matériel génétique. D'après

Worst Pills Best Pills, les effets négatifs de tels médicaments peuvent ne se manifester que des années plus tard et provoquer des tumeurs malignes.

Pour les femmes frappées d'un cancer grave, le rapport risques-avantages justifie la prise de tamoxifène, mais dans le cas de femmes en bonne santé, on semble troquer un plus faible risque de cancer du sein contre un risque plus élevé d'incidents médicaux graves dont le cancer de l'endomètre, en leur administrant le médicament pour *prévenir* l'apparition de la maladie [67]. Nous sommes loin de la pilule miracle annoncée. Le Dr Trevor Powles, qui dirige une étude semblable en Grande-Bretagne, a exprimé ses craintes quant aux conclusions de l'étude américaine : « Il aurait fallu 15 ans de suivi pour savoir si ce médicament avait réellement pour effet de prévenir le cancer [68]. » Par ailleurs, il convient de ne pas sous-estimer le fait que ce produit peut causer des problèmes présentés comme « mineurs » : prise de poids, dépression, baisse de libido, vision embrouillée. En outre, 45,7 % des femmes prenant du tamoxifène ont rapporté des bouffées de chaleur « sensiblement ou extrêmement gênantes », contre 28,7 % des femmes du groupe placebo, et 29 % des femmes sous tamoxifène ont éprouvé des pertes vaginales « modérément gênantes ou pires » contre 13 % dans le groupe placebo [69].

Finalement, on peut se demander si l'étude ne sous-estime pas le potentiel de toxicité du tamoxifène pour les femmes en santé. En effet, les patientes présentant un plus grand risque de développer le cancer de l'endomètre ou des attaques cérébrales ont été exclues de l'étude [70]. L'échantillon de femmes choisies dans l'étude est par conséquent moins représentatif des patientes qui seront traitées dans « la vraie vie ».

La prévention chimique des maladies

La prévention des maladies est non seulement souhaitable mais essentielle. Cependant, depuis quelques années, une tendance inquiétante à prescrire des médicaments puissants pour prévenir des maladies s'est développée, et cela, souvent en l'absence de données fiables. Le tamoxifène et l'hormonothérapie en sont des exemples. Un comité international d'experts concluait en 2002 que les données scientifiques, en ce qui a trait à l'hormonothérapie, sont insuffisantes « pour soutenir d'autres utilisations que le soulagement des bouffées de chaleur et de la sudation nocturne [71] ».

Ce ne serait pas la première fois que les femmes seraient exposées à des médicaments ou des dispositifs médicaux testés de manière inadéquate. Rappelons les cas de la thalidomide, du diéthylstilbestrol (DES), des prothèses mammaires Même (*voir le chapitre VI*) et du stérilet Dalkon Shield. Ce dernier dispositif a provoqué des infections pelviennes sérieuses, la stérilité et des fausses couches chez des milliers de femmes. Certaines en sont mortes[72]. Des documents montrent que le fabricant n'a pas tenu compte des avertissements de ses employés sur le potentiel d'infection du stérilet. Même après avoir retiré son stérilet du marché, la société continuait à affirmer que son produit était sécuritaire.

En matière de prévention, la priorité ne devrait-elle pas être de traquer les causes des maladies où qu'elles soient, bien plus que de compter sur l'apport d'une pilule miracle ? Pour ce qui est du cancer du sein, comme le souligne Sharon Batt, rares sont les médecins qui réclament des recherches sur le rôle des pesticides, du chlore ou des hormones dont on alimente les animaux ; ils ont plutôt tendance à orienter la recherche vers le ou les gènes responsables.

Le bioéthicien Charles Weijer établit les critères qui devraient prévaloir avant de procéder aux essais cliniques d'un médicament censé *prévenir* une maladie chez des personnes en *santé* :
- Le médicament doit être sûr et ne présenter aucun danger pour la vie ;
- Les sujets doivent être recrutés dans une population exposée au risque de la maladie et non à partir de critères vagues comme être une femme de 61 ans et plus ;
- Les facteurs de risque doivent être connus pour que le produit ne fasse pas plus de tort au grand nombre que de bien à une minorité ;
- Le médicament doit être testé pour son action principale uniquement[73], et non pour les bénéfices accessoires qu'il serait censé apporter.

Pour le Dr Sackett, la médecine préventive actuelle exhibe trois des ingrédients caractéristiques de l'arrogance. Tout d'abord, elle fait preuve d'une assurance agressive en pourchassant des individus qui n'ont aucun symptôme et en leur recommandant un traitement préventif. Deuxièmement, elle est présomptueuse en pensant qu'elle fera plus de bien que de mal. Enfin, ce type de médecine fait preuve d'autoritarisme en attaquant tous ceux qui questionnent la valeur de ses recommandations[74]. Pour Sackett, quantité d'exemples désastreux montrent qu'il est préférable de s'abstenir de certains traitements chez les bien-portants lorsque les preuves de leurs bienfaits sont insuffisantes : citons seulement l'oxygène supplémentaire apporté aux nouveau-nés prématurés qui cause la cécité par fibroplasie rétrolenticulaire (dite aussi rétinopathie des prématurés) ou le diéthylstilbestrol (DES) pour prévenir les fausses couches, exemples parmi de nombreux autres.

CHAPITRE VI | *Danser avec les sous*
**Esprit critique et
profits, un mélange
incompatible**

... nous avons déjà décrit la
relation entre les chercheurs
universitaires en médecine et
l'industrie comme une danse
risquée avec un porc-épic.

Elaine Gibson *et al.*[1]

EN 2003, Francine Fillous se présente devant le tribunal de Béziers en France. Novartis l'accuse de dénigrement pour avoir alerté la communauté scientifique des dangers que représente le Tegretol, médicament vedette de la société dans le traitement de l'épilepsie. En 1989, après en avoir avalé trois cachets, Mme Fillous a perdu ses cheveux et éprouvé des troubles de la vue. Son médecin et l'ophtalmologiste qu'elle a consultés diagnostiquent une intoxication à la carbamazépine, le principe actif du Tegretol. Dix ans plus tard, ce diagnostic est confirmé par un groupe d'experts indépendants nommés par un tribunal. Mme Fillous avait entre-temps rassemblé 7830 contributions scientifiques sur le médicament pour constater que les effets oculaires indésirables étaient reconnus aux États-Unis. Novartis n'a pas apprécié et a demandé à Mme Fillous de « s'abstenir de susciter la presse [2] ».

Les simples citoyens ne sont pas seuls à s'exposer à de tels désagréments. Les chercheurs également. Menaces de poursuites, intimidation, lettres anonymes, congédiement déguisé, campagnes de dénigrement, harcèlement, détectives privés... Voilà des risques auxquels les chercheurs s'exposent en défiant les barons du médicament. Certains de ces ingrédients, qui pimentent l'affaire Olivieri (*voir plus loin*), sont dignes du meilleur roman à suspense. John Le Carré n'aurait pu faire mieux.

De l'avis des auteurs de l'article intitulé « Danse avec l'industrie pharmaceutique [3] », la collaboration entre les chercheurs et les sociétés pharmaceutiques peut, dans certains cas, se comparer à une danse avec un porc-épic. Cette danse est d'autant plus périlleuse que les résultats de la recherche portent ombrage aux profits potentiels des compagnies. Dans ce chapitre, j'aborde les cas de Nancy Olivieri, de David Healy, spécialiste en antidépresseurs, et de Pierre Blais, anciennement responsable du dossier des implants mammaires à Santé Canada. Aux dires du directeur général de l'Association canadienne des professeures et professeurs d'université, on « trouve des dizaines de cas similaires partout au pays [4] ».

Olivieri tient tête au géant

Les acteurs de ce roman à suspense mettent en scène, d'un côté, le plus gros fabricant de produits génériques au Canada, Apotex, le réputé Hôpital pour enfants malades de Toronto (HEM), ainsi que la prestigieuse université de Toronto, auquel l'hôpital est affilié. De l'autre côté, se trouve le Dr Olivieri, chercheuse à l'HEM, appuyée par l'Association canadienne des professeures et professeurs d'université. Ce qui est devenu l'affaire Olivieri pose des questions fondamentales : les intérêts des sociétés pharmaceutiques doivent-ils passer avant ceux des patients ? Des institutions telles que l'université de Toronto et l'HEM doivent-elles faire primer les intérêts de leurs richissimes donateurs par-dessus tout ?

Au moment où l'action se déroule, Nancy Olivieri est professeure de médecine à l'université de Toronto, et dirige un programme sur les pathologies du sang à l'hôpital de Toronto et à l'HEM. Elle accuse l'université de Toronto censée garantir la liberté académique de son personnel, et l'HEM de ne pas l'avoir soutenue dans sa saga contre Apotex.

Olivieri est spécialiste de la thalassémie, une maladie du sang caractérisée par une production insuffisante d'hémoglobine (responsable du transport de l'oxygène à travers l'organisme). Cette anémie peut devenir débilitante et, dans certains cas, entraîner la mort. Les cas les plus graves nécessitent des transfusions sanguines. Les traitements auxquels les patients doivent se soumettre sont tellement lourds — de 8 à 12 heures par nuit, 5 nuits sur 7 — que certains d'entre eux les refusent et préfèrent se laisser mourir. La thalassémie est assez répandue dans le pourtour de la Méditerranée, d'où son nom d'« anémie méditerranéenne ».

Un laboratoire anglais avait exploré les possibilités d'un médicament, le défériprone, et la compagnie Ciba-Geigy s'y était intéressée. Après des essais sur des animaux, la société suisse concluait que la molécule était trop toxique et abandonnait toute recherche. Olivieri relance la recherche et trouve un commanditaire, Apotex, grâce à un collègue de travail, vice-président d'Apotex, et disposant d'un bureau à l'HEM. Ce dernier évalue qu'il en coûterait de 20 à 30 millions de dollars canadiens pour la mise au point du médicament. Il ajoute : « nous ne ferons pas d'argent avec ça, mais nous sauverons des vies[5] ». Un autre collègue d'Olivieri, spécialiste en pharmacologie et en toxicologie, se joint à la recherche. Finalement, Apotex avance 120 000 dollars canadiens pour recruter 180 patients en Italie, à Toronto, à Montréal et à Philadelphie. Les essais cliniques débutent en janvier 1995.

En avril de la même année, Olivieri publie un article dans le *New England Journal of Medicine* concluant à l'efficacité du produit, sans omettre toutefois qu'il existe des effets négatifs assez graves, même s'ils sont limités à un petit nombre de patients. Quelques mois plus tard, elle constate que cette efficacité a des limites et que le produit peut être toxique. En effet, 12 des 19 participants recrutés à Toronto présentent des concentrations inquiétantes de fer dans le foie. Certains affichent des niveaux suffisamment élevés pour causer la mort. En février 1996, Olivieri, accompagnée de deux membres de son équipe, transmet ces résultats aux chercheurs de la compagnie. Les deux groupes divergent quant à l'interprétation des données et, malgré l'opposition d'Apotex, Olivieri décide de présenter le problème au Comité d'éthique de la recherche de l'HEM [6]. Pour appuyer son point de vue, Apotex fait appel à un comité de 12 scientifiques, qui décident qu'Olivieri a tort. D'après Robinson, plusieurs de ces scientifiques entretiennent des liens financiers avec Apotex [7]. Tandis que des collègues d'Olivieri appuient son interprétation, Apotex fait des démarches auprès du Comité afin de le persuader qu'Olivieri est dans l'erreur.

Le Comité d'éthique de l'HEM donne un ensemble de directives à Olivieri : soumission d'un nouveau formulaire de consentement aux patients qu'elle doit avertir des dangers qu'ils courent, information de tous les cliniciens associés à la recherche, transmission des résultats à l'organisme fédéral de réglementation, etc. Olivieri se soumet aux directives, mais elles sont critiquées par la compagnie comme étant prématurées et non fondées. En mai 1996, Apotex décide de mettre fin à la recherche. Elle avertit Olivieri et ses collègues par écrit qu'ils ne doivent pas dévoiler quelque information que ce soit, y compris aux patients, sans le consentement écrit de la compagnie et sous peine de poursuites. Apotex demande aux chercheurs de retourner toute quantité de médicament en réserve, met fin au contrat d'Olivieri et lui rappelle qu'elle a signé une clause de confidentialité qu'elle ne saurait briser sans s'exposer à des poursuites vigoureuses.

Pour comprendre la suite de l'histoire, il faut savoir qu'Apotex et l'université de Toronto sont alors en négociation au sujet d'un don de 20 millions de dollars canadiens pour la construction d'un centre de recherche biomédicale à l'université — le plus gros don qu'une université ait jamais reçu au Canada à cette époque. Un autre 10 millions pour les hôpitaux affiliés fait l'objet de négociations entre les deux partenaires. Pendant les négociations, le président de l'université de Toronto expédie une lettre au premier ministre Jean Chrétien et à quatre ministres fédéraux à propos des nouvelles règles que le gouvernement s'apprête à voter pour renforcer les brevets pharmaceutiques [8]. Apotex étant un fabricant de produits génériques, il n'a pas intérêt à ce que ces règles soient bonifiées. Le président de l'université souligne que « les effets négatifs de ces règles empêcheraient Apotex de tenir ses engagements ». Olivieri et un certain nombre de scientifiques s'inquiètent des rapports qu'entretiennent l'université et la compagnie. Si un conflit advenait, qui obtiendra le soutien de l'université et de l'HEM ? Olivieri ou Apotex ?

Les résultats préliminaires de l'étude menée par Olivieri auprès de ses patients la préoccupent suffisamment pour qu'elle recommande à ses patients torontois des biopsies du foie, au grand dam d'Apotex. En décembre 1996, elle signale une progression accélérée de fibrose du foie (l'organe ne peut plus reconstituer les tissus détruits) reliée au médicament. Elle en avise tous ses patients ainsi que la FDA. Le Dr Michelle Brill-Edwards, auparavant évaluatrice de médicaments pour Santé Canada, pense que le défériprone pourrait causer plus de tort que de bien. Certains patients pourraient mourir plus vite en prenant le médicament qu'en ne le prenant pas [9]. Plus tard, Olivieri voudra présenter le résultat de ses découvertes dans trois conférences internationales. Apotex fait des démarches, couronnées de succès, pour l'empêcher de transmettre l'information.

Entre-temps, Apotex a confié la recherche au collègue d'Olivieri, spécialiste en pharmacologie et en toxicologie, et consenti à fournir le produit aux patients qui ont bien réagi. En janvier 1997, le collègue d'Olivieri change de camp, s'écarte de l'interprétation d'Olivieri, prépare des projets de communication et une publication pour une revue scientifique. La nouvelle équipe de chercheurs, qui omet de mentionner la participation financière de l'entreprise au projet de recherche, conclut que le défériprone est efficace, mais que son efficacité diminue en fonction de la concentration en fer du foie.

Entre octobre 1998 et mai 1999, Olivieri et deux de ses collègues qui l'ont appuyée dans son interprétation des résultats sont la cible d'une campagne de lettres anonymes, publiées dans les journaux de Toronto. Ces lettres attaquent leur statut professionnel, leur compétence, leur intégrité et leur réputation. Les personnes ciblées découvrent plus tard, grâce à un enquêteur privé embauché à leurs propres frais, que le collègue d'Olivieri, chargé de l'étude après elle, a écrit ces lettres. Après avoir nié son implication dans l'affaire, il doit reconnaître, grâce à une preuve par ADN recueillie sous les timbres-poste, qu'il a rédigé et expédié ces lettres. Il est suspendu pour une brève période par l'hôpital.

Le conseil d'administration de l'HEM décide, unilatéralement, de mettre sur pied un comité présidé par le Dr Arnold Naimark pour faire la lumière sur toute cette affaire. Olivieri entre en pourparlers avec l'HEM pour que les membres du comité soient choisis par les deux parties. Peine perdue! Olivieri pense que le Dr Naimark est en conflit d'intérêt et n'a pas l'objectivité nécessaire pour présider un tel comité. En tant que président de l'université du Manitoba, il avait accueilli des contributions financières d'Apotex et il siégeait au conseil de direction de la Banque Canadienne Impériale de Commerce, présidé par un homme également membre du conseil d'administration de l'HEM. Bref, on peut mettre en question l'indépendance du président du comité.

Le rapport décharge l'HEM et l'université de Toronto et fait porter le chapeau à Olivieri[10]. Le rapport ne reproche pas à Olivieri d'avoir signé une entente de confidentialité, puisque c'est la norme, d'autant plus que les règles de l'HEM sont imprécises à ce sujet. Cependant, il souligne que Mme Olivieri a continué d'administrer le médicament à des patients après avoir découvert ses propriétés toxiques, et qu'elle n'en a pas référé au Comité d'éthique de l'hôpital, préférant informer la FDA. À la suite de ce rapport, toute une série d'actions s'enchaîne. Entre 1996 et 1998, l'HEM réaménage les services hospitaliers pour tenir compte de la croissance du nombre de patients. Ce réaménagement se solde par le «remplacement», pour employer un euphémisme, du Dr Olivieri comme directrice médicale du programme d'hémoglobinopathie, sans qu'elle n'ait son mot à dire. Cette décision contrevient aux engagements de la direction de l'HEM, qui est censée respecter des règles de fonctionnement collégial. Olivieri est bel et bien congédiée, bien que l'hôpital le nie. Un membre haut placé du personnel confie à Robinson: «Les patrons ici en avaient ras-le-bol [were pissed off] d'une femme qui s'affirme comme elle[11].» Lors d'une entrevue à l'émission 60 Minutes, pensant que les caméras ne tournent pas, le grand manitou d'Apotex dit d'Olivieri: «Elle est folle. Folle.»

Sur la base du rapport Naimark, l'HEM met en branle son Medical Advisory Committee (MAC) pour enquêter sur l'affaire. Olivieri dépose une documentation abondante devant un sous-comité du MAC. Des dirigeants de l'HEM soutiennent qu'elle pourrait avoir transgressé les règles d'éthique, notamment en exigeant des biopsies pour les fins de la recherche, puisque celles-ci n'étaient peut-être pas indiquées d'un point de vue clinique. Olivieri accuse le sous-comité de procéder dans le plus grand secret et d'empêcher son avocat de contre-interroger des témoins. Par la suite, l'HEM en appelle au bien-fondé d'une mesure disciplinaire contre Olivieri devant le Collège des médecins et chirurgiens de l'Ontario. Le comité des plaintes du Collège obtient l'avis d'un comité d'experts indépendants et statue, en novembre 2001, que la pratique d'Olivieri était irréprochable, voire au-dessus des standards, que la diffusion de l'information qu'elle avait assurée était convenable, et que son action, en exigeant des biopsies, était non seulement raisonnable, mais louable dans les circonstances [12].

Un éditorial du *Journal de l'Association médicale canadienne* trouve que le rapport Naimark est au mieux « incomplet ». Les « preuves » qu'il avance sont recueillies dans des entrevues avec des gens qui penchent exclusivement du côté de l'hôpital et d'Apotex. Des sommités médicales au Canada et aux États-Unis se rangent du côté d'Olivieri.

L'Association canadienne des professeures et professeurs d'université constitue un comité d'enquête et dépose le rapport Thompson, rendu public en octobre 2001. La substance de ce rapport diffère largement des conclusions du rapport Naimark. Ce dernier blanchissait l'HEM, affirmant qu'il avait soutenu Olivieri dans tous ses efforts; l'hôpital n'avait rien « fait pour empêcher ou décourager le Dr Olivieri de communiquer ses découvertes à la communauté scientifique [13] ». À l'opposé, le rapport Thompson blâme l'hôpital pour avoir « nui aux intérêts du Dr Olivieri et à sa réputation professionnelle ». En substance, le rapport Thompson soutient que les patients qui participent aux essais cliniques ne bénéficient pas de protections adéquates. Il exige que les patients jouissent de meilleures protections, qu'ils soient avisés quand les données cliniques révèlent l'existence de nouveaux risques en cours de recherche, et demande que des mesures soient prises pour réduire les conflits d'intérêt potentiels et protéger l'intérêt du public.

La publication du rapport n'entraîne aucune réaction de la part de l'université de Toronto et de l'HEM, exception faite qu'ils estiment l'affaire « classée ». Mais ces deux institutions ont tenté de discréditer le comité Thompson en soutenant qu'il était composé de professeurs d'université. Cette remarque est d'autant plus incongrue que le comité Naimark était également composé de trois professeurs d'université. D'autre part, l'une des membres du comité Thompson, Patricia Baird, invitée à siéger au comité Naimark, avait décliné l'invitation quand on lui avait refusé la garantie qu'elle pourrait formuler ses propres conclusions.

Au sujet des allégations de conflit d'intérêt, Naimark soutient que le fait d'avoir présidé l'université du Manitoba et qu'Apotex ait fait quelques contributions à l'université à ce moment-là sont, « pour moi comme pour le conseil d'administration de l'HEM, sans conséquences ». Son indépendance et son objectivité ne peuvent être remises en cause. Les liens entre Naimark et Apotex ne finissent pas là. La compagnie Cangene, propriété d'Apotex, loue son terrain et ses bâtiments à l'université du Manitoba. Naimark fut en quelque sorte le locateur d'Apotex pendant un certain temps.

« Qu'ils mangent du Prozac » : l'affaire Healy

Let them eat Prozac (« Qu'ils mangent du Prozac ») est le titre du dernier livre de David Healy, psychiatre et professeur d'université, considéré comme une sommité dans le domaine des antidépresseurs. Bien que ce professeur gallois ait fait des recherches cliniques pour les sociétés pharmaceutiques, elles n'ont pas réussi à le mettre dans leur petite poche, déclare James Turk de l'Association canadienne des professeures et professeurs d'université. Le Centre de toxicomanie et de santé mentale (CTSM), affilié à l'université de Toronto, a couru après lui pendant deux ans pour lui offrir un poste prestigieux. L'ayant à peine installé dans ses nouvelles fonctions, ses patrons changent brusquement d'idée et le congédient. Après cette courte affaire, David Healy a été interviewé par Darrow Macintyre de la Canadian Broadcasting Corporation (CBC). Ce qui suit est tiré de ce reportage diffusé le 12 juin 2001.

Les cadres supérieurs du CTSM lui reprochent d'entretenir des opinions non scientifiques au sujet d'un certain nombre de médicaments utilisés en psychiatrie, ce qui pourrait nuire aux patients. Mais ce point de vue n'est pas celui de nombreux spécialistes dans le domaine, qui pensent au contraire que David Healy est l'un des plus grands experts en matière d'antidépresseurs, particulièrement en ce qui concerne les pilules qui agissent sur la sérotonine. Des recherches dévoilées récemment suggèrent que ces médicaments pourraient provoquer des envies suicidaires chez les utilisateurs, surtout chez les adolescents (*voir le chapitre V*). Personne ne sait si cela est fréquent, mais Healy pense que ces réactions sont assez courantes pour qu'elles méritent notre attention et que, dans certains cas, le lien de causalité ne peut plus être nié. Healy est l'un des rares psychiatres à s'être intéressé à ces questions. Il s'exprime au sujet du Prozac : « Supposons que le Prozac cause le problème, qu'il provoque le suicide d'une personne sur 1000 sous médication. Pour la plupart des gens, c'est un chiffre assez bas. Ça semble un compromis raisonnable. Mais avec 50 millions de consommateurs on obtient 50 000 suicides, ce qui est probablement plus élevé que ce que nous avons eu, mais ça fait beaucoup de monde [14] ». Bref, un risque mineur distribué sur des millions de personnes devient un problème majeur. Healy précise qu'il n'est pas opposé à l'utilisation de ces médicaments et que lui-même les prescrit à plusieurs de ses patients qui peuvent en bénéficier. Mais les multinationales ne veulent pas obtenir 40 %, 50 %, ni même 60 % du marché — elles en veulent la totalité, et ne veulent pas qu'un tel risque soit incorporé à la description officielle du produit.

Healy a subi les foudres de celui qu'on décrit comme l'homme le plus influent en psychopharmacologie, le patron des patrons, parrain parmi les leaders d'opinion, à savoir le Dr Charles Nemeroff de l'université Emery à Atlanta. Nemeroff agit comme consultant pour une douzaine de sociétés pharmaceutiques. Lors d'une rencontre à l'université Cambridge en Angleterre, il reproche à Healy de publier des articles qui pourraient nuire à l'industrie, plus spécifiquement à Eli Lilly. Il ajoute que ces gens sont impitoyables et qu'ils n'hésiteront pas à prendre les moyens nécessaires pour rendre la vie dure aux universitaires qui publient des articles associant le Prozac au suicide.

Immédiatement après son arrivée à Toronto, Healy livre une communication sur les antidépresseurs de la même famille que Prozac. Sa communication aborde la question des conflits d'intérêts entre les chercheurs et les sociétés pharmaceutiques. Les participants qui remplissent des fiches pour évaluer les communications à la fin du symposium pensent que Healy a fait la meilleure intervention. Son patron ne partage pas cet avis et refuse d'être interviewé. C'est le PDG du CTSM, Paul Garfinkle, qui répond aux questions. Il affirme que le point de vue de Healy est extrémiste, qu'il fait des extrapolations incroyables, « par exemple, quand il dit que les antipsychotiques font plus de tort que de bien ». Le journaliste Macintyre rétorque que Healy lui a confié n'avoir jamais dit de telles choses. Garfinkle répond qu'il n'était pas au symposium, mais que plusieurs personnes lui ont affirmé que c'était essentiellement ce que Healy avait dit. Nemeroff a assisté au symposium. Il a refusé d'être interviewé. Le CTSM lui a demandé son opinion au sujet du Dr Healy, mais nous ignorons ce qu'il en a dit. Le lendemain, le psychopharmacologue le plus influent au monde s'adressait à l'American Foundation for Suicide Prevention. D'après l'un des spécialistes qui assistait à la rencontre, il s'en est pris furieusement à Healy. Quelques jours plus tard, le CTSM congédiait le psychiatre gallois. Healy ne croit pas que sa communication en elle-même ait été la cause de son renvoi; elle ne contenait rien de plus que ce qu'on trouve déjà dans son livre, *Le temps des antidépresseurs*.

D'après Garfinkle, il n'y a aucune preuve que les antidépresseurs de la famille du Prozac sont à l'origine du suicide. Pourtant, Eli Lilly a obtenu un brevet pour une nouvelle génération de type Prozac qu'elle annonce comme étant moins susceptible de provoquer des crises d'anxiété sévères menant à des idées suicidaires et à l'automutilation. Garfinkle pense que le point de vue de Healy pourrait effrayer les patients qui souffrent de dépression et que le psychiatre gallois pourrait hésiter à prescrire des antidépresseurs. Notons qu'une jeune fille de 19 ans participant à un essai clinique sur un antidépresseur qui n'est pas encore commercialisé, s'est suicidée dans le centre de recherche d'Eli Lilly en avril 2004. La jeune fille n'était apparemment pas dépressive[15]. Elle s'est pendue quelques jours après avoir cessé de prendre le médicament, le duloxetine. La compagnie a indiqué que ce produit ne fait pas partie de la famille des inhibiteurs sélectifs de la recapture de la sérotonine (ISRS).

Garfinkle souligne que le CTSM est très prudent au sujet des conflits d'intérêt et que, de toute façon, plus de 80 % de son financement provient de sources extérieures aux sociétés pharmaceutiques. Le journaliste rétorque qu'en 2000, 52 % de l'argent consacré à la recherche dans le département que Healy devait diriger venait des compagnies pharmaceutiques. Par ailleurs, Eli Lilly s'était engagé à donner 1,5 million de dollars canadiens au CTSM, et le jour même où Healy livrait sa communication, un groupe d'employés de ce centre était au quartier général de Lilly. Le journaliste demande s'il y a eu des échanges entre le groupe en question et le CTSM. Garfinkle de répondre: « Je ne dirai pas que j'en suis sûr à 100 %, mais non. »

Il ajoute que le CTSM a des liens avec les meilleurs cerveaux de la planète.

Macintyre souligne que les éditeurs d'un journal sur l'éthique médicale ont publié un article de Healy suggérant qu'il y a trop d'ordonnances de Prozac. À la suite de la publication de l'article, Lilly a retiré sa participation au financement du journal. Par ailleurs, Healy a été appelé à donner son opinion dans un certain nombre de poursuites contre le géant du médicament. Une semaine avant que l'interview de Healy ne soit diffusée sur CBC, un jury américain statue qu'un homme a tué sa femme, sa fille et sa petite-fille à cause des effets indésirables du Paxil, un médicament appartenant à la même famille que le Prozac. Le témoin expert dans la cause n'est autre que David Healy.

La sécurité n'est pas une priorité : la saga des implants mammaires

Intimidation, congédiement, mensonges, falsification de documents, voilà autant d'ingrédients qui entourent la saga des implants mammaires Même. Le comportement de Santé et Bien-être Canada (l'ancêtre de Santé Canada) dans cette affaire révèle à quel point les autorités gouvernementales peuvent faire preuve de négligence, et montre comment les paliers supérieurs des organismes gouvernementaux sont parfois plus enclins à protéger les intérêts financiers des fabricants que ceux du public. Si vous croyez que les agences de surveillance sont là pour vous protéger, les cafouillages de Santé et Bien-être Canada dans cette affaire vous feront sans doute réfléchir. Si ce cas ne vous convainc pas, pensez à Imitrex (*voir ci-dessous*), Dalkon Shield, Halcion, et au sang contaminé qui a fait des milliers de victimes. Le scandale des commandites n'est rien à côté de celui du sang contaminé. Pour des raisons d'économie, on a pris des risques sur la provenance du sang, comme le signale le rapport Krever. La publication de ce rapport n'a donné lieu à aucune poursuite criminelle. On a détruit les comptes rendus des réunions d'un comité sur le sang et dans ce beau pays qu'est le Canada, personne ne semble responsable de quoi que ce soit.

Pierre Blais, docteur en chimie, se voit chargé d'évaluer les implants mammaires pour Santé et Bien-être Canada. Cet empêcheur de tourner en rond, comme le décrivent ses patrons, sera congédié pour avoir posé trop de questions. Blais n'en démord pas, il a des raisons de croire que ces produits peuvent être dangereux et veut procéder à des analyses en profondeur pour tester leur degré de sécurité. On lui reprochera, comme à d'autres qui osent contester les décisions des organismes de contrôle et des experts payés par les compagnies, d'adhérer à la théorie du complot. Lorsque des chercheurs comme Blais ne sont pas accusés de voir des complots partout, on les accuse d'alarmer et d'effrayer les patients inutilement, de les priver d'un traitement qui leur sauvera peut-être la vie; on les taxe même d'incompétence.

Ce n'est pas d'hier que des médecins injectent toutes sortes de substances dans les seins des femmes. Au début du XXe siècle, on leur injecte de la paraffine, de l'huile végétale et de la cire d'abeille; dans les années 1930, ce sont des boules de verre et plus tard, ce sera du plastique. En 1963, Dow Corning lance l'implant en silicone, accueilli par certains chirurgiens comme un véritable miracle. Et comme on n'arrête pas le progrès, en 1980, la Société américaine de chirurgie plastique esthétique écrit à la FDA que les petits seins font partie des pathologies; ils doivent être considérés comme une « maladie ». Il faut dire que les implants mammaires sont devenus la vache à lait des chirurgiens esthétiques [16]. En 1980, environ 500 000 femmes ont reçu des implants. Ces dispositifs causent le durcissement des seins chez environ 40 % des sujets — certaines études vont jusqu'à 70 % —, et de nombreuses patientes se plaignent d'insensibilité aux mamelons et d'asymétrie des seins. Lorsque les prothèses doivent être enlevées, il arrive que les chirurgiens retirent du tissu musculaire et mammaire ou qu'ils oublient des bouts de silicone, causant ainsi des infections. Sans compter les risques reliés à l'anesthésie générale, les infections postopératoires, les douleurs locales, les ruptures lors d'accidents de la route, et l'écoulement de la silicone.

À l'époque, on ne sait à peu près rien au sujet de l'innocuité des implants en silicone. En 1980, Nicholas Regush, un journaliste montréalais, interviewe une douzaine de femmes qui ont reçu des implants; elles affirment toutes que les chirurgiens leur ont donné l'impression qu'il existe des preuves solides concernant la sécurité de ces dispositifs. Le journaliste se pose des questions. Il devra attendre 12 ans pour avoir des réponses.

En 1987, avant que l'entreprise qui fabrique les prothèses soit vendue à la filiale de Bristol-Myers, l'ancien propriétaire téléphone au fabricant de polyuréthane, Scotfoam de Pennsylvanie, pour lui demander si son produit libère du 2-4 toluène diamine (abrégé 2-4TD). Cette substance cause le cancer du foie chez les rats et possiblement chez les humains. Elle peut causer des lésions au foie, des troubles du système nerveux et la cécité chez les travailleurs qui y sont exposés. Déjà, dans les années 1960 et 1970, des tests sur des rats révèlent que le polyuréthane peut se décomposer et causer le cancer chez ces animaux. La réponse du fabricant est positive, et il ajoute qu'il est utilisé dans les carburateurs, les meubles et les filtres à l'huile. Il est pétrifié d'apprendre qu'on l'emploie dans les implants mammaires. Autrement dit, les fabricants de Même utilisaient un matériau dont *ils ignoraient la composition chimique.*

L'implant Même en silicone est recouvert d'une enveloppe de mousse de polyuréthane, qui sert aussi à rembourrer les canapés. Un article de Blais, publié en 1988, affirme que le polyuréthane se décompose dans le corps. Ce faisant, il se mêle au tissu mammaire et peut libérer des produits toxiques. Cette même année, 7500 paires de Même sont implantées, surtout au Québec. Une brochure distribuée sur une base volontaire et préparée conjointement par le gouvernement fédéral et les chirurgiens esthétiques ne fait aucune mention des risques à long terme. Elle indique simplement que les implants peuvent provoquer le durcissement des seins dans 40 % des cas. Une filiale du géant Bristol-Myers Squibb devient propriétaire des prothèses Même.

Toujours en 1988, Regush apprend qu'un chimiste américain a découvert une substance cancérigène, le 2-4TD. Il transmet ces informations à Blais et à son patron au cours d'une rencontre, et publie la nouvelle en janvier 1989. Santé et Bien-être est sur les dents, et fait des tests sur la présence de 2-4TD. L'organisme gouvernemental ne trouve rien. Lors d'une rencontre le 6 janvier entre Blais et ses supérieurs immédiats, il est convenu de demander au fabricant de Même de prouver l'innocuité des implants et d'en cesser volontairement la vente. Le tout est consigné dans une note de service. Le sous-ministre de la Santé, Liston, rejette l'idée et affirme qu'il n'y a pas de raisons de rappeler les implants.

C'est ici que les choses se corsent. Quand le supérieur immédiat de Blais est interrogé par Regush, qui a la note de service en mains, il nie que la rencontre du 6 janvier se soit conclue sur la suggestion d'un rappel volontaire des implants. Il répète la même chose lors d'une interview à la télévision sur CBC. Il supprime les parties de la note de service que Blais lui a fait parvenir, où il est question du rappel volontaire des implants, et demande à Blais d'en faire autant. Le sous-ministre Liston expédie un mot au ministre de la Santé Perrin Beatty : « La note originale exigeait des changements importants. Elle contenait une série d'opinions non fondées, inutiles et inacceptables de la part d'un scientifique. »

Les libéraux et le Nouveau Parti démocratique (NPD) commencent à s'intéresser à l'affaire. Pour apaiser la controverse, le ministre de la Santé nomme une responsable pour faire une enquête « indépendante ». L'enquêteuse « indépendante » est chirurgienne à l'hôpital Royal Victoria de Montréal. Elle a déjà utilisé les implants Même, et présente un rapport de 52 pages. Le rapport est fondé sur les opinions des chirurgiens esthétiques et sur quelques études non contrôlées. Il conclut qu'il n'y a pas de preuves que les implants sont dangereux, mais qu'on ne peut affirmer qu'ils sont sécuritaires.

En juillet 1988, Blais est congédié. Une note de Liston affirme qu'il n'est pas « apte pour le service public ». Insubordonné, il diverge constamment d'opinion avec la direction et a probablement fourni des documents confidentiels à des tiers. Blais négocie et transforme son congédiement en démission. Plutôt que de partir en vacances, il fait des recherches sur les implants avec un collègue de l'université Laval. Ensemble, ils analysent plusieurs implants qui ont été retirés chirurgicalement. Près de deux ans plus tard, leurs analyses prouvent la présence de 2-4TD.

Les questions que Regush posait en 1980 commencent enfin à trouver leur réponse. En 1992, la FDA apprend que des notes de service de la compagnie Dow Corning, datant des années 1970, faisaient état d'avertissements des employés de la firme selon lesquels les implants en silicone pourraient avoir des effets sur le système immunitaire et provoquer des troubles des tissus conjonctifs. En 1988, Public Citizen dévoile des données émanant de Dow Corning : la silicone cause le cancer chez 23 % des rats. La FDA ajoute qu'il n'y a pas de preuves que le produit cause le cancer chez les humains, mais qu'il y a des raisons de le soupçonner.

À cette époque, les autorités canadiennes maintiennent toujours qu'elles n'ont pu trouver de trace de 2-4TD. Pour une bonne raison : les méthodes de détection utilisées par Santé et Bien-être sont grossières et inadéquates. En 1990, la FDA se prépare à faire des tests sur les implants. En mars 1991, elle confirme les découvertes de Blais. Le 10 avril, la FDA annonce que les fabricants devront présenter des preuves de l'innocuité de leur produit ou le retirer dans les 90 jours. Bristol-Myers suspend la vente des implants Même le 17 avril 1991. La firme détenait 25 % du marché, et 200 000 femmes, dont 15 000 Canadiennes, portaient des prothèses recouvertes de polyuréthane. Quand la FDA annonce un moratoire sur les implants mammaires, le 6 janvier 1992, Benoît Bouchard, le nouveau ministre de la Santé, suit son exemple deux jours plus tard. Aux États-Unis les chirurgiens esthétiques réagissent promptement. Ils lancent une campagne de 3,88 millions de dollars pour déplorer une « perte de choix » pour les femmes. Les implants en silicone sont bannis en janvier 1993, sauf pour les femmes ayant souffert d'un cancer du sein — près de 13 ans après le premier reportage de Regush. Le ministre Bouchard passe la consigne : il est interdit aux employés de Santé et Bien-être de parler à Regush. Un grand jour pour la liberté de parole et la transparence !

Un dernier mot à propos de cette triste histoire. En 1982, le gouvernement avait voté une loi exigeant que les fabricants soumettent des données sur l'innocuité et la fiabilité des nouveaux dispositifs médicaux implantés dans le corps humain pour une période de plus de 30 jours. Les dispositifs disponibles avant cette date étaient exemptés. Toutefois, ils devaient, un jour, faire l'objet d'une évaluation. Les fabricants de Même ont affirmé que leur produit était disponible avant cette date, et le ministère n'a pas remis en doute cette parole. Mais, en réalité, Même était un dérivé d'un produit conçu en 1969 pour les patientes victimes d'un cancer du sein. Pourtant, l'intention de Même était tout autre, comme nous l'avons constaté. Un employé de Santé et Bien-être Canada fit enquête et ne trouva aucune preuve que Même ait été commercialisé au Canada avant 1982. Le ministère avait-il permis qu'un nouveau dispositif soit vendu au mépris de la loi ? Les efforts concertés pour vendre l'implant ont débuté en 1983. Était-il donc illégal ? Il semblait pourtant que non, puisqu'il avait été annoncé dans un journal américain en septembre et octobre 1982. Tout tient dans la définition du mot « vendre ». Le ministère décide que le mot « vendre » veut aussi dire « exposer en vue de la vente ». L'honneur est sauf. Vous trouvez qu'il y a trop de chômeurs, trop de pauvres ? Changez la définition des termes, comme l'ont fait tant de gouvernements, et tout rentrera dans l'ordre.

Les cafouillages de Santé Canada

Ce n'est pas le seul cafouillage de Santé Canada. Les autorités censées nous protéger restent souvent sourdes aux avertissements de leurs employés et sont fréquemment pressées d'approuver les médicaments en l'absence de preuves suffisantes concernant leur innocuité. C'est ce qui est arrivé avec Imitrex, un médicament contre la migraine. Le lecteur reconnaîtra le scénario. Un neurologue de Montréal vante Imitrex : « Il est très efficace, facile à prendre et exempt d'effets indésirables [17]. « Lors d'une conférence de presse, un neurologue d'Ottawa reprend exactement le même refrain. Le reporter cite une patiente : le médicament est « simplement merveilleux ». Bref, un autre miracle... jusqu'à ce que les rapports d'effets indésirables commencent à s'accumuler : le produit peut être néfaste pour le cœur. Mais il est déjà trop tard. Le médicament, grâce à la publicité gratuite des médias, a laissé ses traces dans les cerveaux des patients et des médecins. Pourtant, Michelle Brill-Edwards, de l'agence de contrôle des médicaments, avait vainement tenté de convaincre ses supérieurs que les données soumises par Glaxo Canada étaient incomplètes et inadéquates. Elle subit les pressions de la compagnie pour accélérer le processus d'approbation.

Santé Canada a été sévèrement blâmée pour sa passivité dans l'affaire du sang contaminé. De plus, en 1997, l'organisme fédéral démantèle son bureau de recherche sur les médicaments reconnu pour ses travaux sur la toxicité et l'application clinique des médicaments, et met fin à son projet de recherche sur la sécurité des aliments [18]. En 1998, des scientifiques employés par l'organisme gouvernemental dénoncent leurs patrons qui les encourageaient à approuver une hormone de croissance (la somatotrophine bovine) malgré leurs réserves [19]. En juillet 2003, six scientifiques se plaignent au ministre de la Santé pour déplorer que leurs supérieurs écartent systématiquement leur opinion. Et pour couronner le tout, trois scientifiques de Santé Canada, reconnus pour avoir critiqué le gouvernement fédéral à plusieurs reprises, ont été congédiés durant l'été 2004. Ils avaient porté plainte devant le Bureau de l'agent de l'intégrité de la fonction publique fédérale en affirmant que les dirigeants du Ministère approuvaient des médicaments sans avoir en mains les informations requises. L'un d'eux, Shiv Chopra, avait déjà évoqué les dangers représentés par la somatotrophine bovine. En outre, il mettait Santé Canada en garde contre l'insuffisance des mesures pour

contrer la maladie de la vache folle et il critiquait le projet de l'organisme gouvernemental de garder des réserves d'antibiotiques en cas
d'attaque terroriste[20]. Un autre grand jour pour la liberté de parole.
Santé Canada affirme que ces congédiements n'ont rien à voir avec
ce que ces scientifiques ont pu dire publiquement. Il n'y a pas longtemps, Santé Canada changeait le nom de la Division de la protection de la santé, effaçant toute référence à la « protection ». Ce
changement serait-il symbolique ?

Une chose est à retenir. Il faut faire preuve d'un sain scepticisme
et se méfier des assurances que nous donnent les organismes de
contrôle, certains experts, les compagnies et les politiciens sur l'innocuité des nouveaux médicaments et des dispositifs médicaux. À ce
sujet, *Worst Pills Best Pills* suggère d'attendre cinq ans avant d'utiliser une nouveauté. Tant qu'un produit n'a pas été prouvé sécuritaire
et *adéquatement testé par des chercheurs indépendants*, il faut faire
preuve de la plus grande prudence à son égard. Il faudrait peut-être
s'en souvenir pour les organismes génétiquement modifiés et le
clonage. En 1990, les tribunaux ont maintenu que les responsables
de la réglementation ont un « devoir de prudence[21] ». Les agences
de réglementation doivent réglementer dans l'intérêt du public, et
non dans l'intérêt des réglementés. Il faudrait se souvenir de cela
également.

Chapitre VII | La médicalisation des événements de la vie, ou l'art de forger des pathologies

Je fais partie du paysage depuis assez longtemps pour avoir vu comment on a transformé les maladies les plus bénignes en maladies létales ou handicapantes avec l'introduction des médicaments modernes.

D. Rapoport, M.D.

JUSQU'À FREUD, il n'y avait que de «vraies» maladies. Avec le psychanalyste viennois, on découvre l'existence d'une série de troubles bien réels qui n'ont aucune base physiologique, mais qui proviennent d'une dysfonction psychique quelconque que la plupart des médecins se refusaient à reconnaître. On connaît des cas de femmes exposées à de multiples explorations chirurgicales de l'abdomen pour des troubles fonctionnels associés à de graves traumatismes émotionnels. Vers la fin du XXe siècle, on voit apparaître une troisième catégorie de maladies: celles qui n'en sont pas véritablement. Des conditions propres à la nature humaine sont médicalisées par les promoteurs de remèdes en manque de clientèle.

C'est ainsi qu'une publicité de Wyeth-Ayerst présente la ménopause comme une déficience ou une «insuffisance» hormonale qu'il faut traiter pour assurer une meilleure qualité de vie, voire pour se sentir véritablement féminine. Une publicité pour les anxiolytiques montre une jeune fille faisant son entrée à l'université et affiche le message suivant: «Tout un nouveau monde... d'anxiété s'ouvre à vous[1]. «À mesure qu'ils vieillissent et que la prostate grossit, les hommes doivent se lever la nuit pour uriner. Les gourous de l'industrie ont transformé cet inconvénient, qui fait partie du processus normal de vieillissement, en maladie traitable par médication. De même, on redéfinit la haute pression artérielle pour en abaisser le seuil de normalité tous les cinq ans; on abaisse le seuil du cholestérol méritant médication, transformant ainsi des millions de cas limites en futurs patients. D'après une étude, la calvitie pose maintenant un problème sérieux: elle peut avoir des impacts psychologiques graves! Cette étude sort juste avant que Merck ne lance sa lotion miracle contre la perte des cheveux. Glaxo fait approuver son antidépresseur Paxil pour traiter la timidité, qu'on reclasse sous l'expression pompeuse de «phobie sociale» [social anxiety disorder]. Un cadre de Glaxo avoue à un journal: «Le rêve de chaque promoteur est de trouver un marché inexploré ou inconnu et de le développer. C'est ce qu'on a fait avec la phobie sociale[2]. «Dans un courrier interne datant de juillet 2003 (voir le chapitre V), Glaxo cite une étude suggérant que 2,4 % des patients affligés seulement de «phobie sociale» et traités au Paxil présentent un risque accru de manifestations indésirables liées au suicide contre 0 % dans le groupe avec placebo[3].

Et les exemples continuent: ainsi, la naturelle régurgitation des bébés est devenue le reflux œsophagien pathologique. Une étude réalisée en 1996 dans les garderies françaises auprès de 2617 enfants révèle que le tiers des enfants de moins de six mois et le cinquième des enfants de moins de trois ans prenaient un traitement antireflux, le Prepulsid, un médicament efficace mais retiré du marché un peu partout aujourd'hui. Son efficacité ne justifiait aucunement cette indication [4]. À l'autre bout de la vie, la naturelle sénescence devient une insuffisance de circulation cérébrale. Il faut donc « irriguer » le cerveau. En 1995, une Agence du ministère français de la Santé souligne que les produits destinés à cet usage n'ont aucune action prouvée sur les accidents vasculaires cérébraux et récuse le concept même d'« insuffisance circulatoire cérébrale ». Les supposés vasodilatateurs cérébraux sont plus inefficaces que dangereux. Leurs chiffres de vente sont astronomiques [5] ; l'argent dépensé dans ces traitements serait d'une plus grande utilité s'il était utilisé dans la formation et l'augmentation du personnel dans les centres d'accueil.

En 1998, Lenglet et Topuz rapportaient que la rage au volant était sur le point d'entrer dans le *Diagnostic and Statistical Manual of Mental Disorders (DSM-IV)*, la bible des psychiatres américains [6]. D'autres « pathologies » comme le trouble du stress de la loterie lié au « traumatisme » du billet perdant et le « trouble » du juré sont également en passe de figurer parmi les pathologies [7]. Entre 1987 et 1994, le *DSM-IV* a introduit 77 nouvelles maladies mentales [8]. L'industrie nous apprend à considérer que toute contrariété est insupportable, que toute souffrance psychique est pratiquement une maladie mentale et que chaque émotion doit trouver son médicament approprié. Comme si la peine d'amour, aussi difficile soit-elle, était une maladie. Les marchands de pilules tentent de nous transformer en consommateurs pointilleux et douillets, et l'abus des psychotropes risque de nous métamorphoser en lavettes, à force d'émousser notre habileté naturelle à rebondir et à surmonter les épreuves.

À mesure que les géants de la pharmacie s'intéressent à nos maux, ceux-ci semblent gagner en ampleur et en gravité. Philip Rhodes, autrefois doyen de la Faculté de médecine de l'université d'Adelaide (Australie), estime qu'on tente de changer la définition de ce qu'est un malade pour inclure de plus en plus de gens dans cette catégorie. Il suffit de ressentir un malaise pour être étiqueté de « malade ». Et, bien sûr, pour chaque maladie il doit y avoir un remède, préférablement une ou des pilules. On passe facilement de la difficulté à la dysfonction, pour glisser imperceptiblement jusqu'à la maladie. C'est

ainsi qu'on convainc des gens de s'abonner à des *thérapies à vie* pour
le plus grand bénéfice des sociétés pharmaceutiques. Un biologiste de
Saint-Louis ironise : « Parfois nous badinons et nous disons qu'au
cours des essais cliniques deux désastres peuvent survenir : le premier
serait de tuer le patient. Le deuxième serait de le guérir. Les vrais
bons médicaments sont ceux que vous prenez de façon chronique et
pour longtemps[9]. » Le risque dépasse le bénéfice quand la « condition » traitée n'est pas une vraie maladie, et tous les effets indésirables d'une ordonnance inutile sont inacceptables, qu'ils soient bénins,
graves ou fatals.

Les femmes sont particulièrement visées par ces efforts de médicalisation des événements de la vie. Auparavant, les femmes visi-
taient leur médecin au moment de la grossesse, maintenant elles le
consultent au sujet de la contraception et de la ménopause. Et si les
gourous de l'industrie gagnent leur pari, bientôt elles consulteront
leurs médecins au sujet de la « périménopause », une nouvelle affection qu'on tente maintenant de populariser. En outre, les femmes
consomment plus de médicaments que les hommes, ce qui les rend
plus vulnérables. Entre 1997 et 2001, des 10 médicaments d'ordonnance retirés du marché américain pour raisons de sécurité, 8 concer-
naient davantage les femmes que les hommes[10]. En Grande-Bretagne,
vers la fin des années 1980, on prescrit aux femmes trois fois plus de
tranquillisants de la famille des benzodiazépines qu'aux hommes[11].
Faut-il s'en étonner ? Globalement parlant, plus de femmes que
d'hommes font face à la pauvreté ; elles écopent de la majorité du
travail ménager en plus d'occuper un emploi à l'extérieur, soignent
les enfants lorsqu'ils sont malades et, fréquemment, veillent sur leurs
parents dans leurs vieux jours. Ces conditions de vie stressantes en
font des cibles de choix. On leur propose des pilules comme solution
miracle, bien que les véritables solutions soient en grande partie de
nature économique et sociale.

Bref, la tendance est à la médicalisation des étapes normales de la
vie d'un individu, de ses états d'âme et de ses émotions. Les hauts et
les bas de la vie sont ainsi transformés en marchés et en profits potentiels. Quand les grosses compagnies pharmaceutiques s'en mêlent et
envahissent un champ de la santé, on peut parler, à l'instar de Lynn
Payer, auteure de *Disease-Mongers*, de colonisation d'un domaine
de la santé humaine.

Avec la promotion de l'hormonothérapie substitutive, on a franchi un pas de plus vers la médicalisation des étapes de la vie. Pourtant, d'après une étude dans les pays anglophones, 75 % des femmes ne présentent aucun symptôme pénible ou gênant durant la ménopause[12]. Au début, c'est en s'appuyant sur des études incomplètes et méthodologiquement vulnérables (études d'observation plutôt que des essais contrôlés), qu'on a encouragé les femmes à adopter l'hormonothérapie pour le *reste de leurs jours*. On transforme ainsi les femmes en consommatrices de pilules pour plus de 30 ans, dans bien des cas. À ce sujet, un éditorial du *Journal de l'Association médicale canadienne* se questionne sur la responsabilité des médecins : « C'est peut-être notre faute à nous en tant que médecins qui avons prescrit les médicaments (et peut-être même aux patientes qui les ont demandés) : pourquoi avons-nous accepté si facilement des données probantes produites par des études non randomisées[13] ? »

Une vaste étude du Women's Health Initiative, réalisée dans les règles de l'art et de façon indépendante, et dont les résultats furent dévoilés en 2002, a refroidi les ardeurs des médecins et des patientes au sujet de l'hormonothérapie.

L'hormonothérapie : « à jamais féminine »

L'effort pour convaincre les femmes de « traiter » la ménopause remonte à 1963. Grâce à des dons de 1,3 million de dollars de l'industrie pharmaceutique, un gynécologue américain, le Dr Robert Wilson, met sur pied la Wilson Foundation, destinée à promouvoir l'utilisation d'œstrogènes. C'est à partir de 1968 que l'hormonothérapie de substitution devient populaire, après la publication du succès de librairie du docteur Wilson, *Feminine Forever*. C'est Wyeth-Ayerst qui finance cette publication et les tournées de conférence du docteur Wilson. D'après ce dernier, la « ménopause est à la fois inutile et nocive », et le déficit créé par le manque d'hormones a des « conséquences douloureuses, invalidantes et même fatales[14]. »

La campagne du docteur Wilson porte ses fruits : en 10 ans, les ventes d'œstrogènes quadruplent aux États-Unis. En 1975, l'œstrogène figure parmi les cinq premières ventes de médicaments dans le pays. Mais des premières études signalent l'existence d'un lien entre l'utilisation d'œstrogènes et le cancer de l'endomètre, le tissu qui tapisse l'utérus et accueille l'embryon. D'autres études précisent que la seule utilisation d'œstrogènes augmente à long terme le risque de contracter un cancer de l'endomètre. À partir de ce moment, les sociétés pharmaceutiques commencent à ajouter de la progestérone à leurs pilules pour contrecarrer les effets de l'œstrogène[15]. Les coûts augmentent. Les patientes paieront.

À Toronto, lors d'un symposium sur la ménopause, un représentant de la compagnie Ayerst déclare au sujet du Canada : « Il y a, ici, un vaste marché à exploiter[16]. » C'était dans les années 1980. Et maintenant que nombre de *baby boomers* arrivent au tournant de la cinquantaine, s'ouvre un marché encore plus vaste, qui fait saliver les sociétés pharmaceutiques. En 1992, le produit de Wyeth-Ayerst, inventé au Canada et commercialisé sous le nom de Premarin, représente 17 % du chiffre d'affaires de sa division pharmaceutique. En dépit des inquiétudes dont certains chercheurs se sont fait l'écho, ce fut longtemps le médicament le plus prescrit aux États-Unis. En 2001, Wyeth a vendu pour 2,75 milliards de dollars de Premarin au pays de l'oncle Sam, et la même année les Québécoises ont dépensé près de 100 millions de dollars canadiens en produits d'hormonothérapie sur ordonnance[17].

Des promesses de jeunesse éternelle

C'est notamment en jouant sur la peur de vieillir que l'hormonothérapie substitutive est vendue aux femmes. En outre, on leur propose des thérapies censées prévenir des maladies qu'elles *pourraient* développer, ou pour maintenir et améliorer leur apparence physique. Une publicité de Ciba-Geigy dans les magazines féminins américains claironnait : « Aucun homme sain d'esprit ne s'intéresserait à une femme ménopausée[18]. »

Il suffirait de 0,625 milligramme d'hormones par jour pour défier le temps et retrouver ses élans de jeunesse. Dans sa publicité, Wyeth-Ayerst attribuait à Premarin le pouvoir de suspendre le temps [*a gift of time*] ; quant à la société Schering-Plough, elle moussait la vente de son médicament en proclamant que les femmes continueraient à « prendre plaisir à être femme[19] ».

En partant de l'idée que les hormones sont associées à la jeunesse et à la santé, l'hormonothérapie est considérée comme normale et bienfaisante. Théoriquement, cela paraît tout à fait raisonnable. Avant la ménopause, les femmes semblent protégées contre les maladies coronariennes, alors qu'elles semblent présenter un risque accéléré de développer ces maladies dans les 10 ans suivant la ménopause.

Voilà pour la théorie ; mais rien ne prouvait que ce changement était d'origine purement hormonale. D'où l'importance d'études contrôlées. C'est en se fondant sur des considérations théoriques semblables qu'on parle d'andropause et qu'on suggère de traiter les hommes à la testostérone, quand ce n'est pas à l'hormone de croissance [20].

L'hormonothérapie substitutive soulage les symptômes de la ménopause (bouffées de chaleur, transpiration nocturne, sécheresse vaginale, insomnie, changements d'humeur). La publicité fait également miroiter des économies fabuleuses pour le système de santé. En 1992, les traitements pour fractures de la hanche coûtent 7 milliards de dollars aux États-Unis, et environ 20 % des patients décèdent à la suite de complications dans les six mois suivant l'accident [21]. Des pharmaco-économistes prédisent alors que l'injection de vitamine D à toutes les femmes de 75 ans et plus serait la seule forme de prévention de l'ostéoporose qui coûterait moins cher aux assureurs que les coûts induits par les fractures de la hanche. Toutes les autres formes de prévention coûteraient plus cher que les coûts évités. D'après leurs calculs, il en coûterait 64 000 dollars par fracture évitée d'utiliser l'hormonothérapie. Mais on ne trouve pas de commanditaire pour confirmer cette hypothèse. Et, comme par hasard, la vitamine D n'est pas brevetable.

Une vieille controverse

Depuis longtemps, l'hormonothérapie substitutive est sujette à controverse. Une méta-analyse [22] de 16 études réalisées dans les années 1970 et 1980 montre que le risque de contracter le cancer du sein augmente de 30 % chez les femmes qui suivent le traitement depuis 15 ans. Plusieurs autres analyses arrivent à des conclusions semblables [23]. Par ailleurs, les effets indésirables du traitement sont nombreux : maux de tête, nausées, changements d'humeur, infections génito-urinaires, caillots de sang aux jambes, problèmes de vésicule biliaire [24], sensibilité mammaire.

Ceci n'a pas empêché un médecin du département d'obstétrique et de gynécologie du Queens Hospital de New York de déclarer :

> [...] à moins de contre-indication, le consensus universel chez les médecins nous indique que chaque femme ménopausée profiterait d'un traitement illimité à l'œstrogène pour prévenir l'ostéoporose et pour les autres bienfaits qui y sont associés [25].

Chetley signale que le consensus est loin d'être universel, et plusieurs médecins mettent en garde contre l'utilisation irresponsable de l'hormonothérapie substitutive. Il suggère que les principaux bénéficiaires du traitement ne sont sans doute pas les femmes mais les actionnaires des sociétés pharmaceutiques.

Malgré ces mises en garde, d'autres études réalisées vers le milieu des années 1980 relancent l'hormonothérapie substitutive. Les résultats de ces recherches suggèrent que le traitement réduit le risque de fractures causées par l'ostéoporose et entraîne une *diminution des problèmes cardiaques de 50 %* [26]. Cependant, les études suggérant des bénéfices sur le plan cardiovasculaire ne sont pas des essais contrôlés et ne permettent pas d'arriver à une véritable conclusion. Les femmes qui ont choisi de suivre le traitement « présentaient déjà un profil de risque moins élevé de maladies cardiovasculaires [27] ». Elles étaient en meilleure santé, plus minces, et provenaient de milieux socio-économiques plus élevés [28]. Les données étaient présentées de façon tellement convaincante que le FDA affirme que des études contrôlées ne sont pas nécessaires et qu'il faut commercialiser l'œstrogène comme moyen de protection contre les maladies cardiaques [29].

Mais en 1997, l'analyse de 23 études arrive à des conclusions diamétralement opposées : l'hormonothérapie accroît le risque de maladies cardiovasculaires. Ce qui n'empêche pas un spécialiste de l'hormonothérapie de dire : « Une chose est claire, je continuerai de dire à mes patientes que l'hormonothérapie substitutive demeure prometteuse dans la prévention des maladies coronariennes [30]. » Enfin, une première étude contrôlée publiée en 1998 remet sérieusement en question les présumés bénéfices de l'hormonothérapie, notamment sur les maladies cardiovasculaires.

Le spectre de l'ostéoporose : la promotion d'une maladie

Depuis quelques années, on oriente couramment les femmes d'un certain âge vers les tests de densité osseuse et, depuis 1982, l'ostéoporose fait l'objet d'une campagne de publicité agressive de la part de l'industrie. C'est ainsi qu'au Canada, entre 1996 et 2000, le nombre de visites chez le médecin pour l'ostéoporose a bondi de 136 %. En 1996, 78 % des consultations aboutissent à la recommandation d'un médicament, contre 90 % en 2000 [31].

À la fin des années 1970, les ventes du produit d'Ayerst pour traiter les effets de la ménopause subissent une dégringolade quand on découvre l'existence d'un lien entre le cancer de l'endomètre et la thérapie hormonale. Ayerst relance alors l'hormonothérapie au moyen d'une vaste campagne sur l'ostéoporose, comme si le danger était aux portes et guettait toute femme ménopausée.

On a longtemps associé la perte de densité osseuse à la diminution des œstrogènes survenant avec la ménopause. Pourtant, la perte de densité osseuse n'est pas uniquement due à la diminution des hormones. C'est un phénomène normal qui survient avec le vieillissement tant chez les hommes — qui en sont moins affectés — que chez les femmes. Un homme de 85 ans est aussi susceptible de subir une fracture qu'une femme de 80 ans.

Dans un article qu'elle publie en 1998, Julie Ouellet met en garde contre les tests de densité osseuse à partir desquels on diagnostique l'ostéoporose, qui se trouve redéfinie d'après les résultats à ces tests. L'industrie pharmaceutique y a contribué, notamment par le biais de conférences sur le sujet. L'une d'entre elles s'est tenue en 1993 et était commanditée par les filiales canadiennes de pratiquement tous les grands de l'industrie : Merck, Procter & Gamble Pharmaceuticals, Eli Lilly, Ciba-Geigy, Wyeth-Ayerst, Rhône-Poulenc Rorer, et d'autres encore.

Les tests de densité osseuse sont l'objet de controverses. Lors de ces tests, une femme peut présenter des résultats au-dessous de la moyenne, sans ne ressentir aucun malaise et ne jamais subir de fracture. Le Dr Susan Love suggère que diagnostiquer l'ostéoporose à partir de ces tests revient à diagnostiquer une maladie cardiaque sur la base d'un test de cholestérol trop élevé. En 1997, l'Office d'évaluation des technologies de l'université de Colombie-Britannique critique la pauvre fiabilité des tests de densité osseuse et leur non-pertinence comme outils de dépistage de l'ostéoporose. D'après le Dr Louis Aviolo de l'université de Washington à Saint-Louis, on attribue la perte de densité osseuse exclusivement à une diminution du taux d'œstrogènes, alors que le phénomène peut débuter avant la ménopause. La perte de densité osseuse varie énormément d'un sujet à l'autre et l'accélération du phénomène peut survenir à 50 ans chez certaines femmes, à 80 ans chez d'autres. Le US Congressional Office of Technology Assessment conclut que « l'accélération, après le début de la ménopause, de la perte osseuse dans la région de l'épaule et de la hanche est faible[32] ». La densité osseuse d'une femme ménopausée est largement déterminée par son apport calcique durant l'enfance, sa génétique, son activité physique passée et présente, son poids, etc. Une femme qui cesse sa thérapie *après 10 ans ne retire aucun bénéfice* permanent pour ses os, puisqu'une perte de masse osseuse survient toujours à la cessation du traitement. Or, les fractures se produisent *surtout après l'âge de 75 ans*. Cibler les femmes de 50 ans s'apparente à une médicalisation excessive et inutile. C'est l'un des traitements préventifs les plus risqués. Pour qu'*une seule fracture de la hanche soit évitée, il faut traiter 250 femmes pendant 10 ans*[33]. Autrement dit, 249 femmes prendront leur médicament pendant 3650 jours (oublions les années bissextiles) sans en retirer aucun bénéfice. Pour éviter une seule fracture de la hanche, il faut donc payer pour 912 500 pilules.

L'étude du Women's Health Initiative

En 2002, les National Institutes of Health dévoilent les résultats d'une étude réalisée auprès de 16 608 femmes sous l'égide du Women's Health Initiative (WHI). Si certains membres du corps médical n'ont pas été ébranlés par les résultats de cette étude réalisée dans les règles de l'art, de nombreux experts y voient la confirmation de leurs craintes à propos de l'hormonothérapie substitutive. Les résultats sont à ce point inquiétants que les essais cliniques sont stoppés avant terme, soit après 5,2 ans. L'âge moyen des femmes ayant participé à l'étude est de 63 ans. Les femmes ayant les plus forts symptômes — habituellement avant l'âge de 55 ans — sont sous-représentées, ce que les auteurs de l'étude concèdent. Ils signalent, cependant, que le groupe de participantes de moins de 60 ans ayant des symptômes importants comportait 2000 femmes. Les critiques soulignent également un taux d'abandon élevé (42 %) parmi les femmes prenant le médicament. On est donc en droit de soupçonner que les bienfaits et les risques de l'hormonothérapie sont sous-évalués.

Les conclusions de cette étude montrent que l'hormonothérapie substitutive, loin de diminuer les risques de maladies cardiovasculaires comme le prétendent plusieurs études antérieures, augmente ces risques de 29 % pour les femmes qui suivent le traitement par rapport aux femmes qui reçoivent un placebo. En outre, les femmes suivant l'hormonothérapie présentent un risque accru de 41 % pour les attaques cérébrales, de plus de 100 % pour les thromboembolies et

de 26 % pour le cancer du sein. Ces données sont en risques relatifs.
Mais, en termes encore plus clairs, en *risques absolus*, les 8 506 femmes
traitées avec le médicament ont «enregistré environ 40 épisodes coro-
nariens, 40 attaques cérébrales, 80 thromboembolies veineuses,
40 cancers du sein envahissant de *plus* que les 8 102 femmes qui prenaient le placebo[34]».

D'après Salim Yusuf et Sonia Anand, profes-
seurs de médecine à l'université McMaster, contrairement à l'idée
populaire selon laquelle chaque femme devait bénéficier du traitement
— c'est la raison pour laquelle les femmes ont recours à la thérapie
— la qualité de vie des femmes post-ménopausées n'est améliorée
que chez 20 % à 25 % de celles qui souffrent de bouffées de chaleur
aiguës[35].

En ce qui a trait aux bénéfices de l'hormonothérapie, en chiffres
relatifs l'étude constate que les femmes prenant des hormones ont
connu 33 % moins de fractures de la hanche et 37 % moins de cancer
colorectal[36]. Dans un article du même numéro du *Journal de
l'Association médicale canadienne*, Donald Farquhar, de la division
de médecine interne de l'université Queen's, n'en conclut pas moins
que l'étude du WHI montre que l'hormonothérapie substitutive «fait
plus de tort que de bien [*net harm*] lorsque suivie sur une période
moyenne de 5,2 ans». Il en déconseille l'usage, sauf pour une très
courte période, afin de soulager les symptômes les plus sévères de la
ménopause. Cette conclusion est également celle de *Worst Pills Best
Pills*.

Une vaste étude britannique, la *Million Women Study*, dont les
résultats furent publiés dans *The Lancet* en 2003, fournit des résultats
instructifs. Cette étude d'observation montre que 1,1 % des femmes
suivant l'hormonothérapie ont développé une tumeur maligne du
sein, contre 0,74 % de celles qui n'ont jamais suivi cette thérapie[37].
La Société canadienne du cancer suggère aux femmes de ne pas accepter le traitement avant d'avoir essayé d'autres solutions, et un groupe
d'experts canadiens (le Groupe d'étude canadien sur les soins de
santé préventifs) en vient à la conclusion que l'hormonothérapie n'est
pas appropriée pour prévenir l'ostéoporose. En 1990, ce groupe
s'était prononcé en faveur du traitement, afin de prévenir les fractures
dues à l'ostéoporose[38]. De son côté, la Société des obstétriciens et
gynécologues du Canada recommande aux patientes de cesser l'hormonothérapie après cinq ans[39].

Les critiques de l'hormonothérapie substitutive soulignent qu'il existe des alternatives pour la prévention des maladies cardiovasculaires (activité physique, arrêt de la cigarette, maintien d'un poids idéal, bon régime alimentaire) et de l'ostéoporose (activité physique, régime alimentaire riche en calcium durant l'adolescence — les générations de filles élevées aux boissons gazeuses devant le téléviseur pourraient bien être plus à risque).

Il aura fallu attendre près de 40 ans pour y voir plus clair au sujet de l'hormonothérapie substitutive. Pendant toutes ces années, les caisses enregistreuses des sociétés pharmaceutiques n'ont pas cessé de résonner. Yusuf et Anand estiment que les coûts cumulatifs de l'hormonothérapie au cours des *deux dernières décennies s'établissent à plus de 100 milliards* de dollars. Faute d'avoir mené des études rigoureuses plus tôt, nous avons assisté à un gaspillage extraordinaire de ressources, sans compter les effets indésirables rares, mais néanmoins inacceptables, que l'hormonothérapie substitutive aura eu sur nombre de femmes.

D'autres traitements préventifs pour l'ostéoporose

D'autres médicaments que l'hormonothérapie ont été développés pour traiter l'ostéoporose; c'est le cas de l'alendronate, commercialisé sous le nom de Fosamax par Merck. En 1997, 4,5 millions d'ordonnances de Fosamax sont émises aux États-Unis. Au Canada, en 2000, 42 % des recommandations des médecins pour le traitement de l'ostéoporose favorisent l'alendronate[40]. Les données d'une étude indiquent que la majorité des femmes ne réduisent pas leur risque de fracture avec une utilisation du médicament sur le long terme, et pour une minorité de femmes, la réduction du risque est mince.

L'étude, réalisée dans les règles, se divise en deux parties. La première partie suit plus de 2000 femmes sur une période de trois ans. Ces femmes présentent une faible densité osseuse et ont déjà connu une fracture vertébrale (écrasement). L'étude montre que 1,1 % des femmes prenant le médicament ont subi une fracture de la hanche, contre 2,2 % des femmes du groupe placebo. Il faut traiter 90 femmes durant trois ans pour prévenir une seule fracture, ou encore 270 durant un an. Fort de ces résultats, Merck fait la promotion du Fosamax en disant qu'il réduit le risque relatif de 50 %, alors que la réduction du risque absolu est de 1,1 %. Par ailleurs, le médicament réduit le risque absolu de fracture vertébrale de 2,7 % et de 1,9 % pour les fractures du poignet[41].

Les résultats de la deuxième partie de l'étude, beaucoup moins probants que la première, sont publiés dans le *Journal of the American Medical Association* de décembre 1998. Cette partie étudie plus de deux fois plus de sujets que la première partie. Lorsque les chercheurs calculent la somme de toutes les fractures subies par les participantes, ils ne trouvent *pas de différence* entre les usagères du médicament et celles du groupe placebo. Tout d'abord, il n'y a pas de différence entre les deux groupes en ce qui a trait aux fractures de la hanche et l'alendronate peut possiblement accroître les fractures du poignet de 0,5 %, ce qui n'est pas statistiquement significatif. Autre résultat étonnant : chez les femmes présentant la plus faible densité osseuse, 11 prenant de l'alendronate ont subi une fracture de la hanche, contre 6 chez les femmes du groupe placebo.

Le médicament comporte des risques. Il peut causer des brûlures sérieuses de l'œsophage s'il n'est pas ingurgité correctement. En juin 1996, *Worst Pills Best Pills* (*WPBP*) rapporte que la FDA a reçu 30 signalements en ce sens. Jusqu'en juin 1998, 97 signalements sont parvenus à son équivalent britannique, le Committee on Safety of Medicines. Santé Canada a reçu 138 rapports entre décembre 1995 et janvier 1998 d'effets indésirables qui seraient reliés au médicament, dont 78 effets gastro-intestinaux[42]. *WPBP* recommande aux femmes, en collaboration avec leur médecin, d'évaluer si le mince bénéfice apporté par le médicament surpasse ses risques[43]. Sans parler des coûts.

La dysfonction sexuelle chez les femmes

Depuis 1997, d'après le *British Medical Journal*, des chercheurs ayant des liens étroits avec les sociétés pharmaceutiques et leurs collègues de l'industrie se rencontrent régulièrement pour définir une nouvelle maladie : la dysfonction sexuelle chez les femmes. Pour développer ce marché, il faut tout d'abord un diagnostic aussi clair que possible pour permettre la tenue d'essais cliniques crédibles. La première rencontre pour en arriver à une définition de cette nouvelle maladie a lieu à Cape Cod en mai 1997. Dix-huit mois plus tard, une conférence tenue à Boston accouche du premier « consensus international » sur une définition de la dysfonction sexuelle féminine. C'est à partir des classifications existantes disponibles dans les manuels des troubles psychiatriques que les participants en sont arrivés à ce consensus. La nouvelle définition comprend des troubles tels que les troubles du désir, de l'excitation et de l'orgasme. Huit sociétés pharmaceutiques ont financé ces efforts, et 18 des 19 auteurs avaient des liens financiers ou autres avec 22 sociétés pharmaceutiques.

En 1999, l'école de médecine de l'université de Boston est l'hôte d'une nouvelle conférence commanditée par 16 sociétés : le Forum sur la dysfonction sexuelle féminine. Il a lieu également en 2000 et 2001 à Boston avec le soutien de plus de 20 compagnies, dont Pfizer — fabricant du Viagra —, qui y joue un rôle de premier plan.

Dans un article du *Journal of the American Medical Association* publié en 1999, deux chercheurs ayant révélé tardivement les liens étroits qu'ils entretenaient avec Pfizer soutiennent que 43 % des femmes de 18 à 59 ans souffrent de dysfonction sexuelle. Ce chiffre, qui fait miroiter l'existence d'un marché au potentiel extraordinaire, est maintenant abondamment cité dans les médias, y compris les publications scientifiques.

Ces fameux 43 % ont commencé à susciter des questions. Un professeur de sociologie de l'université de Chicago a analysé de nouveau les données de l'enquête de 1992 à partir desquelles ce chiffre est tiré. Pour définir la dysfonction sexuelle féminine, on a demandé à 1500 femmes de répondre par oui ou non à sept questions, leur demandant si elles avaient éprouvé pendant deux mois ou plus durant l'année précédente des problèmes tels que le manque de désir sexuel, l'anxiété au sujet de leur performance sexuelle, ou des difficultés de lubrification. Si elles répondaient oui à une seule des questions, elles étaient classifiées comme ayant un problème de dysfonction sexuelle.

Une professeure de psychiatrie, le Dr Sandra Leiblum, estime que le chiffre de 43 % est largement exagéré et qu'il contribue à surmédicaliser la sexualité féminine : « Je crois qu'il y a beaucoup d'insatisfaction et un manque d'intérêt évident chez plusieurs femmes, mais cela ne veut pas dire qu'elles sont malades. » Le Dr Bancroft, du célèbre Institut Kinsey de l'université d'Indiana, affirme que le terme dysfonction est trompeur. L'inhibition du désir sexuel est quelque chose de sain quand les femmes font face au stress, à la fatigue ou à des comportements menaçants de leurs partenaires. Il est dangereux de caractériser les difficultés sexuelles comme étant des dysfonctions, puisque les médecins auront tendance à prescrire des pilules pour régler le problème, alors qu'ils devraient se pencher sur d'autres aspects de la vie des femmes.

Cette autre définition des problèmes sexuels semble plus féconde que celle de l'industrie : « le mécontentement et l'insatisfaction avec tout aspect émotionnel, physique ou relationnel d'une expérience sexuelle », les causes pouvant être socioculturelles, politiques, économiques, psychologiques ou médicales [44]. Pilules ? S'abstenir.

Cet article du *British Medical Journal* a donné naissance à une contre-offensive de la part d'une compagnie pharmaceutique dont l'identité est inconnue. Une société de relations publiques, HCC De Facto, qui a des clients dans l'industrie, a envoyé des courriels à des groupes de santé de femmes au Canada et en Australie leur demandant d'écrire des articles et de faire des interventions pour contrer les propos de l'article du *BMJ*. La compagnie pharmaceutique fait présentement l'essai en phase III d'un nouveau produit contre la dysfonction sexuelle féminine. Peut-on rêver d'un comité d'éthique de la recherche qui refuserait un tel projet pour cause d'indication médicalisée à tort ?

Chapitre VIII

La main très visible du marketing
Pour que la pilule passe plus facilement

C'est un jeu auquel les sociétés pharmaceutiques se livrent souvent ; elles commencent par implanter dans la tête des médecins et du public une image positive de leurs nouveaux produits avant même qu'ils ne soient approuvés par la FDA.

Worst Pills Best Pills, avril 1999

Ce marché répond positivement aux efforts qui sont faits en matière de promotion.

Kenneth E. Goodman
Président des Laboratoires Forest

Que dire toutefois de l'information, payée par l'industrie, que nous acceptons ? Rares sont les cliniciens qui ont le temps et les connaissances nécessaires pour évaluer d'un œil critique les publications originales...

Éditorial, *Journal de l'Association médicale canadienne*, 9 juillet 2002

LA « VASTE MAJORITÉ » du matériel de promotion soumis à la FDA est « faux et/ou trompeur » ; de surcroît, il reflète l'« indifférence pour le bien-être du public [1] ». Ces propos tenus par deux employés de la FDA n'ont rien de réconfortant ; il n'est pas plus rassurant d'apprendre que les techniques utilisées pour vendre du Pepsi et de la soupe en boîte semblent également fonctionner pour les médicaments. La société suisse Novartis a débauché des spécialistes en marketing chez Pepsi, Procter & Gamble et Gilette pour concevoir ses campagnes de promotion [2]. Par ailleurs, la publicité jouerait un rôle substantiel dans l'augmentation des prix des médicaments. Aux États-Unis, plus de 95 % des publicités diffusées en 2000 sont centrées sur 50 médicaments, responsables de 48 % *du total de l'augmentation des prix* [3]. Récemment, la société General Motors (GM) a découvert que, sur une période de trois ans, 92 % des bénéficiaires de son programme d'assurance-médicaments ayant reçu une ordonnance de Prilosec, un antiulcéreux, n'avaient jamais auparavant consommé ce type de produit, ni visité un médecin pour des problèmes gastro-intestinaux. Or, la compagnie AstraZeneca, fabricant du Prilosec, a dépensé 79,4 millions de dollars pour annoncer son produit, le deuxième médicament ayant reçu le plus de publicité cette année-là. Un porte-parole de GM souligne au sujet des employés qui consultent un médecin : « Le premier produit qu'ils obtiennent est le plus cher et celui qui est le plus annoncé [4]. » Par conséquent, une fraction du coût de votre prochaine voiture américaine ira dans les poches des compagnies pharmaceutiques pour des ordonnances inutiles. Simples brûlures d'estomac ? D'après des experts indépendants, il faut commencer par revoir son alimentation, puis passer aux antiacides en vente libre, beaucoup moins chers.

La promotion des produits de l'industrie prend des formes aussi diverses qu'inattendues. Tout d'abord, il y a les visites des représentants de l'industrie pharmaceutique aux médecins appelées « visites médicales » (les RIP pour reprendre l'expression du docteur Philippe Foucras). Les salaires des représentants constituent souvent la *principale* dépense de marketing des sociétés pharmaceutiques. L'industrie investit 20 000 dollars canadiens par année par médecin au Québec pour faire la promotion de ses produits [5]. En plus des visites médicales, l'industrie américaine investit des sommes considérables en publicité pour les produits d'ordonnance. Les fabricants embauchent des experts « indépendants » richement rétribués pour faire la promotion de leurs produits en dehors des indications habituelles et des pharmaciens sont rémunérés pour envoyer des lettres aux médecins, afin de les convaincre de prescrire telle ou telle marque de médicament. Finalement, il existe des programmes d'éducation continue, que j'aborde au chapitre IX.

Ces pratiques révèlent l'existence d'une contradiction inhérente entre d'une part, la publicité, dont le but est de faire la promotion d'un médicament afin d'accroître les marges de profit des fabricants, et, d'autre part, la nécessité de fournir une information objective, complète et adéquate dans l'intérêt des patients.

Les milliards coulent à flots

Les grandes sociétés pharmaceutiques disposent de sommes d'argent colossales pour mousser la vente de leurs pilules. Au Canada, en l'an 2000, les entreprises pharmaceutiques ont dépensé 1,2 milliard de dollars canadiens pour promouvoir leurs produits auprès des consommateurs et des professionnels de la santé[6]. Rappelons qu'en 2001, les géants de l'industrie américaine ont dépensé *trois fois plus* d'argent en frais d'administration et en promotion qu'en recherche et développement. Une partie substantielle de ces efforts de promotion influencent le consommateur canadien par l'intermédiaire d'Internet, des publications américaines, et des publicités télévisées.

En 2002, selon le journal *La Presse*, six médicaments, par ordre d'importance Inexium, Vioxx, Tahor, Ogast (ces deux derniers n'étant pas vendus au Canada), Zocor et Celebrex ont bénéficié d'un budget promotionnel supérieur à 500 millions de dollars chacun à l'échelle mondiale[7]. En 2000, d'après le National Health Care Management des États-Unis, Merck accroissait ses dépenses de publicité de 117 % par rapport à l'année précédente ; celles de Pfizer doublaient quasiment, grimpant à hauteur de 250 millions de dollars, et celles de Bristol-Myers Squibb faisaient plus que tripler. La promotion de Vioxx, le médicament ayant reçu le plus de publicité en 2000, a coûté 160 millions à Merck, davantage que ce qu'il en a coûté pour promouvoir la vente de Pepsi et de Budweiser[8]. Globalement, l'industrie pharmaceutique américaine a consacré 16,4 milliards de dollars pour faire la promotion des médicaments d'ordonnance en 2001. Contrairement à ce qu'on pourrait croire, la part du lion n'est pas allée en publicité *directe* au consommateur, mais en échantillons gratuits donnés aux médecins. Ces dons ont coûté plus de 10 milliards de dollars, tandis que la publicité directe au consommateur a atteint 2,7 milliards de dollars. Cependant, elle a connu une hausse spectaculaire de 145 % par rapport à 1997[9].

Depuis quelques années, il est légal de faire la promotion directe des médicaments d'ordonnance aux États-Unis, le seul pays avec la Nouvelle-Zélande à permettre cette pratique, deux pays où le néolibéralisme règne en maître. Au Canada, la publicité est soumise à certaines règles : on peut afficher le nom d'un médicament d'ordonnance, mais il est interdit de mentionner à quoi il sert. Inversement, on peut dire à quoi sert un produit, mais il est interdit de l'identifier. Cette forme de rectitude politique est inefficace, le message passe quand même. Elle reflète l'inconsistance des décisions gouvernementales : en permettant hypocritement au message de passer, on augmente les dépenses médicamenteuses aux dépens d'un système de santé qui subit des pressions de toutes parts.

Une information de qualité douteuse

Les fabricants prétendent que la publicité est un outil d'information et d'éducation indispensable pour le grand public et les professionnels de la santé. C'est l'avis de Jacques Lefebvre, porte-parole de Rx&D, un groupe de pression représentant l'industrie pharmaceutique canadienne. Pour mieux informer le public, il soutient qu'il faut réviser la loi canadienne interdisant la publicité directe au consommateur pour les médicaments d'ordonnance. Mais le Dr Marcia Angell, ex-rédactrice en chef du *New England Journal of Medicine*, réplique qu'on ne peut se fier à l'industrie pharmaceutique pour obtenir de l'information objective au sujet des médicaments ; c'est « comme se fier aux brasseurs de bière pour s'informer sur l'alcoolisme[10] ».

Pour Santé Canada, une publicité est fausse ou trompeuse lorsqu'elle est en contradiction avec les connaissances médicales, lorsque l'information qu'elle véhicule ne peut être appuyée par des données cliniques valides et statistiquement fiables, lorsqu'elle contient des phrases ou des mots mensongers ou qui portent à confusion, ou lorsqu'elle donne une impression globale inexacte. Le Dr Lexchin montre que seules 50 % des 650 publicités portant sur les médicaments en vente libre étaient conformes à ces principes en 1988. En 1993, 51 publicités, diffusées dans 10 magazines différents, sont passées au crible. Seulement 37 % des annonces sont conformes aux principes ; 24 % contiennent des erreurs qualifiées de « mineures » (elles omettent de signaler les effets indésirables ou exagèrent les vertus du produit); 39 % sont en infraction flagrante, notamment parce qu'elles affirment que le produit peut être utilisé dans le cadre de traitements pour lesquels il n'est pas approuvé. En 1992, sur un échantillon de 315 scénarios pour réclames télévisées, 20 % d'entre elles ont été refusées parce qu'elles étaient fausses ou trompeuses[11].

Au Canada, la publicité est régie par deux codes de conduite émanant de l'industrie elle-même, à savoir celui du CCPP et celui de l'Association canadienne de l'industrie du médicament, de sorte que Santé Canada se déresponsabilise de la surveillance de la publicité. Sur une période de 45 mois, s'échelonnant de novembre 1991 à décembre 1995, et pour lesquelles les données sont disponibles, on a enregistré 157 violations au code. Plus de la moitié des infractions avaient trait à la commandite d'événements reliés à l'éducation médicale continue. Trente-six sociétés se sont rendues coupables d'au moins une infraction, et la vaste majorité en ont commis cinq ou moins. Les compagnies Marion Merrell Dow et Hoechst se sont respectivement rendues coupables de 24 et 19 infractions et 6 autres fabricants en ont commis plus de 5[12]. Le logo du CCPP arbore la feuille d'érable rouge, ce qui pourrait laisser croire au médecin non averti que ce comité est gouvernemental.

Toutefois, le respect du code ne garantit pas que l'information soit fiable. Une publicité pour le raloxifène d'Eli Lilly, commercialisé sous le nom d'Evista, a été approuvée par le CCPP. Dans un communiqué de presse distribué pour la sortie de son produit, Lilly l'annonce comme « percée significative dans le domaine de la santé des femmes ». Avant d'être retirée à la suite d'une plainte, cette publicité a été diffusée pendant cinq mois. Elle faisait la promotion d'usages pour lesquels le médicament n'est pas approuvé, tels que la prévention du cancer du sein ou les maladies du cœur. Or, les autorités réglementaires canadiennes l'ont approuvé uniquement pour le traitement de l'ostéoporose. Le fabricant devait se douter que sa publicité poserait des problèmes puisque la FDA lui avait déjà demandé de cesser de faire des affirmations qui majoraient les avantages de son produit.

La FDA constate que les publicités donnent une description trop générale des maladies de sorte que les gens croient qu'ils ont besoin du médicament en question[13]. Une publication du Congrès américain signale que sur une période de cinq ans, 88 réclames sont retirées. Durant la seule année 2001, 13 publicités subissent le même sort, parce qu'elles exagèrent l'efficacité du médicament, minimisent les risques pour la santé, ou omettent de mentionner les effets indésirables[14]. D'après les National Institutes of Health, sur quelque 200 messages télévisés portant sur des médicaments d'ordonnance, la FDA a émis 45 notices de violation et trois lettres d'avertissement. Ces réclames n'étaient pas conformes aux normes de l'agence en matière d'exactitude et de divulgation des effets secondaires.

En 2001, Pfizer et Pharmacia, qui commercialisaient conjointement Celebrex, se font rappeler à l'ordre par trois fois parce qu'elles exagèrent l'efficacité du médicament en montrant des arthritiques dévalant d'étroits sentiers sur des scooters. Glaxo Wellcome se fait taper sur les doigts 14 fois pour des publicités trompeuses à propos de ses médicaments pour l'asthme. Une des réclames n'a pas été soumise à la FDA, tel que l'exige la loi, et ne contenait aucune information sur les risques du médicament[15]. Entre 1998 et 2002, la FDA a fait parvenir quatre lettres à Pfizer pour critiquer sa campagne de promotion de Lipitor, utilisé pour abaisser le cholestérol. Les messages télévisés donnaient la fausse impression que Lipitor était plus efficace que ses concurrents et qu'il pouvait mieux réduire les maladies cardiaques. Schering-Plough a été mis sur la sellette 11 fois depuis 1997 pour le marketing de Claritin. Un message publicitaire proposait aux téléspectateurs de composer un numéro gratuit afin de connaître les effets indésirables du médicament; le téléspectateur avait droit à quatre minutes de messages promotionnels et devait répondre à un sondage avant de recevoir une information très minimale sur les risques de Claritin[16].

Les « visites médicales » et le profil de prescription des médecins

Une partie considérable des efforts de promotion de l'industrie passe par le biais des visites rendues par les représentants de l'industrie pharmaceutique (RIP). Aux États-Unis, la courbe des ventes de l'industrie suit de près celle du nombre de RIP, qui a quasiment triplé depuis 1995[17]. Au Canada, 85 % à 90 % des médecins reçoivent la visite d'un représentant tous les 15 jours. Leurs activités sont réglementées par le code de l'Association canadienne de l'industrie du médicament. Ce code exige qu'ils fournissent une information complète et factuelle sans déformer la réalité.

Une série de quatre études réalisées en Finlande, aux États-Unis et en Australie entre 1975 et 1994 révèle qu'il existe de sérieuses lacunes dans l'information présentée aux médecins lors des « visites médicales ». Les représentants de l'industrie livrent peu d'information au sujet de la sécurité des médicaments, de leur prix, et des avantages qu'ils représentent par rapport aux produits semblables. Lorsqu'ils font état des indications pour leurs médicaments, ils ne parlent pas spontanément des effets secondaires et des contre-indications. Quand les produits des concurrents sont mentionnés, c'est presque toujours pour les dénigrer. Lorsqu'ils abordent la question cruciale de la sécurité, c'est pour présenter leur produit sous un jour positif[18]. Un médecin français, le Dr Christian Lehman, observe au sujet des visiteurs médicaux : « Le second m'expliquait que le produit miracle du premier n'avait en fait prouvé sa supériorité que dans une seule étude sur 13 patients et demi-biaisée par un vice de forme, le troisième soulignait que l'amélioration de la survie alléguée par le second n'était validée que chez le rat albinos dépressif à queue plate[19]. »

En Australie, une étude portant sur les présentations de 16 représentants de l'industrie pharmaceutique au sujet de 64 médicaments, révélait que les effets indésirables des médicaments étaient mentionnés dans le quart des cas, que les contre-indications n'étaient jamais abordées, et que l'utilisation du médicament dans les cas de grossesse n'était mentionnée qu'une fois. On a relevé des inexactitudes dans 13 des 64 présentations, y compris des recommandations pour des usages non approuvés[20].

Les visites des RIP ne sont pas sans effet sur la façon de prescrire des médecins. Plus les médecins s'en remettent aux « visites médicales », plus ils ont tendance à avoir recours à la pharmacothérapie, même quand la thérapie non médicamenteuse est la meilleure option. Ils sont portés à favoriser l'information produite commercialement plutôt que l'information diffusée dans les publications scientifiques. Les médecins ont aussi tendance à prescrire sans raison des antibiotiques et ils sont moins portés à prescrire des produits génériques. Finalement, ils sont plus susceptibles de prescrire des médicaments dispendieux lorsque d'autres options sont possibles[21]. On pourrait leur reprocher de prescrire « sous influence » des nouveautés toujours coûteuses.

En France, la revue *Prescrire* a mis sur pied un réseau d'observation qui analyse les présentations faites par les RIP. Entre 1991 et 1997, les contre-indications, les effets indésirables et les interactions médicamenteuses ne sont pas mentionnés dans 76 % des visites.

Les indications pour le produit sont majorées ou changées dans 27 % des cas, et les dosages sont en contradiction avec les indications du feuillet qui accompagne le médicament — quand il est fourni — dans 15 % des cas [22]. En 1999, les médecins membres du réseau constatent que rien n'a changé depuis 10 ans. En 2003, ils font le même constat : l'information transmise par les « visiteurs reste toujours aussi biaisée, majorant l'efficacité (voire inventant de toutes pièces des propriétés mirobolantes) et minimisant les effets indésirables (voire les niant) [23] ».

D'après la revue *Prescrire*, les médecins qui reçoivent toujours les visiteurs médicaux le font pour autre chose que l'information : pour le plaisir de la pause, pour la satisfaction de voir quelqu'un qui n'est pas malade, qui ne se plaint pas, qui fait des compliments et ne critique pas, et qui donne du « docteur » à tout va. Sans parler des petits et grands cadeaux...

Plusieurs médecins refusent de reconnaître que l'information d'origine commerciale peut avoir une influence sur eux. Pourtant, une étude de l'IMS montrait que les médecins qui se fient à cette source d'information sont plus susceptibles de prescrire un médicament breveté quand ils reçoivent des échantillons [24]. Dans une étude réalisée au début des années 1980 et rapportée par la revue médicale *The Lancet*, des médecins ont été questionnés à propos de deux médicaments au sujet desquels l'information d'origine commerciale différait de l'information disponible dans les revues scientifiques. Les médecins affirmaient que leur information provenait de sources indépendantes et que les réclames avaient peu d'influence sur eux. Pourtant, lorsque les auteurs de l'étude ont évalué leur niveau de connaissance de certains médicaments, ils ont dû constater que ces médecins avaient été influencés par la publicité et non par les revues scientifiques. Ils ne semblaient pas conscients d'avoir subi cette influence ou refusaient de l'admettre [25].

Sur ce plan, les médecins semblent se retrouver dans la même position que les personnes interrogées lors d'un sondage sur les effets de la publicité. En Grande-Bretagne, l'Advertising Association a découvert que 90 % des consommateurs répondent par la négative à la question : « La publicité vous fait-elle acheter des choses que vous ne voulez pas ? ». Mais lorsqu'on demande à ces mêmes personnes si elles pensent que la publicité incite les autres à acheter des choses dont elles n'ont pas besoin, 90 % des gens répondent par la positive [26].

Des effets sur les patients

Les sommes généreuses consacrées à l'information et à la publicité ne sont pas sans effet sur les patients. Tout d'abord, la publicité fait vendre. D'après le General Accounting Office du Congrès américain, entre 1999 et 2000, le nombre d'ordonnances pour les 50 médicaments ayant reçu le plus de publicité a augmenté *six fois plus* que le nombre d'ordonnances pour les autres médicaments. D'après le *British Medical Journal*, à la suite d'une campagne de publicité pour vanter un médicament contre la calvitie aux États-Unis, les visites chez le médecin pour ce problème ont augmenté de 79 % [27]. Selon une enquête de la firme de marketing Scott-Levin datant de 1987, seulement 18 % des patients exigeaient que leur médecin leur prescrive un produit en particulier, par comparaison à 54 % en 1992. C'est au cours de cette période que la publicité directe au consommateur pour les médicaments d'ordonnance a connu une progression rapide [28].

Une étude a démontré que 25 % des patients ayant vu une annonce de Claritin étaient prêts à changer de médecin si ce dernier refusait de leur prescrire le médicament qu'ils exigeaient [29]. Il est intéressant de noter que quatre des cinq médicaments les plus annoncés à l'époque n'ont pas pour objet de sauver des vies, mais font partie de la catégorie des médicaments de confort : Claritin, un antihistaminique (136,8 millions de dollars), Xénical, un produit contre l'obésité (76,2 millions), Propécia, un médicament contre la calvitie (71.1 millions), et Zyrtec, un autre antihistaminique (57,1 millions). Les antihistaminiques se retrouvent dans la catégorie « style de vie », car ils peuvent aussi modifier l'humeur [30].

Le General Accounting Office du Congrès américain évalue que 8,5 millions de citoyens exigent et obtiennent des ordonnances spécifiques après avoir vu une publicité pour un produit particulier. C'est ce que confirme une enquête du Centre de recherche sur les politiques et les services de santé, affilié à l'université de Colombie-Britannique. « En prétendant mieux informer les consommateurs, les compagnies incitent les patients à demander à leur médecin : "Comment se fait-il que vous ne m'avez pas prescrit ce médicament [31] ?" » Plusieurs médecins ont observé qu'un nombre croissant de patients exigent qu'on leur prescrive des produits dispendieux depuis que le gouvernement américain a assoupli les règles sur la publicité de médicaments d'ordonnance en 1997, et plusieurs d'entre eux présentent des demandes totalement irrationnelles. En témoigne l'histoire de cette dame qui s'est présentée dans une clinique afin d'obtenir une ordonnance de Prempro pour traiter les effets de la ménopause. La dame n'éprouvait aucune bouffée de chaleur et n'était pas intéressée à prévenir l'ostéoporose, raisons pour lesquelles on prescrit normalement ce cocktail d'hormones. Elle voulait ressembler à Patti Labelle, qui faisait la promotion du Prempro à la télévision [32].

Les médicaments en vente libre : trop d'information est nuisible
En 1994, une étude internationale a examiné 238 annonces de médicaments en vente libre dans 11 pays industrialisés. La plupart des réclames n'étaient pas conformes aux normes de l'Organisation mondiale de la santé, et environ les trois quarts ne mentionnaient pas les contre-indications, les effets secondaires et les mises en garde.

Les règles entourant la vente de médicaments en vente libre sont généralement plus libérales que celles qui encadrent les médicaments d'ordonnance. Il n'en reste pas moins qu'ils comportent leur part de risques et que les consommateurs doivent disposer de l'information la plus complète à leur sujet. Ce point de vue n'est pas partagé par un représentant des fabricants de médicaments en vente libre, le Dr Reinstein du World Self-Medication Industry : « Une information détaillée en publicité réduit l'efficacité du message principal qui comprend le nom du produit, les indications pour lesquelles le médicament peut être utilisé ; finalement, une invitation expresse à lire le feuillet d'instructions. Voilà ce qui est approprié [33]. » Mais il semble oublier que les consommateurs doivent acheter leurs médicaments avant de consulter le feuillet d'information. Et, trop souvent, la lecture de celui-ci requiert une loupe.

Au cours de la seule année 2000, Santé Canada a émis plus de 15 mises en garde contre des produits disponibles en vente libre. L'un de ces produits, le cisapride utilisé pour soulager les personnes qui souffrent de reflux œsophagien, a été retiré des tablettes. Combiné à d'autres médicaments ou à des suppléments vitaminiques, il affecte le rythme cardiaque et peut causer la mort [34].

La publicité directe au consommateur : inutile, nuisible, coûteuse
Le Canada interdit la publicité directe au consommateur pour les médicaments d'ordonnance. Mais depuis quelques années, les fabricants s'adressent au consommateur par des voies détournées et profitent des zones grises laissées par la loi. Certaines publicités suggèrent

aux personnes souffrant de calvitie de téléphoner à leur médecin pour obtenir des informations au sujet d'un nouveau traitement — mais aucun produit n'est annoncé; d'autres réclames mentionnent le Viagra sans spécifier à quoi sert l'excitante petite pilule bleue. En montrant des hommes qui sautent de joie, le sourire fendu jusqu'aux oreilles, l'association est facile à faire entre le produit et l'usage auquel il est destiné. Cependant, le message ne souffle mot des effets potentiellement indésirables de la pilule, tels que les problèmes cardiaques. La pilule serait également contre-indiquée pour ceux qui souffrent de haute pression, d'ulcères, et de toute une série d'autres affections; toutes les personnes souffrant de ces maux ont été exclues des essais cliniques[35].

Les sociétés pharmaceutiques vont assez loin dans l'exploitation des zones grises. Ainsi, une publicité montre une première photo d'une jeune femme au visage couvert d'acné; dans la deuxième photo, elle a le visage resplendissant. Sous les photos, on peut lire les messages suivants: «Diane avant», «Diane après». Le médicament, fabriqué par Berlex, s'appelle Diane-35, une association de cyprotérone (un antiandrogène) et d'estradiol (un œstrogène), indiqué dans les problèmes de peau reliés aux hormones androgènes chez la femme. Le cyprotérone sert aussi au traitement palliatif du cancer de la prostate. Ce n'est pas un placebo ni un bonbon. La publicité ne mentionne pas que l'indication officielle du produit est une indication de deuxième ligne, à utiliser seulement si d'autres traitements se sont avérés inefficaces. De plus, on ne fait pas mention des risques associés au produit. En 1994-1995, l'Angleterre et l'Allemagne tirent la sonnette d'alarme concernant ces risques. Il s'avère que le produit pourrait causer des lésions au foie, et l'Allemagne décide qu'il ne doit pas être prescrit comme contraceptif oral. Pourtant, dans le feuillet destiné aux médecins, la compagnie sous-entend que Diane-35 est un excellent contraceptif oral, alors qu'il n'est pas approuvé pour cette indication au Canada[36]. Dans une conférence de presse, cette publicité a été dénoncée par le Groupe de travail sur les femmes et la santé. Le jour même, la relationniste de Berlex protestait: «Le nom du médicament n'est jamais mentionné[37].»

Le lobby de l'industrie exerce des pressions pour faire sauter l'interdit de la publicité directe au consommateur pour les médicaments d'ordonnance, sous prétexte de mieux informer le public. Rx&D soutient qu'avec cette publicité, les «Canadiens auraient le pouvoir de prendre en mains leur santé comme jamais auparavant ». Ces mêmes pressions se font sentir en Europe où on veut ouvrir la porte à la publicité de certains médicaments. L'Association canadienne des journaux se retrouve d'emblée du côté de l'industrie pharmaceutique dans cette bataille. Sa présidente exige la levée de l'interdit, de crainte que les gens ne puissent « suivre les heureux développements de la médecine ». On peut fortement douter de la sincérité d'une telle explication quand on sait que des millions de dollars sont en jeu. En effet, les diffuseurs jubilent déjà devant cette perspective, puisqu'elle leur apporterait une nouvelle manne d'annonces. La radio et la télévision ont évalué à 240 millions de dollars canadiens les revenus qu'elles tireraient de cette source[38]. Glenn O'Farrell, président de l'Alliance pour l'accès à l'information médicale, évalue les retombées à 400 millions de dollars canadiens pour l'ensemble des médias[39].

Si on en juge par la qualité de l'information véhiculée dans les annonces, et si le profil de prescription des médecins est influencé négativement par l'information transmise par les représentants de l'industrie pharmaceutique, il y a encore plus de raisons de croire que les consommateurs seront influencés négativement par la publicité directe pour les médicaments d'ordonnance.

La demande du patient pèse lourd auprès du médecin. Dans une étude auprès de 3 600 médecins, 84 % d'entre eux disent qu'ils considéreraient la possibilité de prescrire un médicament si le patient l'exigeait[40]. Une autre étude, révélant que des médecins admettaient avoir fait des erreurs de prescription, cite la demande du patient comme motif de prescription inapproprié. Par ailleurs, d'après Barry Noble de ManuLife, membre d'une organisation de 20 gros employeurs canadiens, la publicité directe au consommateur se traduirait par l'augmentation importante des prix des médicaments[41].

La publicité dans les magazines spécialisés

Une grande partie des ressources de la presse professionnelle provient de l'industrie sous forme de commandites, ce qui n'est pas sans colorer l'information qui est diffusée par ces publications. Le Dr Maurel-Arrighi croit qu'il existe « une tentative permanente, implicite ou insidieuse de la publicité d'infiltrer le rédactionnel », ce qui est corroboré par une généraliste française. Elle évoque comment le rédacteur en chef d'un quotidien médical l'avait censurée parce qu'elle émettait des réserves sur l'utilité d'un vaccin contre l'hépatite B dans le cas d'un voyage en Asie d'une famille avec deux enfants, rappelant que l'hépatite B se transmet par contamination sexuelle et sanguine. Un des laboratoires qui commercialisait ce vaccin finançait le numéro [42].

Au Canada, une enquête réalisée en 1991, portant sur 111 annonces publiées dans 14 périodiques destinés aux professionnels de la santé, dont 11 journaux médicaux, révélait que les avantages du médicament sont mentionnés dans 91 % des réclames, alors que les risques ne le sont que dans 53 % des cas. De plus, risques et bienfaits sont mentionnés sur la première page dans 39 % des cas seulement. Les annonces dans les périodiques font l'objet d'un examen du Conseil consultatif de publicité pharmaceutique, ce qui ne garantit pas la qualité de l'information. L'analyse de 131 publicités parues en 1991 montrait que le code du Conseil a été violé dans 36 % des cas [43]. Dans ces conditions, on ne peut s'attendre à ce que la publicité directe au consommateur, bien qu'elle soit soumise aux mêmes exigences, soit à la hauteur de l'information objective à laquelle les patients ont droit.

De nombreux médecins croient en l'objectivité de leur presse. L'ex-président de l'Ordre national des médecins français, le professeur Louis René, explique : « Actuellement, le médecin n'est pas assez entraîné à distinguer ce qui relève de l'information, de la publicité ou de la formation au sens strict. Longtemps insuffisamment formé en ce qui concerne la thérapeutique, il est encore moins formé à l'exercice de la critique [44]. »

La commandite d'associations de malades pour contourner les règles

Pour le *Wall Street Journal*, qu'on ne peut soupçonner de propagande anticapitaliste : « Les sociétés pharmaceutiques laissent peu de traces en faisant des campagnes contre les maladies par l'intermédiaire de firmes de relations publiques, d'associations de patients, d'"instituts" et autres tierces parties [45] ».

Les sociétés pharmaceutiques utilisent souvent des associations de patients, ou des fondations de telle ou telle maladie, pour faire la promotion de leurs produits. Elles peuvent ainsi contourner les règles qui gouvernent la publicité, puisque ces groupes ne sont pas soumis aux mêmes normes que les fabricants. Quand Glaxo Canada a lancé son nouveau médicament contre les migraines, Imitrex, la compagnie a accordé des subventions importantes à la Fondation canadienne de la migraine et a organisé de nombreux séminaires à travers le Canada au nom de la Fondation. Les participants devaient payer cinq dollars canadiens pour y assister. D'après un ex-employé de Glaxo, c'était une tactique de marketing pour laisser croire aux patients que ces rencontres n'étaient aucunement liées aux grandes sociétés pharmaceutiques. Lorsque cette fondation a trouvé que l'implication de Glaxo devenait gênante, la compagnie a subventionné une autre association[46]. Un travailleur d'un organisme québécois de lutte contre le sida ayant eu recours aux dons corporatifs demeure critique à l'égard de cette pratique. Il souligne que son organisme doit mettre le logo des compagnies pharmaceutiques quand il organise un colloque, qu'il doit investir beaucoup de temps pour aller à leurs rencontres de marketing et à leurs conférences, ce qui consomme énormément d'énergie qu'il serait plus profitable d'employer ailleurs. En outre, les compagnies encouragent ces organismes à « faire de la pression et du lobbying auprès des députés pour que l'homologation des médicaments en essai se fasse au plus vite et qu'ils soient homologués en même temps au Canada qu'aux USA. C'est une question d'argent pour eux[47]. »

Au Royaume-Uni, une brochure distribuée par le Women's Health Concern, une organisation à but non lucratif financée par les fabricants, contient de l'information sur le clomiphène, un médicament utilisé pour permettre l'ovulation chez les femmes confrontées à des problèmes de stérilité. Le pamphlet contient des informations sur les effets secondaires du médicament, mais il se fait rassurant : « La plupart des femmes n'ont pas d'effets secondaires. Lorsque ces effets se produisent, ils ne sont pas sérieux ; ils comprennent des bouffées de chaleur, des maux de tête bénins et des crampes abdominales occasionnelles qui sont plus prononcées vers la moitié du cycle. » Or, le Comité sur la sécurité des médicaments du Royaume-Uni se fait beaucoup moins rassurant : il « a recommandé que l'utilisation du clomiphène ne dure pas plus de six cycles (accroissement possible du risque de contracter un cancer des ovaires chez les patientes traitées pour une période plus longue)[48] ».

L'art d'utiliser les médias
Les journaux et la télévision sont une source d'information importante pour le grand public. Mais l'information qui est véhiculée par ces médias est souvent inexacte ; ils se laissent parfois utiliser bête-

ment ou sont tout simplement complices des fabricants. C'est ainsi que Lilly a orchestré une émission de la célèbre animatrice télé Oprah Winfrey, qui jouit de la confiance de millions d'Américains. Au cours de cette émission, tous les participants y sont allés de leur boniment au sujet du Prozac. La société qui s'occupe des relations publiques pour Lilly avait tout organisé en triant sur le volet les participants dans l'auditoire [49].

Une étude, publiée dans le *New England Journal of Medicine* le 1er juin 2000, a examiné la façon dont les médias rapportaient les bénéfices et les risques associés à trois médicaments utilisés dans la *prévention* de maladies majeures. Ce sont Pravastatin, employé pour abaisser le cholestérol, alendronate (Fosamax), utilisé dans le traitement et la prévention de l'ostéoporose et aspirine, employée dans la prévention des thromboses coronaires. Cent quatre-vingts articles de journaux publiés entre 1994 et 1998, et 27 messages télévisés diffusés au cours de la même période ont fait l'objet d'un examen détaillé. Tout d'abord, 53 % des reportages passaient sous silence le tort potentiel que les médicaments pouvaient causer, et 70 % oubliaient de parler du prix des médicaments. En outre, 40 % des articles ou des messages omettaient de quantifier les bénéfices de ces médicaments. Lorsqu'ils le faisaient, 83 % se contentaient de signaler les bénéfices *relatifs*, montrant ainsi le produit sous son jour le plus favorable [50], au lieu de présenter le bénéfice absolu qui est l'indication la plus significative pour prendre une décision pratique.

Les auteurs de l'étude montrent aussi comment les trois grands réseaux américains de télévision (ABC, NBC, CBS) ont rapporté les résultats d'une étude contrôlée sur l'utilisation de l'alendronate. Ils se sont contentés de parler de la réduction du risque *relatif* en insistant sur le fait que le médicament réduisait le risque de fracture de la hanche de 50 %. Ce qui faisait dire au reporter de CBS que les résultats étaient « quasiment miraculeux ». Seulement un des trois réseaux a dévoilé les effets indésirables du médicament, à savoir des douleurs gastro-intestinales. Aucun des reportages ne mentionnait que le spécialiste interviewé par le réseau avait reçu des fonds de Merck, le fabricant d'alendronate (*voir le chapitre VII*). Remarquons également qu'une bonne moitié des articles citaient au moins un expert qui avait des liens financiers avec l'industrie. Ce type de reportage préparé « clé en main » par l'agence de publicité d'un fabricant est répandu dans tout l'Occident. Pour les reporters, c'est une conférence de presse facile à préparer, qui ne demande ni les efforts ni les budgets du journalisme d'enquête.

Le pouvoir des grandes sociétés pharmaceutiques est énorme : elles ont la capacité de manipuler l'opinion publique et de faire reculer les gouvernements lorsque les décisions de ces derniers vont à l'encontre de leurs intérêts. En 1990, Glaxo met sur le marché en France un produit antimigraineux dont l'effet serait garanti dans 80 % des cas. Le fabricant demande 430 francs de l'époque pour deux ampoules injectables. Les autorités tardent à livrer l'autorisation de mise en marché et ne sont pas convaincues de l'intérêt du produit par rapport aux médicaments existants. De plus, il présente des effets indésirables. Par le biais d'une campagne de presse, la compagnie accuse le gouvernement de faire des économies sur la douleur des Français. Une enquête conclut que cette campagne est « illicite et éthiquement inacceptable ». La semaine suivante, le médicament reçoit son autorisation. La revue *Prescrire* demande à Glaxo de lui fournir le détail des essais cliniques. Refus ! Quelques années plus tard, le médicament sort en comprimés. Une étude comparant le produit avec d'autres qui se vendent de 10 à 15 fois moins cher est effectuée sur 500 patients. « Les résultats montreront une efficacité sensiblement comparable [51]. »

La promotion des utilisations non approuvées
Il est interdit pour une société pharmaceutique de faire la promotion d'un médicament pour des usages différents de ceux pour lesquels il est approuvé. En revanche, il n'est pas illégal pour les médecins de le faire, et les sociétés pharmaceutiques sont prêtes à payer le prix fort afin de recruter des médecins pour ce genre de besogne. Selon les documents de la poursuite déposée par le Dr David P. Franklin, ancien employé de Warner-Lambert (maintenant filiale de Pfizer), la société a payé des dizaines de médecins pour faire la promotion de son médicament Neurontin, déjà approuvé pour traiter l'épilepsie, pour des usages tels que la maladie bipolaire et le syndrome de la jambe sans repos. En 2002, le médicament a été approuvé pour traiter le zona.

Entre 1994 et 1997, le principal porte-parole de Warner-Lambert dans ce dossier, un professeur de neurologie à la retraite de l'université de Floride, a reçu 300 000 dollars pour animer des conférences auprès de ses collègues afin de promouvoir l'utilisation de Neurontin pour plus d'une douzaine d'usages différents de ceux pour lesquels il est approuvé. Six autres médecins ont reçu des sommes de 100 000 dollars. Les médecins qui assistaient à ces conférences étaient également rémunérés. Certains d'entre eux ont été payés pour rédiger des rapports sur la façon dont le médicament agissait sur un petit nombre de leurs patients. Dans le cadre d'un essai clinique organisé par Warner-Lambert, d'autres médecins ont prescrit des doses de ce médicament excédant largement les niveaux autorisés. Selon les documents de la poursuite, un spécialiste de l'épilepsie a reçu 71 477 dollars pour des conférences sur cette maladie, et Warner-Lambert lui a versé 303 764 dollars pour la publication d'un livre sur le sujet. Ce médecin a précisé qu'il faisait la promotion du médicament uniquement pour traiter l'épilepsie.

Ces tactiques de marketing ont permis à Neurontin de se hisser parmi les *blockbusters* avec 2 milliards de dollars de revenus. En 2000, d'après les documents de la poursuite, 88 % des ventes de Neurontin se rapportaient à des usages non approuvés par la FDA. Un porte-parole de Pfizer a souligné que les documents déposés par la poursuite n'ont pas prouvé que le numéro un mondial avait enfreint la loi et que ces faits s'étaient déroulés quatre ans avant l'acquisition de Warner-Lambert par Pfizer. Pfizer fait pourtant partie des sociétés qui ont participé à la rédaction d'un code d'éthique des plus exigeants adopté par les sociétés pharmaceutiques [52].

L'information distribuée par les pharmacies
Worst Pills Best Pills souligne la piètre qualité de l'information transmise dans les feuillets distribués par les pharmacies, lors de la délivrance de médicaments d'ordonnance. Ces feuillets ne font l'objet d'aucune réglementation. Les informations sont souvent incomplètes et inexactes. Dans le cas de Rezulin, un feuillet obtenu auprès de la plus grande chaîne de pharmacies américaine en juin 1999 offrait une information périmée depuis au moins 19 mois. Le feuillet indiquait que l'information avait été révisée le 28 mars 1998. Il ne mentionnait pas que le produit peut être toxique et que les patients doivent subir des prises de sang pour vérifier si le médicament a provoqué des dommages au foie. Pourtant, dès le 28 octobre 1997, la FDA exigeait que ces avertissements soient mentionnés.

Les informations que j'ai obtenues, à l'été 2003, d'une grande chaîne de pharmacie au détail à Montréal au sujet du tamoxifène sont d'une pauvreté inouïe. Le feuillet mentionne les effets secondaires les plus bénins (nausées, vomissements, bouffées de chaleur, irritation de l'estomac). Il précise que ces effets « ne se produisent pas chez tout le monde » et que l'usagère ne peut donner son sang durant le traitement. Il n'y est aucunement question des effets indésirables les plus sérieux : cancer de l'endomètre, fibrome utérin, embolie pulmonaire, caillots aux poumons et aux jambes, problèmes sanguins, troubles visuels, jaunisse, éruption cutanée, perte de cheveux, enflure des chevilles. On n'y trouve pas non plus la liste des symptômes ni les signes qui imposeraient une consultation sans délai en cas de saignement utérin, de phlébite, de douleur thoracique subite, ni l'obligation d'utiliser une forme de contraception[53]. Il est inacceptable de ne pas fournir aux patientes une copie des renseignements concernant ce produit tels qu'ils apparaissent dans les pages bleues (destinées au patient) du *Compendium des produits et spécialités pharmaceutiques*. La différence est grande entre la pauvreté des informations fournies en pharmacie et les services offerts par les pharmaciens d'hôpitaux au Québec, qui ne sont pas en conflit d'intérêt, et dont la compétence est reconnue jusqu'en France.

En guise de conclusion, il faut admettre que si un nouveau médicament était si supérieur à un produit existant, il ne serait pas nécessaire de recourir à la promotion et à toute la fanfare qui entoure la sortie d'une nouveauté, à l'infiltration des universités, des hôpitaux, des associations de malades, des organisations de médecins et de pharmaciens pour qu'il soit utilisé. Personne ne fait la promotion de l'insuline, de la morphine ou de la trithérapie. On sait tous que ça fonctionne.

CHAPITRE IX | # On y trouve de tout : un ami, des ristournes, des croisières...

Nous comprenons que les pots-de-vin et d'autres formes de rémunération cachées devraient être interdits. Cependant, une déclaration de politique affirmant que des pratiques commerciales aussi bien établies sont potentiellement criminelles, ne peut que nuire au commerce et aux consommateurs.

Solvay Pharmaceuticals [1]

D'APRÈS *The Economist*, qui est loin d'avoir des partis pris négatifs contre le monde des affaires, des représentants des sociétés pharmaceutiques comparent les techniques de marketing de leurs employeurs à de la corruption légalisée [2].

L'industrie — tant les manufacturiers de produits génériques que les fabricants de produits de marque — a recours à des méthodes qui ressemblent effectivement à de la corruption en vue de promouvoir la vente des médicaments : ristournes, cadeaux généreux, repas somptueux, notamment dans le cadre de ce qu'on appelle les « programmes d'éducation continue » destinés aux médecins et aux pharmaciens. Le but de ces manœuvres est de ravir des parts de marché aux concurrents et d'augmenter leurs marges de profit. En outre, plusieurs sociétés pharmaceutiques ont fait l'objet de poursuites et ont été accusées d'avoir fraudé et dévalisé les systèmes de santé publics tant aux États-Unis qu'en Europe. Récemment, nous avons vu ce système à l'œuvre au Québec et au Canada, qui sont loin d'être des cas d'espèce.

Des ristournes pour les pharmaciens
En 2003, André Noël, journaliste à *La Presse*, révélait l'existence d'un vaste système de ristournes à l'intention des pharmaciens. Dans plusieurs cas, elles étaient centralisées et envoyées au siège social des bannières. Cette façon de faire conférait aux chaînes de distribution un pouvoir de négociation avec les fabricants. D'après l'enquête du journaliste, les fabricants de produits génériques ont versé jusqu'à 500 millions de dollars canadiens en 2003 aux pharmaciens du Québec et du reste du Canada, sous forme de ristournes, de primes et de rabais, bien que cette pratique soit illégale. Le montant de ces remises est carrément ahurissant, variant entre 35 % et 50 % du prix des médicaments. Au Québec, seulement 15 % des pharmaciens propriétaires ont refusé d'accepter ces cadeaux pour des raisons éthiques.

Tout le monde était au courant — la Régie de l'assurance-maladie du Québec (RAMQ) le savait depuis 1996 —, et pourtant l'Ordre des pharmaciens n'a pris aucune mesure disciplinaire contre ses membres. Mais il a finalement institué une enquête. En novembre 2003, le directeur de l'enquête déclarait sous serment que des pharmaciens propriétaires avaient reçu des piscines, des voitures, des matériaux de construction, et d'autres « cadeaux » encore. Sur trois ans, la valeur de ces dons frisait les 50000 dollars canadiens par année par pharmacien. Cinq pharmaciens propriétaires se sont opposés à cette enquête devant les tribunaux. L'Ordre est en mesure de déposer des plaintes disciplinaires pouvant donner lieu à des réprimandes ou à des amendes de 600 à 6000 dollars canadiens[3].

De nombreuses sociétés font l'objet de poursuites, dont le géant canadien des produits génériques Apotex, qui contrôle le tiers du marché des génériques au Canada. Le principal fabricant de médicaments génériques au Québec, Pharmascience, a refusé d'obtempérer à un ordre de la RAMQ exigeant qu'on lui remette des documents qui compromettaient la compagnie. Selon la poursuite intentée par la Régie, Pharmascience aurait accordé des ristournes d'une valeur totale de 1 million de dollars canadiens par mois. Trois fabricants non identifiés ont payé des dédommagements à la RAMQ.

La poursuite intentée contre Novopharm et AltiMed (devenue Ratiopharm) signale qu'un pharmacien ayant changé de fournisseur pour Novopharm a obtenu pour 150 000 dollars canadiens de médicaments gratuits après avoir acheté des produits d'une valeur de 100 000 dollars du fabricant. Le ministre de la Santé de l'époque, Jean Rochon, a alors annoncé à Novopharm que les remboursements des produits de la firme cesseraient temporairement. Novopharm a demandé une injonction, accordée par le tribunal, et justifié son comportement en répliquant que cette pratique était généralisée au Québec. Les vieux sophismes ont toujours leur utilité : « Tout le monde le fait, fais-le donc ! » Par la suite, la compagnie a négocié une entente à l'amiable[4].

D'après une poursuite déposée en juin 2003, Novopharm a offert une croisière de deux semaines en mer Baltique à 108 pharmaciens. L'excursion a coûté près de 1 million de dollars canadiens. Une poursuite déposée en mai 2003 contre AltiMed accuse cette société d'avoir payé un voyage en Italie à 79 pharmaciens et à leurs « accompagnateurs ». La balade a coûté 810 505 dollars canadiens. Officiellement, il s'agissait d'un séminaire sur l'asthme, l'un de ces fameux « programmes d'éducation continue ». La conférence sur l'asthme s'est déroulée au cours d'une seule matinée, entre 7 heures et 11 heures, alors que le voyage s'est étalé du 30 avril au 10 mai[5]. On imagine que le taux de décrochage diminuerait sensiblement si les élèves du secondaire bénéficiaient de tels programmes d'éducation.

Vous n'aimez pas les voyages ? Qu'à cela ne tienne ! Une entreprise offrait aux pharmaciens et à leurs conjoints ou conjointes un banquet à 500 dollars canadiens le couvert. Vous n'appréciez pas la haute gastronomie ? Vous pouvez bénéficier de coupons-cadeaux. Les enquêteurs ont obtenu un document du Groupe San Francisco (auj. Les Ailes de la Mode) montrant que Pharmascience a acheté des cartes à puces d'une valeur de 243 169 dollars canadiens de mars 2000 à janvier 2002 [6]. Les pharmaciens font parfois venir des infirmières ou des diététistes pour une « journée de santé ». Si par exemple la visite coûte 300 dollars canadiens au pharmacien, il peut facturer le fabricant de produits génériques pour 1000 dollars canadiens.

Les documents déposés dans la poursuite contre Novopharm indiquent qu'en 1998 la société vendait aux hôpitaux un flacon de 500 comprimés de ranitidine, un antiulcéreux, trois fois et demie moins cher qu'à la RAMQ, soit 60 dollars canadiens au lieu de 202 dollars. La situation n'avait pas changé au début de l'année 2003 : les hôpitaux de Montréal payaient le flacon 33 dollars canadiens, contre 202 dollars pour la RAMQ. Ces pratiques ont pour but de fidéliser les médecins et les patients aux médicaments des compagnies. Une fois sortis de l'hôpital, les patients sont susceptibles d'acheter ces produits au prix du marché. Vous vous demandez pourquoi le programme d'assurance-médicaments coûte cher ?

D'après le directeur général de l'Association québécoise des pharmaciens propriétaires, ces pratiques, qu'il compare aux programmes de fidélité comme Air Miles, n'auraient aucun impact sur les prix. Les avantages consentis aux pharmaciens sont une dépense, une « stratégie de mise en marché », et le problème est plus complexe qu'il n'y paraît.

Des accusations de fraude pour avoir détroussé les systèmes de santé publics

De nombreux géants de l'industrie ont dû verser des amendes importantes à la suite d'accusations de fraude et d'abus aux dépens des consommateurs et des systèmes de santé publics aux États-Unis et dans plusieurs pays de l'Union européenne. Des fabricants font face à des accusations pour avoir mis en place un véritable système de corruption faisant appel à la collaboration de médecins.

En juin 2003, le géant anglo-suédois AstraZeneca était accusé d'avoir fraudé le système de santé américain. Il consentait à verser une amende de 354,9 millions de dollars pour mettre fin aux poursuites, sans toutefois reconnaître sa responsabilité. La compagnie a admis avoir donné des échantillons gratuits de Zoladex, utilisé dans le traitement du cancer, à des médecins qui envoyaient la facture à Medicare. Les événements se sont déroulés entre 1993 et 1996. Le but de la compagnie était d'accoutumer les oncologues à prescrire son produit. Pour leur défense, les médecins ont soutenu que cet arrangement les aidait à contrer l'escalade des prix dans le traitement du cancer. Néanmoins, deux médecins font face à des accusations en relation avec cette affaire, et deux autres ont plaidé coupable[7]. Aux États-Unis, les oncologues peuvent vendre les médicaments directement aux patients. Cette particularité est connue sous le nom de « concession chimiothérapeutique ». L'administration Clinton a vainement tenté de mettre fin à ces pratiques qui rapportent gros aux médecins. George W. Bush, alors gouverneur de l'État du Texas, s'y est opposé[8].

En octobre 2002, Pfizer a signé un accord avec le gouvernement et certains États américains pour mettre fin à des allégations selon lesquelles la division Parke-Davis de Warner-Lambert (maintenant Pfizer) avait fraudé Medicaid, le programme d'aide aux démunis. Le montant de l'accord s'élevait à 49 millions de dollars. Le gouvernement a annoncé son intention de renoncer à poursuivre la société au sujet d'allégations semblables, impliquant cinq autres programmes d'assurances et deux sociétés qui gèrent des programmes d'assurance-médicaments (Pharmaceutical Benefit Management Schemes) (*voir ci-dessous*). En outre, Pfizer a signé un accord d'intégrité avec le département américain de la Santé et des ressources humanitaires. Un vice-président de la compagnie s'est dit satisfait d'avoir liquidé cet héritage légué par Warner-Lambert. L'« intégrité, a-t-il ajouté, est l'une des valeurs centrales de Pfizer[9] ».

En 2001, la société TAP Pharmaceuticals, née d'une entente entre Abbott Laboratories et Takeda Chemicals du Japon, a été condamnée à 875 millions de dollars d'amende par les tribunaux. La compagnie était accusée d'avoir frauduleusement contrôlé les prix d'un médicament contre le cancer et d'avoir fourni aux médecins des milliers de dollars d'échantillons gratuits qu'ils facturaient au gouvernement[10].

Les partenaires d'affaires Bayer et GlaxoSmithKline ont payé une amende de 344 millions de dollars pour avoir surfacturé Medicaid. Ces deux sociétés avaient changé le nom de leurs produits afin de les vendre plus cher[11].

En décembre 2002, Merck proposait de mettre fin à une poursuite inscrite à la cour de White Plains contre sa filiale Merck-Medco

180 de la pilule

Managed Care, en échange d'une somme de 42,5 millions de dollars. En proposant cette entente, toujours en suspens en mars 2003, Merck déclinait toute responsabilité. Les documents déposés dans la poursuite contre Medco allèguent qu'entre 1997 et 1999, cette société aurait empoché plus de trois milliards de dollars en ristournes. Ces dernières avaient pour but de faire la promotion de certains médicaments plus dispendieux que ceux déjà utilisés par les bénéficiaires de la carte Medco, au nombre de 65 millions. Selon la poursuite, Medco a persuadé des médecins de prescrire le Zocor de Merck, un produit contre le cholestérol, plutôt que le Lipitor de Pfizer qui est moins dispendieux. C'est ainsi que 71 000 ordonnances sont passées du Lipitor au Zocor. Medco a également fait la promotion du Vioxx de Merck pour faire concurrence au Celebrex, et de Prilosec (un anti-ulcéreux, aussi connu sous le nom de Losec) destiné à remplacer un médicament fabriqué par Abbott Laboratories. Un rapport interne de Medco révélait que les clients du gestionnaire utilisaient un pourcentage plus élevé de produits de Merck que la moyenne nationale dans six catégories de médicaments. Une porte-parole de Medco affirme que ces changements avaient été approuvés par un comité indépendant de médecins, de pharmaciens et de clients. Les plaignants admettent que ces gestionnaires permettent parfois à leurs clients d'économiser de l'argent, mais les ententes de ce type avec les fabricants de produits d'ordonnance contribuent à augmenter les coûts de la santé [12].

Les compagnies comme Medco ont connu une croissance rapide dans les années 1990. Ces sociétés sont embauchées par les assureurs et les gros employeurs pour administrer leurs programmes d'assurance-médicaments et négocier de meilleurs prix avec les fabricants. À l'origine, ces gestionnaires, appelés *pharmaceutical benefit management schemes* (PBMs), ont réussi à faire baisser les prix, entravant ainsi la croissance des profits des fabricants de produits pharmaceutiques. D'après le numéro de juin 1997 de *Money Magazine*, la réponse des géants de la pharmacie ne s'est pas fait attendre : Merck, Glaxo et Eli Lilly ont racheté les trois plus gros PBMs. Des fabricants comme Johnson & Johnson, Bristol-Myers, Pfizer et Sandoz ont conclu des ententes avec d'autres PBMs pour promouvoir leurs produits. C'est la dernière trouvaille des géants de la pharmacie pour ravir des parts de marché à leurs concurrents. En devenant des fournisseurs de soins de santé, les compagnies pharmaceutiques se placent en conflit d'intérêt puisque les PBMs doivent délivrer la « bonne marque ». Le responsable d'un programme d'assurances pour la région des Grands Lacs, Eric J. Wesler, soutient que ces PBMs envoient des lettres aux médecins afin qu'ils convainquent leurs patients couverts par Medicaid de changer leur consommation de produits génériques pour des médicaments brevetés. D'après Wesler, les produits de marque coûtent plus cher et ne sont pas plus efficaces [13]. En excluant certains médicaments de leurs formulaires, (ceux-ci étant la liste de médicaments remboursés), les sociétés pharmaceutiques s'adonnent à des pratiques qu'elles dénoncent quand elles sont le fait des gouvernements.

En février 2003, le géant franco-allemand Aventis, le colosse britannique GlaxoSmithKline et l'Américaine Pharmacia étaient poursuivis par les autorités de l'État de New York pour avoir gonflé leurs prix. D'après la poursuite, les médicaments étaient vendus à prix élevé aux consommateurs et à Medicare, pendant que « les médecins et les pharmaciens achetaient les médicaments à rabais, ce qui leur permettait d'empocher la différence [14] ». Des poursuites similaires avaient été engagées auparavant contre la compagnie par les États du Texas, de la Virginie occidentale et du Nevada.

Pendant ce temps, en Italie, Glaxo faisait face à des accusations de corruption pour avoir encouragé des médecins à prescrire les produits de la société. Selon l'acte d'accusation, des médecins italiens recevaient en échange des paiements en espèces pouvant aller jusqu'à 2000 dollars canadiens (1000 livres sterling de l'époque), des voyages dans les Caraïbes, du vin et autres présents. Le représentant de la compagnie a soutenu que les voyages ne sont pas contre la loi et que les professionnels de la santé doivent assister à des conférences pour se tenir au courant des derniers développements dans leur domaine. Selon Reuters, 3721 personnes ont été signalées aux autorités, et 41 interpellées.

Dans les années 1990, Glaxo et plusieurs sociétés pharmaceutiques ont été accusées par le responsable du département des produits pharmaceutiques du ministère italien de la Santé d'avoir tenté de corrompre des fonctionnaires pour que leurs produits trouvent une place sur le marché italien à des prix convenus par les fabricants [15].

SmithKline Beecham (maintenant GlaxoSmithKline) a fait face à des accusations similaires en Allemagne. D'après les procureurs, entre 1997 et 1999, 1600 médecins auraient reçu jusqu'à 25 000 euros

chacun du géant anglais. Ces gratifications comprenaient des ordinateurs, des voyages pour assister aux courses de Formule Un et à la
finale de la coupe du monde de football à Paris en 1998. Le procureur
de Munich a annoncé que 500 autres médecins feraient l'objet d'une
enquête et que plus de 380 représentants de l'industrie étaient soupçonnés d'avoir « donné des pots-de-vin ». Le représentant d'une importante société d'assurance allemande, Udo Barske, a signalé que ces
pratiques sont monnaie courante depuis des années. Une porte-parole
de GlaxoSmithKline a annoncé que les enquêtes bénéficiaient du soutien sans réserves de la multinationale [16].

Parfois, la frontière est mince entre l'influence indue et moralement
condamnable que les sociétés pharmaceutiques exercent sur les professionnels de la santé et les gouvernements, et la corruption pure et
simple. C'est cette frontière que plusieurs multinationales n'ont pas
hésité à franchir en Italie. Au début des années 1990, une campagne
contre la corruption a révélé un scandale d'une ampleur considérable. Soixante-six personnes, en majorité du ministère de la Santé,
ont été inculpées devant la Cour de Naples, et l'ancien ministre de la
Santé a été condamné à huit ans de prison ferme. Certains accusés ont
fui à l'étranger. Le responsable de la Direction des médicaments avait
reçu des versements incroyables, et a lui-même dressé la liste des
sociétés qui avaient alimenté ses comptes en banque. Le journal d'information pharmaceutique *Scrip* avance le chiffre de 62 millions de
dollars. Un des inculpés, membre du Comité de fixation des prix des
médicaments, a été trouvé mort peu de temps après son premier
interrogatoire par le juge d'instruction. Son corps a été incinéré si
rapidement que les magistrats se sont étonnés de ne pouvoir procéder
à une expertise médico-légale. Plusieurs responsables des grosses
compagnies pharmaceutiques ont reconnu que des fonctionnaires
du ministère de l'Industrie avaient eu droit à toutes sortes de cadeaux.
Le journal *Scrip* dresse la liste des sociétés qui auraient été impliquées
et parmi lesquelles on retrouve Pfizer, Glaxo, Schering-Plough, etc. [17]

Pour promouvoir son produit contre l'hypertension, Inderal LA,
Wyeth-Ayerst enrôlait des médecins dans son programme « Travel
for Knowledge ». La compagnie payait aux médecins qui avaient
émis 50 ordonnances de son produit, un voyage aller-retour n'importe
où aux États-Unis. Plus de 20 000 médecins avaient adhéré au programme quand on y a mis fin. Wyeth a été condamné à une amende
de près de 1 million de dollars par les autorités américaines [18].

Il y a quelques années, 10 sociétés pharmaceutiques se sont regroupées pour former « The Physicians' Computer Network », conçu pour la gestion quotidienne des problèmes de bureau. Ce réseau proposait aux médecins d'évaluer 32 courriels promotionnels par mois et d'expédier leur profil de prescription aux compagnies, en échange d'un équipement informatique d'une valeur de 35 000 dollars [19]. Si l'on se fie à un article du journal *Le Soleil* paru le 23 février 2003, des pratiques semblables, mais sur une échelle autrement plus modeste, se déroulent au Québec. Certains médecins recevaient 20 dollars canadiens de la part de compagnies pharmaceutiques pour prescrire leurs produits. En avril 1993, la Presse canadienne signalait qu'une société offrait un ordinateur en prime à tout médecin prescrivant à 10 personnes ou plus son médicament (Capoten) contre l'hypertension [20].

Une coalition de 19 fabricants, dont Pfizer, Eli Lilly et Schering-Plough, croit que les efforts pour contrôler ces habitudes ne « sont pas fondés sur une compréhension juste des pratiques en cours dans l'industrie [21] ». Les récompenses pour encourager les médecins à prescrire leurs produits plutôt que ceux des concurrents, les primes accordées aux programmes d'assurance-médicaments pour changer de fournisseur sont chose courante et n'ont rien de répréhensible. Pour Merck, les ristournes et les rabais accordés à certains programmes de santé pour encourager la consommation de leurs produits font partie de la routine. Cela témoigne avec éloquence de la non-supériorité des nouveaux produits à large usage, sur les anciens, passés au statut de génériques.

« On ne peut empêcher les gens de recevoir des cadeaux »

La plupart des médecins sont insultés quand vous leur dites qu'ils sont susceptibles d'être influencés par ces pratiques ou par la publicité. Une enquête auprès de 100 étudiants de troisième année de médecine révélait que 85 % d'entre eux pensaient qu'il était inapproprié pour un fonctionnaire de recevoir un cadeau de 50 dollars de la part d'une firme de construction. Cependant, moins de 50 % d'entre eux sont de cet avis lorsqu'un médecin reçoit le même cadeau d'une société pharmaceutique [22].

Plusieurs médecins sont conscients que de telles pratiques les placent, au moins potentiellement, en conflit d'intérêt, et qu'elles vont à l'encontre de l'article 63 du code de déontologie des médecins québécois, stipulant qu'un médecin doit sauvegarder en tout temps son indépendance professionnelle. C'est ce que dénonçaient de jeunes praticiens dans une lettre au journal *Le Devoir* du 28 avril 2003.

Dernièrement, le Collège des médecins a révisé ses mesures pour encadrer les dons de l'industrie pharmaceutique aux programmes d'éducation médicale continue. Ces activités doivent viser essentiellement la formation : les subventions seront versées aux organisateurs des programmes et non aux médecins, le coût des activités sociales, à l'exception des repas, sera à la charge des participants, et les médecins ne recevront pas de cachet pour assister aux séances. Cependant, le code de déontologie permet toujours aux médecins d'accepter des dons de l'industrie. Rien n'empêche les membres du Collège de se faire payer des voyages de golf à Hawaï, tant que cela ne rentre pas dans le cadre officiel d'un programme d'éducation, a reconnu le Dr Yves Lamontagne, président du Collège des médecins. « On ne peut empêcher les gens de recevoir des cadeaux », a-t-il déclaré. Le médecin a seulement l'obligation de refuser « un bénéfice susceptible de compromettre son indépendance professionnelle ». Un médecin peut plaider que l'acceptation d'un voyage ne le pousse pas à prescrire le nouveau médicament de la compagnie [23].

Comment réagirait-on si un professeur se faisait payer des fins de semaine dans des hôtels luxueux, des ordinateurs ou des croisières par des éditeurs de manuels scolaires ?

Des millions pour empêcher la commercialisation des génériques

En 1998, le Congrès américain évaluait que les produits génériques pourraient épargner aux consommateurs des dépenses de 8 à 10 milliards de dollars. Des milliards de dollars sont en jeu, et les fabricants de produits brevetés, nous l'avons vu, ont recours à toutes sortes de tactiques pour retarder l'arrivée des génériques sur le marché. L'une des méthodes employées par les fabricants de produits brevetés consiste à payer les fabricants de médicaments génériques pour retarder ou empêcher la mise en marché de ces produits.

En 2000, Abbott Laboratories a versé 42 millions de dollars à Zenith Goldline Pharmaceuticals et 101 millions de dollars à Geneva Pharmaceuticals pour arrêter la production de leur version générique de Hytrin, utilisé dans le traitement du prostatisme et de l'hypertension. En 1998, les ventes de ce médicament rapportaient 542 millions de dollars, et le brevet était expiré depuis 1995 [24].

Le fabricant de Cardizem CD, un médicament pour l'hypertension produit par Hoechst (maintenant Sanofi-Aventis), a versé 80 millions de dollars à Andrx Corporation pour qu'elle suspende la commercialisation de son produit. Hoechst prévoyait que celle-ci lui ferait perdre 40 % du marché. En 1998, les ventes de Cardizem CD atteignaient les 700 millions de dollars. Le cas fut réglé hors cour en 2001[25].

En mars 2001, la Federal Trade Commission émettait une plainte contre Schering-Plough et deux laboratoires de produits génériques, Upsher-Smith Laboratories et ESI Lederle (division de American Home Products). Les trois sociétés étaient accusées d'avoir retardé l'entrée de versions génériques de K-Dur 20, un médicament contre la déficience en potassium. D'après la poursuite, Schering-Plough aurait versé 60 millions de dollars à Upsher-Smith pour retarder la commercialisation du médicament et pour obtenir des licences de cinq des produits de Upsher-Smith. Schering-Plough aurait conclu une entente semblable avec ESE Lederle contre des versements de 30 millions de dollars[26].

Cartels et monopole des principes actifs

En 1996, 22 États américains ont porté plainte contre des fabricants de lentilles de contact qui avaient conspiré pour maintenir des prix élevés; la même année, des chaînes de pharmacie québécoises ont plaidé coupable pour avoir fixé le prix des anovulants.

Récemment, le Bureau canadien de la concurrence a infligé une amende importante aux grandes compagnies pharmaceutiques pour avoir, d'un commun accord, haussé le prix des vitamines. Le Bureau canadien de la concurrence en parle comme du « complot le plus étendu, le plus précis et le plus réussi (sic)[27] ». Les fabricants se rencontraient sous le nom de « Vitamins Inc » pour se partager les marchés et fixer les prix. L'affaire a débouché sur une multitude de procès aux États-Unis, au Canada et en Australie. Entre 1989 et 1994, le leader mondial Pfizer a accepté de payer 20 millions de dollars pour violation de la loi antitrust. Trois sociétés japonaises ont plaidé coupable pour entente sur les prix et partage des marchés. Elles ont payé 137 millions de dollars d'amendes. La société suisse Hoffman-La Roche a accepté de payer 500 millions de dollars d'amendes, et l'Allemande BASF, 222 millions, en vue d'un accord à l'amiable avec le gouvernement américain[28]. Au Canada, cinq de ces sociétés ont plaidé coupable à au moins un des huit chefs d'accusation remontant à 1990 et ont dû payer des amendes de 88,4 millions de dollars. Ironiquement, parmi les produits fabriqués par ces sociétés on retrouve la vitamine E. Or, récemment, des essais cliniques montraient qu'une thérapie à base de vitamine E est inefficace dans la prévention des maladies cardiaques [29].

La Federal Trade Commission a poursuivi l'un des plus gros fabricants de produits génériques en sol américain, Mylan Laboratories Inc., l'accusant de monopoliser l'offre des principes actifs présents dans deux médicaments d'ordonnance utilisés par des millions de patients, le lorazépam et le clorazépate. En monopolisant ces produits, Mylan a pu *multiplier par 25 le prix* du principe actif d'un des médicaments et par 30 celui de l'autre. En mars 1998, la société a augmenté le prix de gros du clorazépate de 11,36 à 377 dollars la bouteille de 500 pilules, et celui du lorazépam de 7,30 à 190 dollars. On imagine la réaction des patients, traités pour guérir leur anxiété, devant ces augmentations de prix. La compagnie a consenti à verser 100 millions de dollars aux acheteurs de ces deux produits [30].

Récemment, la Federal Trade Commission a décidé de lancer une vaste enquête. Elle a fait parvenir *des ordres à 75 compagnies* les enjoignant de fournir les informations nécessaires pour faire la lumière sur ces pratiques.

Un modus vivendi semble s'être installé entre les gouvernements et les sociétés pharmaceutiques. Dans de nombreux cas, ces dernières peuvent se permettre des infractions importantes aux lois, tant qu'elles acceptent de payer de fortes amendes. Dans d'autres, les gouvernements et les agences de contrôle détournent pudiquement les yeux et se contentent de servir des leçons de morale.

ÉPILOGUE

Le prix des médicaments sur
ordonnance n'entraîne pas une
hausse des coûts des régimes
d'assurances-médicaments au
Canada [au contraire...] des
économies de milliards de dollars
dans le coût de la maladie ont été
le résultat de médicaments
· nouveaux et de plus en plus
efficaces.

Judy Erola

COLLECTIVEMENT, nous dépensons toujours davantage et consommons de plus en plus de nouveaux médicaments. Les questions de toxicité mises à part, cela en vaut-il toujours la peine? La dépense et les résultats sont-ils à la hauteur de nos attentes? Tous ces milliards ont-ils permis au système de santé de faire des économies? Les représentants de l'industrie tentent de convaincre le public que l'accroissement des coûts des médicaments se traduit par des économies fabuleuses pour le système de santé. Par exemple, en 1998, le coût pour traiter médicalement un infarctus du myocarde variait entre 29 000 dollars et près de 71 000 dollars canadiens. Le coût annuel d'un traitement préventif au moyen d'un médicament varie de 374 à 523 dollars canadiens[31]. Mais... il y a des *milliers* de patients à traiter pour éviter *un seul* infarctus. D'après l'Association canadienne de l'industrie du médicament, entre 1990 et 1995, pour chaque dollar d'augmentation dans les dépenses du régime provincial ontarien d'assurance-médicaments, on a observé une économie de cinq dollars dans les dépenses des hôpitaux[32]. Ce raisonnement, d'une incroyable légèreté, nous est présenté comme la preuve indiscutable que les médicaments allègent les coûts du système de santé. Les auteurs de l'article notent l'existence d'un lien entre l'augmentation de la consommation de médicaments et la diminution des dépenses hospitalières. Or, ce n'est pas parce qu'on peut constater l'existence d'un lien entre deux phénomènes que l'un est la cause de l'autre. En effet, la diminution des dépenses hospitalières ne peut être attribuée à la hausse des dépenses en médicaments; elle est principalement attribuable aux politiques néolibérales (compressions budgétaires, virage ambulatoire) que les gouvernements de tous bords ont adoptées. Les dépenses hospitalières ne s'abaissent que si on les rationne. Entre 1994 et 1997, les transferts fédéraux aux provinces, qui servent au financement de la santé, ont été amputés de près de sept milliards de dollars canadiens. C'est ainsi qu'entre 1993 et 1997, les budgets des établissements du réseau québécois de santé ont diminué de 537 millions de dollars canadiens pendant que les dépenses en médicaments progressaient de 382 millions de dollars canadiens. Le nombre de personnes traitées dans les hôpitaux de courte durée a connu une baisse de 18,3 %, le nombre de lits pour soins généraux et spécialisés a diminué de 28,7 %, et le nombre de places d'hébergement en soins de longue durée a chuté de 8,4 %[33]. Sous le gouvernement Bouchard on a rationné les admissions en Faculté de médecine et c'est par milliers qu'on a envoyé médecins et infirmières à la retraite.

Si certains médicaments permettent de soulager les coûts du système de santé, des douzaines d'autres coûtent les yeux de la tête et sont inutiles ou sont d'une utilité parfois douteuse, souvent marginale, ou pour des bénéfices qui n'apparaîtront que plus tard, constituant un luxe que ne devrait pas se payer un système incapable de soigner ceux qui sont malades et souffrent *maintenant*. Une bonne mère de famille n'enverrait pas ses enfants à l'école l'hiver sans chapeau ni mitaines sous prétexte d'économiser pour leur payer des études universitaires plus tard.

Nous en avons parlé abondamment tout au long de cet ouvrage : il serait intéressant — mais peu probable — qu'une étude soit entreprise sur les coûts des pratiques que nous avons examinées. Combien coûtent les frais d'hospitalisations dues à l'absorption de médicaments, sans parler de celles qui ont lieu à la suite de surmédicalisation ou d'erreurs de prescription ou d'administration ? Que nous coûtent les pratiques frauduleuses des multinationales pour détrousser les régimes publics, le monopole des principes actifs, les cartels, les ristournes et les pots-de-vin destinés aux pharmaciens et aux médecins ? Que nous coûtent les frais de promotion exorbitants, les coûts de la recherche pour mettre au point des produits, particulièrement des *me-too*, dont les avantages thérapeutiques sont minimes, voire nuls ? Que nous coûtent le monopole des médicaments et les brevets ? De l'avis de certains spécialistes, entre 1992 et 2010, la protection des brevets au Canada coûterait entre 3,6 et 7,3 milliards de dollars canadiens aux consommateurs[34]. Que nous coûtent les pratiques des multinationales qui font pression pour que leurs médicaments figurent sur les listes des produits remboursables par les gouvernements ? Jean Cusson, ancien président du Conseil consultatif de pharmacologie du Québec, dont la compétence et l'intégrité sont reconnues, affirme que des compagnies pharmaceutiques ont fait pression sur l'organisme gouvernemental pour que leurs produits soient inclus sur la liste générale des médicaments remboursables. Des compagnies troqueraient des investissements au Québec contre l'introduction de certains de leurs produits sur cette liste. Les ventes d'oméprazole (*voir le chapitre V*) sont passées de 100 000 dollars à 1,5 million de dollars canadiens par mois. Pour ce qui est de Singulair, introduit sur la liste des médicaments en 1999, il coûte 50 % de plus que l'Accolate et rien ne prouve qu'il est plus efficace. La décision de mettre Singulair sur la liste des médicaments fut prise en faisant fi de l'avis du Conseil de pharmacologie du Québec[35]. En février 2000, Bernard Landry, alors ministre des Finances, s'opposait à l'introduction d'une politique d'achat au plus bas prix préférant, pour reprendre les propos de Marie Pelchat, « privilégier une industrie odieusement lucrative[36] ».

Par ailleurs — c'est Regush qui le rappelle —, plusieurs études montrent que jusqu'au tiers des procédures médicales seraient inappropriées ou inutiles. Des différences importantes ont été observées d'une région à l'autre, par exemple dans la fréquence de procédures médicales pour les pontages, l'hystérectomie, les chirurgies de la hanche, et dans l'usage des médicaments.

Lorsque vient le temps d'évaluer une thérapie médicamenteuse, il convient de rappeler qu'elle implique une longue chaîne de conditions et d'étapes à franchir pour obtenir un bénéfice, et une fois franchies, l'efficacité de la thérapie s'avère moindre. Il existe en effet un grand nombre de conditions pour obtenir un bénéfice pharmacologique[37]. Il faut tout d'abord que le médecin pose un *diagnostic*. Supposons qu'il le fasse dans 95 % des cas (sauf exception, c'est ce pourcentage que nous retiendrons). Ensuite, il faut que ce soit le *bon* diagnostic, disons encore une fois dans 95 % des cas. Puis, le médecin doit proposer la bonne *approche* thérapeutique : approche psychologique, physiologique, régime alimentaire, suivi, médicament ou rien du tout. Ensuite, il doit faire le choix de la bonne *famille* pharmacologique et doit choisir le *bon* produit. Puis, il doit trouver la bonne posologie et la bonne durée de traitement, selon l'âge, le poids, le sexe. Il faut également que le patient achète le médicament, que le pharmacien lui livre le bon produit (retenons l'hypothèse de 99,9 % des cas), et que le produit ait été fabriqué correctement. Puis, le patient doit observer la posologie et lui rester fidèle (supposons que cela se produit dans 50 % des cas). Enfin, il faut tenir compte de la réponse pharmacologique selon que le diagnostic était bon, et en fonction de la constitution génétique et de la gravité de la maladie[38]. Compte tenu de toutes ces étapes, le médicament sera, du point de vue pharmacologique, bénéfique *une fois sur trois* après une ordonnance classique, prescrite dans les conditions habituelles d'un corridor aux urgences, d'une clinique sans rendez-vous, d'une visite éclair dans un foyer de personnes âgées, ou d'un bureau à la salle d'attente bondée. Ce rai-

sonnement exclut évidemment les ordonnances de la médecine
« dure » comme l'anesthésie, l'oncologie, les soins intensifs, etc. Tout
autre bénéfice est d'origine placebo, ou est dû à l'évolution naturelle
de la maladie.

On a tendance à croire que les soins médicaux sont le seul facteur
déterminant la qualité et l'espérance de vie. En 2001, les ventes de
produits pharmaceutiques atteignent la somme de 654 dollars par
personne aux États-Unis contre 294 dollars en France et 197 dollars
en Grande-Bretagne. Pourtant, l'espérance de vie aux États-Unis est
de 77 ans contre 79 ans en France et 78 ans en Grande-Bretagne[39].
Le revenu, l'éducation, l'hygiène, l'isolement sont autant de variables
importantes, comme en témoignent les différences enregistrées dans
l'espérance de vie entre les résidants de Westmount et ceux de Saint-
Henri dans la région de Montréal. Quand on parle de santé, la tendance consiste à focaliser uniquement sur les soins de santé et les
médicaments, au détriment de facteurs socio-économiques tels que
le stress au travail, la qualité de l'environnement, l'alimentation, l'activité physique, etc. La publicité et le mode de vie encouragent les
gens à manger n'importe quoi ; par la suite, des milliards sont dépensés
pour fabriquer des médicaments qui soigneront ou préviendront le
diabète et l'obésité. Ce n'est évidemment pas la meilleure approche.
Dans une étude portant sur 3000 personnes présentant un risque
élevé de diabète, un groupe prenait un médicament qui régule la gly-
cémie (le glucose dans le sang), et l'autre recevait des conseils sur la
diète et l'activité physique. Après trois ans, 60 % des participants du
deuxième groupe n'avaient pas le diabète de type 2, contre seulement
30 % dans le groupe qui prenait un médicament[40]. D'autres études
donnent des résultats similaires en ce qui a trait au cancer du sein et
aux accidents vasculaires cérébraux.

Si les élus voulaient vraiment faire quelque chose pour améliorer
la santé des citoyens, ils tenteraient de réduire les écarts de revenus
et aideraient les familles. Ce n'est pas en augmentant les tarifs d'élec-
tricité, les frais de garde et les taxes foncières qu'on y parvient. Même
pour des maladies bel et bien organiques, et non psychosomatiques,
comme le cancer du poumon, le risque associé au tabagisme est plus
élevé chez les pauvres que chez les riches au Canada.

George Merck, fondateur de l'empire du même nom, disait dans
les années 1950 : « Les médicaments c'est pour les gens, pas pour les
profits. » Que cette déclaration ait reflété ou non la pensée réelle de

son auteur n'est pas en cause, mais c'est bien cet esprit qui doit prévaloir quand on parle santé, et non celui des ténors de l'industrie qui menacent de priver des populations entières de médicaments. La santé est une question trop importante pour la laisser aux experts, aux industriels et aux pouvoirs publics. Les citoyens doivent s'en mêler : c'est leur vie, leur santé, leur argent. L'industrie pharmaceutique est malade du secret, et cette culture du secret nuit à l'innovation en plus d'être éthiquement douteuse. La recherche sur les médicaments et la relation chercheur-volontaire doivent être publiques. Comme Pignarre l'indique, il faudrait une sorte de Parlement de la santé, où les représentants des organisations de payeurs et les patients seraient les responsables et décideraient des besoins et des orientations de la recherche. Par ailleurs, les règles pour l'approbation des nouveaux médicaments doivent être renforcées et non diluées, et seules les molécules qui représentent un plus ou une avancée thérapeutique significative devraient être approuvées. La durée de vie des brevets devrait être raccourcie, et les comités décisionnaires quant aux médicaments qui doivent figurer sur la liste des produits remboursés devraient faire preuve de plus de sévérité. Un comité d'experts indépendants devrait être mis sur pied pour garantir que l'information sur la santé et la sécurité des médicaments est impartiale et diffusée de manière adéquate. Dans la même veine, les essais cliniques devraient relever de chercheurs indépendants de l'industrie pharmaceutique, et on devrait mettre fin à la pratique qui consiste à fournir des échantillons « gratuits » aux médecins. Les patients qui participent aux essais devraient être adéquatement renseignés, et les chercheurs devraient avoir la possibilité de s'exprimer sur les résultats des essais cliniques sans crainte de poursuites, en étant protégés par une législation adéquate. Le principe de la primauté de la santé et de la sécurité doit être respecté, et les compagnies devraient être forcées de dévoiler tous les résultats des essais cliniques. L'application du principe de précaution devrait être renforcée, non pas être remplacé par celui de la gestion des risques, et il faudrait mettre fin à la dépendance de Santé Canada envers l'industrie.

L'industrie pharmaceutique est accroc du profit, avide de nouveaux marchés. Ces priorités devraient être remplacées par les besoins et la santé des citoyens. À cette fin, le contrôle des prix devrait être renforcé ; seules les molécules essentielles et moins chères, lorsqu'elles sont équivalentes, devraient être remboursées par les systèmes de santé publics. Le monopole des médicaments devrait être sévèrement restreint en faveur de la production et de l'importation de médicaments sous licence ; les règles de déontologie des organisations professionnelles devraient avoir plus de poigne, et la publicité devrait être bannie et remplacée par une éducation objective sur les médicaments, produite par des organismes indépendants.

Près de 20 % des Québécois sont des analphabètes fonctionnels, et ils sont en majorité « médicalement et pharmacologiquement illettrés ». Il est temps que cela cesse, si nous ne voulons pas que les systèmes de santé publics menacent de s'écrouler et que dans le tiers-monde on continue de mourir par millions.

Faire des profits sur le dos des malades est sans aucun doute légal, mais c'est une injustice contre l'humanité.

Sur ce, bonne santé et longue vie !

NOTES

Chapitre premier

1. B. Burton et A. Rowell, « Health Care Public Relations », *The British Medical Journal*, 31 mai 2003. Ethical Strategies Limited est une société de communication dans le domaine médical.

2. En 1996, le Dr Brill-Edwards a démissionné de l'agence d'évaluation des médicaments de Santé Canada. Elle considérait que l'organisme ne prenait pas toutes les mesures indispensables pour assurer la sécurité des médicaments mis en marché. Voir le chapitre VI.

3. Aspirine est une marque de commerce seulement au Canada.

4. D.L. Barlett et J.B. Steele, « Why America Pays So Much for Drugs », *Time*, 2 février 2004.

5. *La Presse*, 1er février 2001.

6. *La Presse*, 25 février 2001.

7. D. Arcand, « Merck Frost abolit plus de 100 postes à Montréal », *La Presse*, 24 octobre 2003.

8. Public Citizen, *America's Other Drug Problem : A Briefing Book on the Rx Drug Debate*, 2003, p. 34-40. Pour consulter ce texte, voir : <www.citizen.org>. Ces taux représentent le profit en pourcentage des revenus.

9. M. Angell, « The Truth About the Drug Companies : How They Deceive Us and What to Do About It », *The New York Review of Books*, vol. LI, n° 12, 15 juillet 2004. Le Dr Angell enseigne à Harvard et a été rédactrice

en chef du *New England Journal of Medicine*. Cet article est le résumé d'un livre paru en août 2004.

10. D.L. Barlett et J.B. Steele, *op. cit.* p. 39

11. L-P. Lauzon et M. Hasbani, *Analyse socio-économique de l'industrie pharmaceutique brevetée (1991-2000)*, chapitre II, <www.unites.uqam.ca/cese/>.

12. J. Lexchin, «Interactions between doctors and pharmaceutical sales representatives», *Canadian Journal of Clinical Pharmacology*, vol. VIII, n° 2, été 2001, p. 64-65.

13. *Fortune Magazine*, 5 avril 2004. Selon les années, Pfizer et Merck s'échangent la première place pour ce qui est des revenus et profits.

14. Public Citizen, «Pharmaceutical Industry Ranks as Most Profitable Industry — Again», 18 avril 2002, <www.citizen.org>. La majeure partie des données sur les profits de l'industrie provient du magazine *Fortune* et de diverses publications de Public Citizen.

15. *La Presse*, 23 juillet 2002.

16. Public Citizen, *America's Other Drug Problem, op. cit.*, p. 34-35. En 2003, l'industrie pharmaceutique a perdu sa place et a été délogée par l'industrie minière et la production pétrolière.

17. *Le Devoir*, 5 avril 2002.

18. *La Presse*, 17 juin 2002.

19. La Maison Blanche s'oppose à l'importation de médicaments en provenance du Canada, mesure soutenue par plusieurs démocrates qui étaient candidats à l'investiture de leur parti en vue des présidentielles. En novembre 2003, le Congrès adoptait un projet de loi contenant une disposition permettant en principe l'importation de médicaments canadiens, mais la Maison-Blanche et le secrétaire à la Santé s'y opposent pour de prétendues raisons de sécurité. D'après un économiste de la santé de l'université Princeton, Uwe Reinhardt, l'appui du Congrès est motivé par de pures considérations électoralistes. Leurs membres «pourront aller dans leurs circonscriptions et dire qu'ils ont voté pour rendre les médicaments canadiens disponibles». Reinhardt ajoute que «la question de la sécurité, et vous pouvez me citer là-dessus, c'est de la pure *bullshit* [...]. La FDA ne peut pas dire : l'industrie pharmaceutique est notre amie et nous nous inquiétons pour ses profits.» Si les prix américains devenaient aussi bas qu'au Canada, «l'industrie pharmaceutique perdrait environ 40 % de ses revenus». (*La Presse*, 5 novembre 2003).

20. *La Presse*, 18 juillet 2004.

21. M. Angell, *The Truth About the Drug Companies, op. cit.*

22. *Prescrire*, « Coût de recherche et développement du médicament ; la grande illusion », n° 244, novembre 2003, p. 787.

23. L'observatoire des transnationales, <fr.transnationale.org>.

24. *La Presse*, 5 octobre 2003.

25. G. Velasquez, « Hold-up sur le médicament », *Le Monde diplomatique*, juillet 2003.

26. D.L. Barlett et J.B. Steele, *op. cit.*

27. A. Noël, *La Presse*, 9 mai 2003.

28. *La Presse*, 28 décembre 2003.

29. *La Presse*, 3 novembre 2002.

30. L. Leduc, « Le marché de la dépression », *La Presse*, 10 février 2002.

31. Données d'IMS Health Canada. IMS recueille des données auprès des pharmaciens sur le profil de prescription des médecins. Ces informations indiquent quelles sont les tendances dans l'utilisation des médicaments. Elles sont destinées aux sociétés pharmaceutiques, aux gouvernements, aux chaînes de pharmacie, aux chercheurs, etc. C'est par groupes de 30 médecins que IMS divulgue cette information. D'après IMS, ces données ont pour but d'aider les sociétés pharmaceutiques à commercialiser leurs produits et à « mieux comprendre les besoins des médecins ». (*IMS*, automne, 2002, p. 3).

32. *La Presse*, 19 septembre 2003.

33. M. Jannard, *La Presse*, 23 juillet 2002. Il n'est pas sûr que cette tendance se maintiendra. En effet, plusieurs produits brevetés passeront bientôt dans le domaine public. Voir plus bas.

34. A. Pratte, *La Presse*, 8 avril 2002.

35. *La Presse*, 4 mai 2003. En 2002, le médicament breveté se vend en moyenne 55,59 dollars canadiens par ordonnance et 21,53 dollars canadiens pour le générique. Voir également <www.imshealthcanada.com>.

36. Claude Saint-Georges, Fédération de la santé et des services sociaux (CSN), printemps 2004, document non paginé.

37. Public Citizen, *America's Other Drug Problem*, *op. cit.*, p. 9.

38. *La Presse*, 2 mars 2003. Les antidépresseurs de la nouvelle génération ont été développés à partir d'une molécule utilisée dans les antiallergiques.

39. A. Pratte, *La Presse*, 8 avril 2002.

40. Public Citizen, *America's Other Drug Problem*, *op. cit.*, p. 15-16.

41. *Ibid.*, p. 20.

42. *Ibid.*, p. 22.

43. P. Pignarre, *Le grand secret de l'industrie pharmaceutique*, La Découverte, Paris, 2003.

44. *Le Monde diplomatique*, mars 2001.

45. J. Robinson, *Prescription Games. Money, Ego and Power. Inside the Global Pharmaceutical Industry*, McLelland & Stewart Ltd., Toronto, 2001, p. 33-34.

46. M. Bulard, « Les firmes pharmaceutiques organisent l'apartheid sanitaire », *Le Monde diplomatique*, janvier 2000.

47. Federal Trade Commission, *Health Care Antitrust Report. Pharmaceutical Mergers*, p. 1. Document disponible à partir du site de Public Citizen. On peut supposer qu'il s'agit ici du marché américain, ce que le document omet de préciser. Un ordre de la Federal Trade Commission exige que SmithKline Beecham se départisse des droits de fabrication de ces produits au profit de sociétés telles que Hoffman-La Roche, Abbott Laboratories et Novartis.

48. Cité dans *Le Monde diplomatique*, janvier 2000.

49. *Mémoire sur l'évaluation du régime général d'assurance-médicaments*, Centrale de l'enseignement du Québec (maintenant Centrale des syndicats du Québec), 2000, p. 31.

50. R. Pelletier, *La Presse*, 15 novembre 1998.

51. A. Chetley, *Problem Drugs*, Health Action International, Amsterdam, 1993, p. 5.

52. Les prix aux États-Unis ont été convertis au taux de change de 76 cents américains par dollar canadien. Avant la déroute du dollar américain, l'écart était beaucoup plus substantiel. Le Viagra compte parmi les exceptions notables : il se vend à des prix comparables dans les deux pays, avec une différence de 1 dollar canadien pour chaque comprimé en faveur du Québec.

53. J. Robinson, *op. cit.*, p. 91.

54. J. Auchinleck, *La Presse*, 1er février 2002.

55. M. Bulard, « Les firmes pharmaceutiques organisent l'apartheid sanitaire », *op. cit.*

56. R. Lenzer et T. Kellner, *Forbes*, 27 novembre 2000.

57. J. Robinson, *op. cit.*, p. 38.

58. *Ibid.*, p. 88 et 91.

59. *Ibid.*, p. 87.

60. *La Presse*, 25 octobre 2003. D'après certaines sources, la société Gilead Sciences qui fabrique un nouveau médicament contre le VIH hésite à distribuer son produit au Canada, et voudrait qu'il soit vendu au même prix

qu'aux États-Unis. C'est d'autant plus ironique que le médicament est fabriqué au Canada. Les géants de l'industrie auraient réduit leur approvisionnement de certains médicaments au Canada et ailleurs. H. McKinnel, président de Pfizer déclarait : « Nous introduisons nos nouveautés de plus en plus tard sur le marché français et, si le gouvernement continue de faire pression sur les prix, il n'y en aura plus. » (le Monde diplomatique, février 2002). Pfizer est la société dont le slogan est : « Notre passion, la vie ».

61. C. Cobb, « Les médicaments abordables du Canada exaspèrent les géants pharmaceutiques US », CanWest News Service, 9 juin 2003.

62. D.L. Barlett et J.B. Steele, op. cit. Devant un comité du Congrès, le commissaire adjoint de la FDA, William Hubbard, a dû admettre qu'il n'avait aucune preuve que les médicaments canadiens représentaient un danger pour la sécurité de ses concitoyens.

63. T. Harper, « Drug industry front scares seniors with radio ads », Toronto Star, 16 juillet 2003.

64. V. Shiva, La vie n'est pas une marchandise. Les dérives des droits de propriété intellectuelle, Montréal, Écosociété, coll. « Enjeux Planète », 2004. Ce livre a paru d'abord en Inde sous le titre, Patents : Myth and Reality, New Delhi, Penguin Books, India, 2001. Roche a dû réduire le prix de ses tranquillisants de 60 à 75 % et rembourser 27,5 millions de dollars de trop-perçu.

65. Public Citizen, America's Other Drug Problem, op. cit., p. 57.

66. J. Robinson, op. cit., p. 40-41 ; W. Bell, M.D., « Les brevets en thérapeutique. Une incitation à la division », Le médecin de famille canadien, mai 2001, p. 937-938.

67. J. Robinson, op. cit., p. 36-37.

68. Biographie de D. Rumsfeld, <www.defenselink.mil/bios/secdef_bio.html>.

69. C. Clark et S. McCarthy, « Drug-Company Donations to Manley Spark Controversy », Globe and Mail, 14 mai 2003. Un député fédéral, supporter de Paul Martin, a décrit John Manley comme un allié clé des fabricants de produits de marque.

70. Aux États-Unis, ces lois sont le Hatch-Waxman Act de 1984 qui a ajouté 2,3 ans aux brevets, le Prescription Drug User Fee Act de 1992, qui a ajouté 1,2 an, et le Food and Drug Modernisation Act de 1997, qui a réduit d'un an le temps requis pour les essais cliniques. Quant à l'Uruguay Round de 1994, il a ajouté un an à la protection des brevets.

71. J. Robinson, op. cit., p. 9.

72. Public Citizen, America's Other Drug Problem, op. cit., p. 57-64.

73. « The great health grab », *New Internationalist*, n° 362, novembre 2003, p. 9.

74. *La Presse*, 11 mars 2001.

75. J. Lexchin, « Lifestyle drugs : issues for debate », *Journal de l'Association médicale canadienne*, 15 mai 2001, p. 1449.

76. « Turf Wars », *New Internationalist*, *op. cit.*, p. 27.

77. J. Ramos, « Who cares about cancer ? », *New Internationalist*, *op. cit.*, p. 27.

78. M. Bulard, *op. cit.*

79. M. J. Elston, « Ne touchez pas aux brevets ! », *La Presse* 13 mars 2001.

80. « The great health grab », *op. cit.*, p. 12.

81. P. Pignarre, Entrevue, *La tribune du Québec*, 13 juillet 2004.

82. J. Robinson, *op. cit.*, p. 96.

83. *Ibid.*, p. 92-97.

84. R. Pelletier, « La patiente 6587-0069 est morte », *La Presse*, 4 février 2001.

85. « Testing Times », *New Internationalist*, *op. cit.*, p. 27.

86. *Worst Pills Best Pills*, « Do Not Use ! The Fluoroquinolone Antibiotic Trovafloxacine (TROVAN) Linked To Life-threatening Liver Toxicity », juillet 1999, p. 49.

Chapitre II

1. J. Frappier, *La Presse*, 18 avril 2002.

2. Public Citizen, *Rx R&D Myths : The Case Against The Drug Industry's R&D « Scare Card »*, juillet 2001, <www.citizen.org>, p. 1. Vingt-trois de ces lobbyistes sont d'anciens membres du congrès, et 54 % d'entre eux ont travaillé au Congrès ou dans d'autres organismes gouvernementaux. En 1999-2000, l'industrie a dépensé 262 millions de dollars en lobbying, en contributions aux partis politiques et en annonces sur des sujets chauds (« issue ads ») dont le seul but est d'élire ou de défaire un candidat. En 2002, 74 % des contributions sont allées aux républicains et 26 % aux démocrates. *AODP*, *op. cit.*, p. 65-68.

3. *La Presse*, 25 septembre 2000.

4. Public Citizen, *America's Other Drug Problem, A Briefing Book on the Rx Drug Debate*, p. 41-42.

5. *La Presse*, 25 février 2001.

6. E. Reynolds, « Financement et recherche médicale : Mainmise de l'industrie et risques pour le public », *Bulletin DES Action Canada*, n° 68,

automne 2002, p. 2. D.E.S. Action est un organisme mis sur pied pour venir en aide aux victimes du diéthylstilbestrol (DES). Voir chapitre III.

7. Public Citizen, *Rx R&D Myths*, *op. cit.*, p. 20.

8. A. Cassels, «Peddling Paranoia», *New Internationalist*, novembre 2003, p. 17.

9. A. Chetley, *Problem Drugs*, Health Action International, Amsterdam, 1993, p. 5.

10. Public Citizen, *Rx R&D Myths*, *op. cit.*, p. 5.

11. Public Citizen, *America's Other Drug Problem*, *op. cit.*, p. 47.

12. Public Citizen, *Rx R&D Myths*, *op. cit.*, p. ii.

13. M. Angell, M.D., «The Pharmaceutical Industry — To Whom is it accountable?», *New England Journal of Medicine*, 22 juin 2000.

14. M. Petit, *DES Action Canada*, printemps 2000.

15. D. Arcand, «Les Américains toujours intéressés par la biotech québécoise», *La Presse*, 20 novembre 2003.

16. M. Petit, *op. cit.*, p. 5, données tirées du journal *Les Affaires*, 16 janvier 1999.

17. J. Robinson, *Prescription Games. Money, Ego and Power. Inside the Global Pharmaceutical Industry*, McLelland & Stewart Ltd., Toronto, 2001, p. 151.

18. Public Citizen, *America's Other Drug Problem*, *op. cit.*, p. 47. Le «coût d'opportunité» est calculé à partir des performances boursières des firmes pharmaceutiques dans la période 1985-2000. Plus les actions augmentent plus les «coûts» sont élevés.

19. *Prescrire*, novembre 2003, p. 785.

20. Public Citizen, *America's Other Drug Problem*, *op. cit.*, p. 46.

21. Public Citizen, «Tufts Drug Study Sample is Skewed; True Figure of R&D Costs Likely is 75 Percent Lower», <www.citizen.org>, 4 décembre 2001.

22. D. Arcand, «Pfizer est confiant de s'entendre avec Québec sur le prix des médicaments», *La Presse*, 30 janvier 2004.

23. A. Chetley, *op. cit.*, p. 6.

24. B. Mintzes, «Les médicaments prennent-ils notre santé à cœur?», *Bulletin D.E.S. Action Canada*, en collaboration avec le Groupe de travail sur les enjeux pour les femmes de la loi fédérale sur la santé, 2001; *La Presse*, 1er février 2002.

25. *Prescrire*, *op. cit.*, 18 janvier 2001.

26. Coalition canadienne pour la santé, *Une ordonnance pour le pillage*, Ottawa, 1996, p. 8-9. Le contenu de la brochure provient en partie des

présentations données lors du forum public parrainé par la Coalition canadienne de la santé et par la Coalition Solidarité Santé. Parmi les conférenciers, notons la présence de Joël Lexchin, professeur de médecine, Pat Armstrong, de l'École d'études canadiennes, et Claude Saint-Georges de la Coalition Solidarité Santé.

27. A. Chetley, *op. cit.*, p. 5.

28. *Rx R&D Myths*, *op. cit.*, p. 13.

29. Coalition canadienne pour la santé, *Une ordonnance pour le pillage*, *op. cit.*, p. 9.

30. J. Robinson, *op. cit.*, p. 88.

31. Public Citizen, *Rx R&D Myths*, *op. cit.*, p. 18.

32. *Ibid.*, p. 1. D'après le Dr Marcia Angell, les États-Unis seraient responsables de 36 % des coûts globaux de la RD, l'Europe de 37 % et le Japon de 19 %.

33. Public Citizen, *America's Other Drug Problem*, *op. cit.*, p. 52-53.

34. M.L. Bouguerra, « Dans la jungle pharmaceutique », *Le Monde diplomatique*, mars 2001.

35. National Institutes of Health Staff, *NIH Contributions to Phamaceutical Development, Case-Study Analysis of the Top-Selling Drugs*, disponible sur le site Internet de Public Citizen. Non paginé.

36. M. Bulard, *Le Monde diplomatique*, janvier 2000.

37. V. Shiva, *La vie n'est pas une marchandise. Les dérives des droits de propriété intellectuelle*, Montréal, Écosociété, coll. « Enjeux Planète », chapitres I et II. L'auteure démonte systématiquement les arguments des défenseurs des brevets : ils ne sont pas une source d'innovation, ne favorisent pas le transfert de technologie ni la production du savoir. La propriété intellectuelle permet à plusieurs sociétés de bloquer des domaines techniques sans intention d'exploiter les brevets.

38. « Sida : le Vatican fustige les pharmaceutiques », *La Presse*, 1er février 2004.

39. V. Shiva, *op. cit.*, chap. VI.

40. *Ibid.*, chapitre II.

41. B. Mulroney, « Nous avions choisi la bonne voie », *La Presse*, 14 septembre 2000.

42. J. Robinson, *op. cit.*, p. 152.

43. P. Pignarre, *Le grand secret de l'industrie pharmaceutique*, *op. cit.*, p. 127.

44. Voir J.-C. St-Onge, *L'imposture néolibérale*, Montréal, Écosociété, 2000.

Chapitre III

1. *La Presse*, 21 mai 2003.

2. Pour plus de détails, voir *Worst Pills Best Pills*, « Bill Clinton's Bloody Hands : New Law Puts FDA on Fast Track — Toward 19th Century », janvier 1998.

3. A. Chetley, *Problem Drugs*, Health Action International, Amsterdam, 1993, p. 2. Les effets indésirables observés le plus fréquemment touchent le foie, le sang et le système nerveux. D'après la revue *Prescrire*, ils représentent près de 50 % des motifs de retrait du marché depuis 1961. P. Chirac, *Prescrire*, mars 1990.

4. *DES Action Canada*, « Les médicaments prennent-ils notre santé à cœur ? », 2000.

5. *La Presse*, 2 juin 1994 et 23 juin 1994.

6. *Le Nouvel Observateur*, 20 septembre 2001.

7. R. Pelletier, *La Presse*, 15 novembre 1998.

8. S. Wolfe, « Remedies Needed to Address the Pathology in Reporting Adverse Reactions and FDA Use of Reports », *Journal of General Internal Medicine*, janvier 2003.

9. B. Mintzes, « Les médicaments prennent-ils notre santé à cœur ? », *Bulletin D.E.S. Action Canada*, 2000.

10. C. Spriet-Pourra et M. Auriche, *Drug Withdrawal from Sale*, Scrip Reports, UK, 1994, sommaire ; P. Biron, *Dictionnaire de pharmacovigilance médicale*, Département de pharmacologie, Faculté de médecine, Université de Montréal, 1998, p. 164.

11. T. Moore, *Deadly Medicine*, Simon & Shuster, New York, 1995.

12. K. Gagnon, « La série noire de Santé Canada », *La Presse*, 27 octobre 2001.

13. R. Pelletier, *La Presse*, 4 février 2001.

14. S. Wolfe, « Remedies needed... », *op. cit.* ; *Worst Pills Best Pills*, « Third New Drug Withdrawal in Nine Months Suggests That FDA's Approval System is Breaking Down », août 1998, p. 62.

15. *Worst Pills Best Pills*, « Bill Clinton's Bloody Hands... », *op. cit.* Les deux exemples qui précèdent sont tirés de la même source.

16. A. Chetley, *op. cit.*, p. 137-142.

17. *DES Action Canada*, printemps 2001, p. 4.

18. P. Biron, *Dictionnaire de pharmacovigilance médicale*, *op. cit.*, p. 195.

19. *Ibid.*, p. 197.

204 L'ENVERS DE LA PILULE

20. A. Chetley, *op. cit.*, p. 93. Les globules blancs sont indispensables à la lutte contre les infections bactériennes.

21. *Ibid.*, p. 92.

22. *Ibid.*, p. 41-44; P. Biron, *Dictionnaire de pharmacovigilance médicale*, *op. cit.*, p. 30-31.

23. A. Chetley, *op. cit.*, p. 41-44; P. Biron, *Dictionnaire de pharmacovigilance médicale*, *op. cit.*, p. 30-31.

24. A. Chetley, *op. cit.*, p. 87. Ces médicaments disponibles en vente libre ou sous ordonnance comprennent des produits tels qu'ibuprofène (Motrin), nabumetone (Relafen), ketoprofen (Orudis), etc.

25. C. Spriet-Pourra et M. Auriche, *op. cit.*

26. A. Chetley, *op. cit.*, p. 92.

27. *Worst Pills Best Pills*, « Bromfenac (Duract): New Warnings About Liver Toxicity », mai 1998, p. 33.

28. A. Chetley, *op. cit.*, p. 81-82.

29. *Ibid.*, p. 85.

30. *Ibid.*

31. *Ibid.*, p. 71.

32. M. Petersen et A. Berenson, « Papers Indicate Bayer Knew of Dangers of Cholesterol Drug », *The New York Times*, 27 février 2003; Associated Press, 7 mars 2003.

33. *Le Canard Enchaîné*, « Quand Bayer dorait la pilule aux toubibs », 29 août 2001.

34. V. Lorelle, « Des actionnaires portent plainte contre Bayer aux États-Unis », *Le Monde*, 14 mars 2003.

35. P. Biron, *Dictionnaire de pharmacovigilance médicale*, *op. cit.*, p. 9.

36. *Worst Pills Best Pills*, « Do not Use: Fen/Phen — Fenfluramine (Pondimin) Combined with Phentermine (Ionamin) », mai 1997.

37. J. Robinson, *Prescription Games. Money, Ego and Power. Inside the Global Pharmaceutical Industry*, McLelland & Stewart Ltd., Toronto, 2001, p. 61.

38. M. Petersen, « Madison Avenue Plays Growing Role in Drug Research », *The New York Times*, 22 novembre 2002.

39. J. Robinson, *op. cit.*, p. 46-51, 54-57. Ce qui suit est tiré du livre de Robinson.

40. *Worst Pills Best Pills*, « More Warnings About Liver Toxicity with the Diabetes Drug Troglitazone (REZULIN): Do Not Use », août 1999, p. 61.

41. J. Robinson, *op. cit.*, p. 50.

42. S. Wolfe, « Remedies needed... », *op. cit.* Dans cet article, Wolfe cite Richard Horton, éditeur de la revue médicale *The Lancet*, qui estime que la FDA est devenue « la servante de l'industrie ».

43. *Worst Pills Best Pills*, « Bill Clinton's Bloody Hands... », *op. cit.*, p. 2.

44. A.A. Barnett, « FDA warns Pfizer on failure to report drug problems », *The Lancet*, 1er juin 1996, p. 1546.

Chapitre IV

1. Cité dans A. Chetley, *Problem Drugs*, Health Action International, Amsterdam, 1993.

2. M. Gagnon, *La Presse*, 20 novembre 1993.

3. *La Presse*, 7 août 2001.

4. Nicholas Regush, *Safety Last. The Failure of the Consumer Health Protection System in Canada*, Key Porter Books, Toronto, 1993, p. 16.

5. J. Lenzer, « Spin doctors soft pedal data on antihypertensives », *British Medical Journal*, janvier 2003.

6. *Ibid.*

7. Les IECA sont des inhibiteurs de la formation de l'angiotensine, un peptide qui provoque le resserrement des vaisseaux sanguins.

8. *Worst Pills Best Pills*, « New Research Finding! Tried-and-True 'Water Pill' Found to Reduce Risk of Death or Hospitalization In Patients With Severe Heart Failure », septembre 1999, p. 65.

9. *Worst Pills Best Pills*, « Older Drugs Are Shown To Reduce Complications of High Blood Pressure », juillet 1997, p. 26.

10. *L'Union des consommateurs intente un recours collectif contre Pfizer Canada*, communiqué de presse de l'Union des consommateurs, septembre 2002, <www.consommateur.qc.ca/union/192.htm>.

11. Cité dans *Demande d'exercer un recours collectif contre Pfizer*, Union des consommateurs, 2002.

12. À l'instar de certains médecins et pharmaciens, il arrive que les journalistes qui couvrent la rubrique santé des médias soient conviés, tous frais payés, à des colloques organisés par l'industrie dans des endroits exotiques. À ce sujet, voir R. Lenglet et B. Topuz, *Des lobbies contre la santé*, Éditions La Découverte et Syros, Paris, 1998, p. 72.

13. *Worst Pills Best Pills*, « Do Not Use Until February 2004 : Celecoxib (CELEBREX) — Another Nonsteroidal Anti-Inflammatory Drug (NSAID) », avril 1999, p. 25-27.

14. *Worst Pills Best Pills*, « Update on the Nonsteroidal Anti-inflammatory Drug Celecoxib (CELEBREX) », juin 1999, p. 43.

15. *Worst Pills Best Pills*, «Do Not Use Before July 2004, Rofecoxib (Vioxx) — One More Nonsteroidal Anti-Inflammatory Drug (NSAID) on the Market», juillet 1999, p. 50-51.

16. Cité dans A. Chetley, *op. cit.*, p. 27-33.

17. *Ibid.*, p. 45.

18. *Worst Pills Best Pills*, «Save Your Money — Do Not Use! Simethicone Doesn't Work for Gas or Infant Colic», août 1996, p. 32.

19. *Worst Pills Best Pills*, «Penciclovir (Denavir) Cream: Expensive Treatment for Cold Sores», décembre 2000, p. 32.

20. *Worst Pills Best Pills*, «Do Not Use: Cyclandelate (Cyclospasmol), Removing an Ineffective Drug from the Market: How Long Can It Take», février 1997.

21. R. Lenglet et B. Topuz, *op. cit.*, p. 35-36.

22. Cité dans A. Chetley, *op. cit.*, p. 97.

23. Ian M. Paul et coll., «Effect of Dextrometorphan, Diphenhydramine and placebo on Nocturnal Cough and Sleep Quality for Coughing Children and Their Parents», *Pediatrics*, juillet 2004, p. 85-90. L'étude a duré deux jours et a eu lieu sur 100 enfants divisés en trois groupes à peu près égaux.

24. Cité dans A. Chetley, *op. cit.*, p. 97-104.

25. Pour plus de détails, voir A. Chetley, *op. cit.*, p. 122.

26. *Ibid.*, p. 119-124.

Chapitre V

1. M. Perreault, «Les chercheurs manquent d'information sur l'efficacité des médicaments», *La Presse*, 30 décembre 2002.

2. M. Petersen, «Madison Avenue Plays Growing Role in Drug Research», *The New York Times*, 22 novembre 2002. Au début des années 1990, aux États-Unis, environ 90% des montants consacrés aux essais cliniques allaient aux universités. En 2000, elles ne recevaient que 34% de ces sommes.

3. *Informations Pharmaceutiques*, OMS, vol. II, n° 4, 1988, p. 219.

4. *La Presse*, 30 septembre 2003.

5. D.L. Sackett, «Time to put the Canadian Institutes of Health Research on Trial», *Journal de l'Association médicale canadienne*, 30 novembre 1999, p. 1415.

6. *Worst Pills Best Pills*, *op. cit.*, avril 1997, p. 16.

7. W. Kondro, «Drug approvals taking too long?», *Journal de l'Association médicale canadienne*, 19 mars 2002.

8. *La Presse*, 10 mai 2004.

9. N. Regush, *op. cit.*, p. 13.

10. B. Mintzes, «Les médicaments prennent-ils notre santé à cœur?», *DES Action Canada*, 2000; J. Lexchin, «Secrecy and the Health Protection Branch», *Journal de l'Association médicale canadienne*, 8 septembre 1998.

11. M. McBane, *Le risque d'abord, la sécurité en dernier. Le manuel du citoyen pour la santé et la sécurité d'abord!*, Coalition canadienne de la santé, Ottawa, 2003, p. 23.

12. «Qui en profite? L'harmonisation internationale de la réglementation des nouveaux médicaments», dans la série «Protéger notre santé: Les nouveaux enjeux», Action pour la protection de la santé des femmes en collaboration avec *DES Action Canada*. Ces informations sont tirées d'un texte de John Abraham.

13. M. McBane, *op. cit.*, p. 6.

14. *Ibid.*

15. *Ibid.*, p. 9.

16. *Ibid.*, p. 17. Cette information est contenue dans un document de Santé Canada obtenu en vertu de la loi d'accès à l'information en avril 1998.

17. *Ibid.*, p. 18.

18. N. Regush, *op. cit.*, p. 18-29.

19. Cité par T. Wilner, «Freemarket freebies», *New Internationalist*, novembre 2003, p. 14.

20. A. Chetley *Problem Drugs*, Health Action International, Amsterdam, 1993, p. 2.

21. *Ibid.*, p. 15.

22. Éditorial, *Journal de l'Association médicale canadienne*, 9 juillet 2002.

23. J. Robinson, *Prescription Games. Money, Ego and Power. Inside the Global Pharmaceutical Industry*, McLelland & Stewart Ltd., Toronto, 2001, p. 65.

24. *New England Journal of Medicine*, 26 novembre 2002.

25. K.S. Joseph, «Ethics in clinical research: searching for absolutes», *Journal de l'Association médicale canadienne*, 19 mai 1998, p. 1303.

26. M. Petersen, «Madison Avenue...», *op. cit.*, 22 novembre 2002.

27. *Ibid.*

28. Éditorial, «Le "syndrome du classeur", ou la suppression des données cliniques», *Journal de l'Association médicale canadienne*, 17 février 2004.

29. Cité dans *Demande d'exercer un recours collectif contre Pfizer*, Union des consommateurs, 2002.

30. *Ibid.*

31. *Ibid.*

32. E. Reynolds, « Financement et recherche médicale : Mainmise de l'industrie et risques pour le public », *DES Action Canada*, n° 68, automne 2002, p. 2-3.

33. *Demande d'exercer un recours collectif contre Pfizer, op. cit.*

34. P. Pignarre, *Comment la dépression est devenue une épidémie*, Éditions La Découverte, Paris, 2001, p. 11.

35. R. Lenglet et B. Topuz, *Des lobbies contre la santé*, Éditions La Découverte et Syros, Paris, 1998, p. 48-51.

36. W. Kondro et B. Sibbald, « Drug company experts advised staff to withhold data about SSRI use in children », *Journal de l'Association médicale canadienne*, 2 mars 2004, p. 783. Consulté sur le site Internet du journal.

37. La sérotonine est un neurotransmetteur, c'est-à-dire un produit chimique qui sert à transmettre les impulsions nerveuses d'un neurone à l'autre ou à une cellule musculaire. On trouve également cette substance dans les plaquettes sanguines et les muqueuses du tube digestif. Elle interviendrait dans la maîtrise des comportements et de l'humeur.

38. W. Kondro et B. Sibbald, *op. cit.*

39. *Ibid.*

40. E. Jane Garland, « Facing the Evidence : antidepressant treatment in children and adolescents », *Journal de l'Association médicale canadienne*, 17 février 2004, p. 489.

41. Lettre aux professionnels de la santé, 10 juillet 2003, <www.hc-sc.gc.ca>.

42. E. Jane Garland, *op. cit.*

43. *Ibid.*

44. C. Meek, *Journal de l'Association médicale canadienne*, 17 février 2004, p. 455.

45. P. Pignarre, *Comment la dépression est devenue une épidémie, op. cit.*, p. 88-89.

46. *Ibid.*, p. 98.

47. R. Lenglet et B. Topuz, *op. cit.*, p. 55.

48. Les benzodiazépines ont été parmi les médicaments les plus prescrits au monde. Ils ont graduellement remplacé les barbituriques pour traiter l'anxiété et l'insomnie. Le Librium et le Valium font partie de cette famille chimique. Chetley cite des études montrant que de 15 % à 44 % des uti-

lisateurs à long terme de benzodiazépines auraient développé une forme de dépendance à ces produits qui, à long terme, peuvent provoquer des changements au cerveau. En 1988, on a répertorié 1,4 million de cas de surdose aux benzodiazépines aux États-Unis. Le Committee on Safety of Medicines du Royaume-Uni préconise d'utiliser les benzodiazépines pour une durée de deux à quatre semaines seulement. A. Chetley, *op. cit.*, p. 185-186.

49. M. Pelchat, *Rapport du groupe de travail sur les médicaments*, Coalition Solidarité Santé, 1999, p. 41-42.

50. J. Robinson, *op. cit.*, p. 79-82.

51. « Gag the messenger », *New Internationalist*, novembre 2003, p. 26.

52. *Worst Pills Best Pills*, « Levothyroxine (Synthroid) and the $800 million Deception », avril 1997.

53. D. Hailey, « Scientific harassment by pharmaceutical companies : time to stop », *Journal de l'Association médicale canadienne*, 25 janvier 2000.

54. *La Presse*, 2 juin 2003.

55. M. Petersen, « Madison Avenue... », *op. cit.*

56. *La Presse*, 10 septembre 2001.

57. H.T. Stelfox, G. Chua, K.O. Rourke, A.S. Detsky, « Conflict of Interest in the Debate over Calcium-Channel Antagonists », *New England Journal of Medicine*, 8 janvier 1998.

58. J. Robinson, *op. cit.*, p. 68.

59. J. Robinson, *op. cit.*, p. 69.

60. *Journal de l'Association médicale canadienne*, 9 juillet 2002, p. 7.

61. J. Robinson, *op. cit.*, p. 67.

62. Barbara Sibbald, « *NEJM's* new editor cuts ties with 20 drug companies before taking helm », *Journal de l'Association médicale canadienne*, 31 octobre 2000, p. 1182.

63. *Worst Pills Best Pills*, *op. cit.*, décembre 1998. Les femmes à risque élevé ont en moyenne 1,67 % plus de risques de développer cette forme de cancer sur cinq ans.

64. Sharon Batt, « La prévention de la maladie » dans la série Protéger notre santé : Les nouveaux enjeux. Action pour la protection de la santé des femmes, en collaboration avec *DES Action Canada*, non daté, p. 2.

65. R. Moynihan et coll., *New England Journal of Medicine*, vol. CCCXLII, n° 22, p. 1645.

66. *Worst Pills Best Pills*, « FDA's Controversial Decision. Tamoxifen (Nolvadex) Approved to Reduce the Risk of Breast Cancer », *op. cit.*, décembre 1998, p. 90.

67. *Worst Pills Best Pills*, « Health Research Group Petitions the FDA... », *op. cit.*, juin 1999, p. 42.

68. S. Batt, « Le tamoxifène administré à dés femmes en bonne santé », *DES Action Canada*, automne 1998.

69. *Worst Pills Best Pills*, « FDA's Controversial Decision... », décembre 1998, p. 92.

70. S. Batt, « La prévention du cancer du sein par le tamoxifène », *DES Action Canada*, printemps 1998, p. 1.

71. S. Batt, « La prévention... », p. 3.

72. N. Regush, *Safety Last...*, *op. cit.*, p. 11.

73. S. Batt, « La prévention... », *op. cit.*

74. D.L. Sackett, « The arrogance of preventive medicine », *JAMC*, 20 août 2002, p. 363.

Chapitre VI

1. E. Gibson, F. Baylis, S. Lewis, « Dances with the pharmaceutical industry », *Journal de l'Association médicale canadienne (JAMC)*, 19 février 2002, p. 448.

2. C. Bernard, « Novartis demande à sa cliente de souffrir en silence », *Libération*, 23 juillet 2003.

3. E. Gibson et coll., *op. cit.*, p. 448.

4. *La Presse*, 22 juin 2002.

5. J. Robinson, *Prescription Games, Money, Ego and Power. Inside the Global Phramaceutical Industry,* McLelland& Steward Ltd., Toronto, 2001, p. 119.

6. « L'affaire Olivieri. Liberté académique », *Bulletin du Comité de la liberté académique et de l'autonomie universitaire*, septembre 2002.

7. J. Robinson, *op. cit.*, p. 121.

8. E. Gibson et coll., *op. cit.*, p. 448.

9. J. Robinson, *op. cit.*, p. 129.

10. E. Gibson et coll., *op. cit.*

11. J. Robinson, *op. cit.*, p. 125.

12. M. Shuchman, « The Olivieri dispute : No end in sight ? », *Journal de l'Association médicale canadienne*, 19 février 2002, p. 487

13. E. Gibson et coll., *op. cit.*, p. 449.

14. Entrevue avec D. Healy, CBC, *The National*, 12 juin 2001.

15. A. Krol, *La Presse*, « Les antidépresseurs sont-ils dangereux pour les ados ? », 13 février 2004.

16. Cette partie s'inspire du texte de N. Regush, *Safety Last. The Failure of the Consumer Health Protection System in Canada*, Key Porter Books, Toronto, 1993, chapitre VII.

17. N. Regush, op.cit., p. 108. L'original se lit : « remarkably free of side-effects ».

18. M. McBane, *Le risque d'abord, la sécurité en dernier. Le manuel du citoyen pour la santé et la sécurité d'abord !*, Coalition canadienne de la santé, Ottawa, 2003, p. 23.

19. K. Gagnon, « La série noire de Santé Canada », *La Presse*, 27 octobre 2001.

20. K. Benessaieh, « Santé Canada congédie trois scientifiques dénonciateurs », *La Presse*, 16 juillet 2004.

21. M. McBane, *op. cit.*, p. 20.

Chapitre VII

1. A. Chetley, *Problem Drugs*, Health Action International, Amsterdam, 1993, p. 5.

2. A. Cassels, « Peddling Paranoia », *New Internationalist*, novembre 2003, p. 17.

3. Direction des produits thérapeutiques, Santé Canada, <www.hc-sc.gc.ca>. La lettre de Glaxo stipule que Paxil est contre-indiqué et inefficace pour les patients qui souffrent de troubles dépressifs majeurs. D'après des études, ces patients présentaient des risques accrus d'idées suicidaires, de tentatives de suicide et d'automutilation.

4. R. Lenglet et B. Topuz, *Des lobbies contre la santé*, Éditions La Découverte et Syros, Paris, 1998, p. 29-30.

5. *Ibid.*, p. 39-41.

6. American Psychiatric Association, *Diagnostic and Statistical Manual of Mental Disorders DSM-IV-TR (Text Revision)*, Washington, American Psychiatric Association, 1994.

7. *Ibid.*, p. 58.

8. K. Gagnon, « La pilule de la peine d'amour », *La Presse*, 16 février 2004.

9. A. Cassels, *op. cit.*, p. 16. Le biologiste se nomme Alex Hittle et est analyste en biotechnologie.

10. « Qui en profite ? » L'harmonisation internationale de la réglementation des nouveaux médicaments », dans la série « Protéger notre santé : Les nouveaux enjeux », Action pour la protection de la santé des femmes, en collaboration avec *DES Action Canada*, 2002.

11. A. Chetley, *op. cit.*, p. 17.

12. *Worst Pills Best Pills*, « Estrogen Replacement Therapy », novembre 1998, p. 83.

13. Éditorial, « Une conclusion peut en dissimuler une autre », *Journal de l'Association médicale canadienne*, 20 août 2002, p. 331.

14. *Ibid.*

15. A. Chetley, *op. cit.*, p. 178.

16. *Ibid.*, p. 177.

17. *Protégez-vous*, octobre 2002.

18. A. Chetley, *op. cit.*, p. 177.

19. *Ibid.*

20. A. Day, « Lessons from the Women's Health Initiative : primary prevention and gender health », *Journal de l'Association médicale canadienne*, 20 août 2002, p. 361.

21. A. Chetley, *op. cit.*, p. 180.

22. La méta-analyse est l'analyse statistique du regroupement de plusieurs essais cliniques ou études ayant des objectifs communs.

23. A. Chetley, *op. cit.*, p. 179.

24. *Ibid.* ; *Worst Pills Best Pills*, *op. cit.*, novembre 1998, p. 83.

25. A. Chetley, *op. cit.*, p. 181.

26. *Ibid.*, p. 179.

27. *Worst Pills Best Pills*, *op. cit.*, novembre 1998, p. 83.

28. *Worst Pills Best Pills*, *op. cit.*, novembre 1998, p. 83 ; S. Yusuf et S. Anand, « Hormone replacement therapy : a time for pause », *Journal de l'Association médicale canadienne*, 20 août 2002, p. 357

29. Éditorial, « Une conclusion peut en dissimuler une autre », *op. cit.*

30. Cité par D.L. Sackett, « The arrogance of preventive medicine », *Journal de l'Association médicale canadienne*, 20 août 2002, p. 364.

31. Voir <www.imshealthcanada.com>.

32. J. Ouellet, « L'ostéoporose est-elle une maladie de la ménopause ? », *DES Action Canada*, n° 55, été 1998, p. 5.

33. *Ibid.*, p. 6.

34. D.L. Sackett, « The arrogance of preventive medicine », *op. cit.*, p. 363.

35. S. Yusuf et S. Anand, «Hormone replacement therapy: a time for pause», *op. cit.*, p. 358.

36. «Postmenopausal hormone replacement therapy for chronic disease prevention: results from the Women's Health Initiative trial», *Journal de l'Association médicale canadienne*, 20 août 2002, p. 377.

37. «L'étude sur un million de femmes. Hormonothérapie et cancer du sein», *Le Médecin du Québec*, novembre 2003, p. 22.

38. *La Presse*, 11 mai 2004.

39. «L'opposition à l'hormonothérapie entraîne une sous-médication des femmes ménopausées», *L'actualité médicale*, 24 mars 2004.

40. Voir <www.imshealthcanada.com>.

41. *Worst Pills Best Pills*, «New Research: Who Benefits and How Much with Alendronate (Fosamax)?», février 1999.

42. Santé Canada, <www.hc-sc.gc.ca>.

43. *Worst Pills Best Pills*, «New Research: Who Benefits and How Much with Alendronate (Fosamax)?», *op. cit.*

44. *The British Medical Journal*, 4 janvier 2003.

Chapitre VIII

1. A. Chetley *Problem Drugs*, Health Action International, Amsterdam, 1993, p. 4.

2. «Pushing Pills», *The Economist*, 13 février 2003

3. E. Favereau, *Libération*, 30 avril 2002.

4. «Direct-to-consumer advertising will send costs soaring», Reuters Ltd, 2001, disponible sur le site Medscape.

5. Radio-Canada, *Enjeux* 2002, cité dans «Demande d'enquête publique sur les pratiques commerciales douteuses de l'industrie pharmaceutique au Québec», Coalition Solidarité Santé, 2003, p. 3.

6. *La Presse*, 7 avril 2003.

7. *Prescrire*, novembre 2003, p. 787.

8. Public Citizen, *America's Other Drug Problem: A Briefing Book on the Rx Drug Debate*, 2003, p. 29.

9. *Ibid.*, p. 28.

10. *La Presse*, 23 juin 2000.

11. J. Lexchin, «Consequences of direct-to-consumer advertising of prescription drugs», *Canadian Family Physician*, avril 1997.

12. J. Lexchin, « Enforcement of codes governing pharmaceutical promotion : What happens when companies breach advertising guidelines ? », *Journal de l'Association Médicale Canadienne*, février 1997, p. 351.

13. A. Pratte, *La Presse*, 16 juillet 2001.

14. *Protégez-vous*, mai 2003.

15. La loi exige que les publicités soient soumises à la FDA, ce qui n'est pas le cas au Canada. Cependant, les annonceurs peuvent les diffuser bien avant que l'agence n'ait le temps de les évaluer, de sorte que la demande de retrait ou la réprimande survient souvent après la campagne publicitaire. D'après le General Accounting Office, les changements récents apportés par l'administration Bush ont accru le temps exigé avant que la FDA n'émette une notice de violation.

16. Public Citizen, *America's Other Drug Problem*, *op. cit.*, p. 32-33.

17. « Pushing Pills », *The Economist*, 13 février 2003.

18. J. Lexchin, « Interactions between doctors and pharmaceutical sales representatives », *Canadian Journal of Clinical Pharmacology*, été 2001, p. 64 ; J. Lexchin, « What information do physicians receive from pharmaceutical representatives », *Canadian Family Physician*, mai 1997, p. 942.

19. C. Lehman, *Patients, si vous saviez...Confessions d'un médecin généraliste*, Éditions Robert Laffont, Paris, 2003, p. 37.

20. B. Mintzes, *Blurring the Boundaries — New Trends in Drug Promotion*, Hai-Europe, Amsterdam, 1998, p. 34.

21. J. Lexchin, « Interactions between doctors and pharmaceutical sales representatives », *op. cit.*, p. 64.

22. Ellen 'T Hoen, « Direct-to-consumer advertising : For better profits or for better health ? », *American Journal Health-syst Pharm*, 15 mars 1998, p. 596.

23. *Prescrire*, « Visite médicale : non merci ! », Paris, mars 2003, p. 221.

24. Public Citizen, *America's Other Drug Problem*, *op.cit.*, p. 28-29.

25. *The Lancet*, 29 janvier 1983.

26. C. Medawar, « On our side of the fence », *Side Effects of Drugs Annual*, 1989, p. xxiv.

27. *Le Devoir*, 22 avril 2002.

28. B. Mintzes, *Blurring the Boundaries...*, *op.cit.*, p. 12.

29. Public Citizen, *Rx R&D Myths : The Case Against The Drug Industry's R&D « Scare Card »*, Public Citizen, Congress Watch, juillet 2001, p. 20.

30. Public Citizen, *America's Other Drug Problem*, *op. cit.*, p. 28-31.

31. *La Presse*, 18 décembre 2000.

32. E.N. Marcus, « When TV Commercials Play the Doctor », *The New York Times*, 3 janvier 2003. Depuis les révélations de l'étude des instituts nationaux de la santé sur les dangers de l'hormonothérapie substitutive, Wyeth, le fabricant de Prempro, a retiré le message télévisé.

33. B. Mintzes, *Blurring the Boundaries...*, *op.cit.*, p. 20.

34. R. Marquez, *La Presse*, 11 mars 2001.

35. *Worst Pills Best Pills*, « Third New Drug Withdrawal in Nine Months Suggests That FDA's Approval System is Breaking Down », août 1998, p. 60.

36. « Les compagnies pharmaceutiques contournent la loi, le gouvernement fédéral contourne la démocratie », Le groupe de travail sur les enjeux pour les femmes de la loi fédérale sur la santé, en collaboration avec *DES Action Canada*.

37. *Le Devoir*, 16 mai 2000.

38. *Le Devoir*, 14 juillet 2003.

39. Marie Allard, « La publicité au temps du Viagra », *La Presse*, 31 août 2002, cité dans *Extraits du document produit par la Coalition Solidarité Santé. 400 références utiles pour défendre le droit à la santé*, 2003.

40. J. Lexchin, « Consequences of direct-to-consumer advertising of prescription drugs », *op. cit.*, p. 595.

41. « Direct to consumer advertising will send costs soaring », *op. cit.*

42. R. Lenglet et B. Topuz, *Des lobbies contre la santé*, Éditions La Découverte et Syros, Paris, 1998, p. 61-62.

43. J. Lexchin, « Consequences of direct-to-consumer advertising of prescription drugs », *op., cit.*, p. 594.

44. R. Lenglet et B. Topuz, *op. cit.*, p. 65.

45. Cité dans B. Mintzes, *Blurring the Boundaries...*, *op.cit.*, p. 25.

46. *Ibid.*, p. 23.

47. Regroupement intersectoriel des organismes communautaires de Montréal, *Leur équilibre, notre déséquilibre. Rapport d'enquête sur les impacts de la transformation du réseau de la santé et des services sociaux à Montréal*, Montréal, 1998, p. 110.

48. *Ibid.*

49. *Ibid.*, p. 17.

50. R. Moynihan et coll., *New England Journal of Medicine*, vol. CCCXLII, nᵒ 22, p. 1645, juin 2000.

51. R. Lenglet et B. Topuz, *op. cit.*, p. 74.

52. M. Petersen, « Company paid doctors to promote drugs », *The New York Times*, 30 mai 2003.

53. *Compendium des produits et spécialités pharmaceutiques*, Association des pharmaciens du Canada, 2003, B313.

Chapitre IX

1. Déclaration d'un fabricant de Géorgie devant des représentants du département de la Santé et des services humanitaires. Tirée de R. Pear, « Drugmakers battle plan to curb rewards », *The New York Times*, 26 décembre 2002.

2. « Pushing Pills », *The Economist*, 13 février 2003.

3. A. Krol, « L'Ordre des pharmaciens reprend son enquête sur les "cadeaux" », *La Presse*, 2 décembre 2003.

4. A. Noël, *La Presse*, 22 février 2003.

5. A. Noël, *La Presse*, 14 mai 2003.

6. A. Noël, *La Presse*, 27 mai 2003.

7. BBC, « AstraZeneca in $355M fraud fine », 20 juin 2003. Ce document et plusieurs articles cités dans les prochaines pages sont disponibles sur le site Internet de l'Observatoire des transnationales à l'adresse suivante : <fr.transnationale.org>.

8. R. Abelson, « Drug Sales Bring Huge Profits, and Scrutiny, to Cancer Doc », *The New York Times*, 26 janvier 2003.

9. « Pfizer Fined $49 million for Defrauding U.S. Medicaid Health Care Program », *Globe and Mail*, 28 octobre 2002.

10. « German doctors accused of taking bribes », *Financial Times*, 15 mars 2002 ; « Pushing Pills », *The Economist*, 13 février 2003.

11. *L'Expansion*, « Bayer et Glaxo condamnés pour surfacturation », 17 avril 2003.

12. M. Freudenheim, « Big Payments by Drug Makers to Sway Sales », *The New York Times*, 13 mars 2003.

13. R. Pear, *op. cit.*, 26 décembre 2002.

14. *Financial Times*, « Major drugs groups accused of bribery and fraud », 14 février 2003.

15. *The Guardian*, « GSK british drugs giant in Italian bribery investigation », 13 février 2003.

16. « German doctors accused of taking bribes », *Financial Times*, 15 mars 2002.

17. R. Lenglet, B. Topuz, *op. cit.*, 79-80.

18. J. Robinson, *Prescription Games. Money, Ego and Power. Inside the Global Pharmaceutical Industry*, McLelland & Stewart Ltd., Toronto, 2001, p. 211.

19. *Ibid.*

20. R. Baraldi, *L'argent n'a pas d'odeur*, DES Action Canada, p. 2 (pas d'année).

21. R. Pear, *op. cit.*, 26 décembre 2002.

22. J. Robinson, *op. cit.*, p. 213.

23. A. Noël, « Les médecins ont toujours le droit d'aller au golf, si c'est pour apprendre », *La Presse*, 6 juin 2003.

24. Public Citizen, *America's Other Drug Problem: A Briefing Book on the Rx Drug Debate*, 2003, p. 61.

25. M. Boast, Director, Federal Trade Commission, *Competition in the Pharmaceutical Marketplace: Antitrust Implications of Patent Settlements, Before the Committee on the Judiciary United States Senate*, 24 mai 2001, p. 4. Disponible sur le site Internet de Public Citizen.

26. M. Boast, *op. cit.*, p. 4.

27. *Le Devoir*, 23 septembre 1999.

28. M.L. Bouguerra, « Dans la jungle pharmaceutique », *Le Monde diplomatique*, mars 2001.

29. D.L. Sackett, M.D., « Time to put the Canadian Institutes of Health Research on Trial », *Journal de l'Association médicale canadienne*, 30 novembre 1999, p. 1414.

30. M. Boast, *op. cit.*, p. 6.

31. *La Presse*, 1er février 2002, J.-F. Leprince, Président du conseil d'administration de l'Association canadienne des compagnies de recherche pharmaceutiques.

32. *L'information*, été 1998, bulletin de l'ACIM.

33. Mémoire sur l'évaluation du régime général d'assurances médicaments, CEQ, *op. cit.*, p. 27-28.

34. *Demande d'enquête publique sur les pratiques commerciales douteuses de l'industrie pharmaceutique au Québec*, Coalition Solidarité Santé, Montréal, avril 2003, p. 5.

35. *Ibid*, p. 4-6; M. Pelchat, communiqué de la Coalition Solidarité Santé, 6 décembre 2000. Le journaliste A. Noël rapporte qu'en octobre 2000, le Bloc québécois invitait une soixantaine de représentants de l'industrie pharmaceutique à un souper de financement à 350 dollars canadiens le couvert. Au menu, rôti et accès privilégié à Pauline Marois, alors ministre de la Santé. Les lobbyistes y voyaient une occasion inespérée de pro-

mouvoir leurs produits. Ils espéraient convaincre la ministre d'inscrire leurs nouveaux produits brevetés à la liste des médicaments remboursables (A. Noël, *La Presse*, 18 novembre 2000).

36. M. Pelchat, communiqué de la Coalition Solidarité Santé, *op. cit.*

37. P. Biron, *Conférence sur les médicaments*, Congrès Rimouski, 2002.

38. *Ibid.*

39. D.L. Barlett et J. B. Steele, «Why America Pays So Much for Drugs», *Time*, 2 février 2004

40. R. Chevalier, *La Presse*, 11 janvier 2004.

BIBLIOGRAPHIE

Publications

ABELSON, Reed. « Drug Sales Bring Huge Profits, and Scrutiny to Cancer Doc », *The New York Times*, 26 janvier 2003.

ANGELL, Marcia, M.D. « The Pharmaceutical Industry — To Whom is it accountable ? », *New England Journal of Medicine*, vol. 342, n°25, 22 juin 2000.

Association canadienne de santé publique. *Compendium des produits et spécialités pharmaceutiques*, 2003.

AULT BARNETT, Alicia. « FDA warns Pfizer on failure to report drug problems », *The Lancet*, 1er juin 1996.

BATT, Sharon. « La prévention de la maladie », dans *Protéger notre santé : les nouveaux enjeux*, Montréal, Action pour la protection de la santé des femmes en collaboration avec D.E.S. Action Canada, non daté.

BATT, Sharon. « La prévention du cancer du sein par le tamoxifène », *Bulletin D.E.S. Action Canada*, printemps 1998.

BATT, Sharon. « La prévention du cancer du sein par le tamoxifène », *Bulletin D.E.S. Action Canada*, automne 1998.

BELL, Warren, M.D. « Les brevets en thérapeutique. Une incitation à la division », dans *Le Médecin de famille canadien*, mai 2001.

BIRON, Pierre. *Dictionnaire de pharmacovigilance médicale*, Montréal, Département de pharmacologie, Faculté de médecine, Université de Montréal, 1998. Document disponible dans Internet à <www.pharmacol-fr.org/pv_az.htm>.

BIRON, Pierre (dir.). *Encyclopédie médicale de la famille*, Association médicale canadienne, Sélection du Reader's Digest, 1993.

BIRON, Pierre. Conférence sur les médicaments, Congrès Rimouski, 2002.

BOUGUERRA, Mohamed Larbi. « Dans la jungle pharmaceutique », *le Monde diplomatique*, mars 2001.

BULARD, Martine. « Les firmes pharmaceutiques organisent l'apartheid sanitaire », *le Monde diplomatique*, janvier 2000.

CASSELS, Alan. « Peddling Paranoia », *New Internationalist*, n° 362, novembre 2003.

CHETLEY, Andrew. *Problem Drugs*, Amsterdam, Health Action International, 1993.

CHIRAC, Pierre. « Les médicaments retirés du marché pour effets indésirables », *Prescrire*, mars 1990.

DAY, Anna. « Lessons from the Women's Health Initiative : primary prevention and gender health », *Journal de l'Association médicale canadienne*, 20 août 2002.

FREUDENHEIM, Milt. « Big Payments by Drug Makers to Sway Sales », *The New York Times*, 13 mars 2003.

GARLAND, E. Jane, « Facing the evidence : antidepressant treatment in children and adolescents », *Journal de l'Association médicale canadienne*, 17 février 2004.

GIBSON, Elaine et coll. « Dances with the pharmaceutical industry », *Journal de l'Association médicale canadienne*, 19 février 2002.

HAILEY, David. « Scientific harassment by pharmaceutical companies : time to stop », *Journal de l'Association médicale canadienne*, 25 janvier 2000.

HEALY, David. *Let them eat Prozac*, Toronto, James Lorimer & Company Ltd., Publishers, 2003.

HOEN, Ellen 'T. « Direct-to-consumer advertising : For better profits or for better health ? », *American Journal of Health-System Pharmacy*, 15 mars 1998.

JOSEPH, K.S. « Ethics in clinical research : searching for absolutes », *Journal de l'Association médicale canadienne*, 19 mai 1998.

KONDRO, Wayne. « Drug approvals taking too long ? », *Journal de l'Association médicale canadienne*, Ottawa, 19 mars 2002.

KONDRO, Wayne, et Barbara SIBBALD. « Drug company experts advised staff to withhold data about SSRI use in children », *Journal de l'Association médicale canadienne*, 2 mars 2004, p. 783.

LEHMANN, Christian. *Patients, si vous saviez... Confessions d'un médecin généraliste*, Paris, Robert Laffont, 2003.

LENGLET, Roger, et Bernard TOPUZ. *Des lobbies contre la santé*, Paris, La Découverte et Syros, 1998.

LENZER, Jeanne, « Spin doctors soft pedal data on antihypertensives, *The British Medical Journal*, Londres, janvier 2003.

LEXCHIN, Joel, « Lifestyle Drugs : issues for debate », *Journal de l'Association médicale canadienne*, 15 mai 2001.

LEXCHIN, Joel, « Consequences of direct-to-consumer advertising of prescription drugs », *Canadian Family Physician*, avril 1997.

LEXCHIN, Joel, « Interactions between doctors and pharmaceutical sales representatives », *Canadian Journal of Clinical Pharmacology*, été 1997.

LEXCHIN, Joel, « Secrecy and the Health Protection Branch », *Journal de l'Association médicale canadienne*, 8 septembre 1998.

Liberté Académique. « L'affaire Olivieri », *Bulletin du Comité de la liberté académique et de l'autonomie universitaire*, septembre 2002.

McBANE, Michael. *Le risque d'abord, la sécurité en dernier. Manuel du citoyen pour la santé et la sécurité d'abord!*, Ottawa, Coalition canadienne de la santé, 2003.

MINTZES, Barbara, « Les médicaments prennent-ils notre santé à cœur ? », *Bulletin D.E.S. Action Canada*, 2001.

MINTZES, Barbara, *Blurring the Boundaries. New Trends in Drug Promotion*, Amsterdam, Health Action International, 1998.

MONGEAU, Serge, et Marie-Claude ROY. *Nouveau dictionnaire des médicaments*, Montréal, Québec/Amérique, 1987.

MOYNIHAN, Ray et coll., *New England Journal of Medicine*, vol. 342, n° 22.

National Institutes of Health. *NIH Contributions to Pharmaceutical Development. Case-Study Analysis of the Top-Selling Drugs*, <www.citizen.org>.

Organisation mondiale de la santé. *Informations pharmaceutiques*, vol. 2, n° 4, 1988.

OUELLET, Julie. « L'ostéoporose est-elle une maladie de la ménopause ? », Montréal, *Bulletin D.E.S. Action Canada*, n° 55, été
1998.

PEAR, Robert. « Drug-makers battle plan to curb rewards », *New
York Times*, 26 décembre 2002.

PETERSEN, Melody, et coll. « Papers Indicate Bayer Knew of
Dangers of Cholesterol Drug », *New York Times*, 27 février 2003.

PIGNARRE, Philippe. *Comment la dépression est devenue une épidémie*, Paris, La Découverte, 2001.

PIGNARRE, Philippe. *Le grand secret de l'industrie pharmaceutique*, Paris, La Découverte, 2003.

PUBLIC CITIZEN. *Worst Pills Best Pills News*, Washington, (DC).

PUBLIC CITIZEN. *Rx R&D Myths : The Case Against The Drug
Industry's R&D « Scare Card »*, Washington, (DC), 2001.

PUBLIC CITIZEN. *America's Other Drug Problem : A Briefing Book
on the Rx Drug Debate*, Washington, (DC), Public Citizen, 2003.

RAMOS, Joana. « Who cares about cancer ? », *New Internationalist*,
n° 362, novembre 2003.

REGUSH, Nicholas. *Safety Last. The Failure of the Consumer Health
Protection System in Canada*, Toronto, Key Porter Books, 1993.

REYNOLDS, Ellen. « Financement et recherche médicale : Mainmise
de l'industrie et risques pour le public », *Bulletin D.E.S. Action
Canada*, automne 2002.

RIVIÈRE, Philippe. « Offensive sur les prix des médicaments », *le
Monde diplomatique*, février 2002.

ROBINSON, Jeffrey. *Prescription Games. Money, Ego and Power.
Inside the Global Pharmaceutical Industry*, Toronto, McLelland
& Stewart Ltd., 2001.

SACKETT, David L. « Time to put the Canadian Institutes of Health
Research on Trial », *JAMC*, Ottawa, 19 mars 2002.

SACKETT, David L. « The arrogance of preventive medicine »,
Journal de l'Association médicale canadienne, 20 août 2002.

SHIVA, Vandana. *La vie n'est pas une marchandise. Les dérives des
droits de propriété intellectuelle*, Montréal, Écosociété, coll.
« Enjeux Planète », 2004. Ce livre a d'abord paru en Inde sous le
titre *Patents : Myth and Reality*, New Delhi, Penguin Books, 2001.

SIBBALD, Barbara. « NEJM's new editor cut ties with 20 drug companies before taking helm », *Journal de l'Association médicale
canadienne*, 31 octobre 2000.

SPRIET-POURRA, Claude, M.D., et Michel AURICHE, M.D. *Drug Withdrawal from Sale,* 2ᵉ éd., UK, PJB Publications Ltd, 1994.

THE NATIONAL, CBC. Entrevue avec le Dʳ David Healy, psychopharmacologue.

WILNER, Tamar. « Freemarket freebies », *New Internationalist,* n° 362, novembre 2003.

WOLFE, Sidney. « Remedies Needed to Address the Pathology in Reporting Adverse Reactions and FDA Use of Reports », *Journal of General Internal Medicine,* janvier 2003.

YUSUF, Salim, et Sonia ANAND, « Hormone replacement therapy : a time for pause », *Journal de l'Association médicale canadienne,* 20 août 2002.

Sites Internet

Food and Drug Administration (FDA) : <www.fda.gov>.

Health Action International (HAI) : <www.haiweb.org>.

IMS Health : <www.imshealthcanada.com>.

Journal de l'Association médicale canadienne (JAMC) : <www.cmaj.ca/jamc/>.

Observatoire des transnationales : <fr.transnationale.org>.

Organisation mondiale de la santé (OMS) : <www.who.int/fr/>.

Prescrire : <www.prescrire.org>.

Public Citizen's Health Research Group : <www.citizen.org/hrg/index.cfm>.

Santé Canada : <www.hc-sc.gc.ca>.

Union des consommateurs : <www.consommateur.qc.ca/union/>.

INDEX

R

Raloxifène, 161

Ratiopharm, 177

Redux, 76, 77, 79

Regush, Nicholas, 84, 134, 135, 136, 137, 190, 205, 207, 210, 211, 222

Retraits de médicaments, 67

Rezulin, 12, 48, 67, 78, 79, 80, 173, 204

Ristournes, 14, 175, 176, 177, 180, 183, 189

S

Sackett, Dr David, 9, 98, 121, 206, 210, 212, 217, 222

Sang contaminé, 102, 133, 138

Sanofi-Aventis, 35, 45, 74, 185

Santé Canada, 13, 67, 84, 99, 102, 103, 105, 106, 118, 124, 127, 133, 138, 139, 153, 160, 161, 166, 192, 195, 203, 207, 211, 213, 223

Schering-Plough, 36, 44, 61, 146, 162, 182, 183, 185

Sérotonine, 107, 109, 110, 130, 132, 208

Singulair, 26, 189, 190

Substitution, 101, 115, 145

Suppression des résultats, 12, 105, 107, 111

Synthroid, 37, 111, 112, 209

T

TAP Pharmaceuticals, 179

Taxol, 38, 58

Tegretol, 124

Tests de densité osseuse, 148, 149

Thalassémie, 125

Thalidomide, 12, 70, 121

Thompson, 129

Tiers-monde, 11, 23, 44, 45, 46, 47, 61, 70, 71, 72, 89, 95, 193

Trovafloxacine, 47, 48, 200

Tufts, 51, 52, 53, 54, 57, 116, 201

V

Vasodilatateurs cérébraux, 143

Viagra, 26, 37, 40, 45, 88, 154, 167, 198, 215

VIH, 39, 46, 55, 61, 198

Vioxx, 15, 26, 32, 89, 159, 180, 206

Vitamine, 95, 96, 147, 186

W

Warner-Lambert, 35, 78, 79, 80, 81, 172, 173, 179

Wilson Foundation, 145

Women's Health Initiative, 13, 145, 150, 212, 213, 220

Worst Pills Best Pills, 16, 48, 83, 86, 87, 91, 119, 120, 139, 151, 153, 157, 173, 200, 203, 204, 205, 206, 209, 210, 212, 213, 215, 222

Wyeth-Ayerst, 73, 142, 145, 146, 149, 182

X

Xatalan, 58

Z

Zantac, 35, 58, 59

Zocor, 26, 159, 180

Les Éditions Écosociété
De notre catalogue

La globalisation du monde
Laisser faire ou faire ?

JACQUES B. GÉLINAS

Jacques B. Gélinas distingue la mondialisation, phénomène ancien d'expansion planétaire, et la globalisation, réalité nouvelle qu'il définit comme «la gouverne du monde par de puissants intérêts économiques transnationaux, lesquels tendent à englober dans un marché dérégulé et déréglé toutes les ressources de la planète, toutes les activités humaines et toutes les cultures».

L'auteur explique non seulement la globalisation de l'économie, mais le monde globalisé. Il désigne et décrit les maîtres et les contre-maîtres, les idéologues et les figurants de ce faux «village global». Il dénonce les effets pervers de la globalisation, tout en explorant les contours d'un modèle alternatif qui se profile au sein même du présent système.

Sociologue, ex-coopérant et ex-haut fonctionnaire, Jacques B. Gélinas est l'auteur de *Le virage à droite des élites politiques québécoises* (Écosociété) et de *Et si le Tiers-Monde s'autofinançait* (Écosociété).

ISBN 2-921561-44-1 (Tous pays sauf France)
ISBN 2-921561-54-9 (France seulement)
340 pages

La grande fumisterie
Les transnationales à l'assaut de la démocratie

MURRAY DOBBIN
TRADUIT DE L'ANGLAIS PAR GENEVIÈVE BOULANGER

Les États sont en train de perdre leur capacité à servir la population, et ce, au profit de leur nouveau maître : la grande entreprise transnationale. Ayant pour objectif de maximiser les profits de leurs actionnaires dans un contexte où la plupart des entraves à l'investissement sont en voie d'être abolies, ces entreprises font peu de cas de la culture, de l'environnement et des lois des pays où elles sont installées. Elles sont d'ailleurs devenues, au fil des années, aussi puissantes que de nombreux États et y ont acquis un statut de «supercitoyennes» sans précédent.

Au Canada, ce phénomène a pris de l'ampleur dès les années 1980 avec l'Accord de libre-échange canado-américain, puis dans les années 1990 avec l'entrée en vigueur de l'ALENA. Ces traités ont peu à voir avec le commerce : ils constituent plutôt une «charte des droits» des entreprises leur permettant d'empêcher les gouvernements d'agir à l'encontre de leurs intérêts. Murray Dobbin pose son regard sur les stratégies utilisées par les grandes sociétés pour accroître leur influence.

ISBN 2-921561-66-2
438 pages

Le grand banquet
La suprématie de la cupidité et de l'appât du gain

LINDA McQUAIG

TRADUIT DE L'ANGLAIS PAR CLAUDE FRAPPIER

Le capitalisme a toujours eu pour moteur l'intérêt personnel. De nos jours, cependant, les choses vont plus loin : une véritable culture de la cupidité et de l'appât du gain s'est développée. Toute action de nature collective visant à refréner ces pulsions au nom du bien commun est aujourd'hui taxée de rétrograde par les tenants du nouveau capitalisme.

Comment la société a-t-elle fait de ces tendances ses premiers principes organisateurs ? Fondant son analyse sur les thèses de l'économiste et anthropologue Karl Polanyi (1886-1964), Linda McQuaig raconte l'histoire de cette transformation en profondeur de la société.

La mise en avant de la cupidité connaît depuis une quinzaine d'années un développement incroyable, au point où, en complicité avec les milieux d'affaires, les gouvernements ont adopté des accords internationaux contraignants pour s'assurer que non seulement l'appât du gain reçoive une protection légale, mais qu'en plus on lui accorde la suprématie.

La résistance aux effets dévastateurs du capitalisme et la persistance d'activités non marchandes nous montrent pourtant qu'il est encore possible de vivre autrement, que l'être humain n'est pas unidimensionnel.

ISBN 2-921561-98-0
327 pages

Objectif décroissance
OUVRAGE COLLECTIF

Sur une planète finie, la croissance économique infinie est impossible. Malgré cela, on continue de la considérer comme un objectif allant de soi. L'économie mondiale puise allègrement dans les ressources naturelles de la planète sans tenir compte du temps nécessaire à leur renouvellement. Non content de piller ce capital, le modèle économique dominant induit en plus une augmentation constante de ces prélèvements.

Plus de trente ans après l'appel du Club de Rome invitant le monde à envisager une limite à la croissance économique, l'idée de décroissance revient en force. Pour que se déploie une « économie saine », les pays riches devraient réduire leur production et leur consommation de manière draconienne, ce qui signifierait entrer dans la décroissance. Une démarche de décroissance devra aller au-delà d'une simple réduction de la production et de la consommation, qui pourrait rimer avec récession : il faudra développer et encourager politiquement un modèle économique complètement différent.

ISBN 2-921561-91-3
262 pages
Une coédition avec
les Éditions Parangon (Lyon)

La stratégie de l'autruche

Post-mondialisation, management et rationalité économique

OMAR AKTOUF

PRIX DU LIVRE D'AFFAIRES 2003

Des voix s'élèvent contre le trop grand nombre d'erreurs commises dans la conduite des affaires économiques mondiales. Peut-on parler de simples erreurs de calcul et de prévision ? Non, car il s'agit de fautes économiques et gestionnaires graves, qui touchent à la conception même de notre monde et de son fonctionnement.

Partant du constat d'échec cuisant des «trois révolutions de la modernité» dans leurs promesses de procurer à l'humanité bonheur et satiété, l'auteur propose de modifier radicalement nos visions des choses... Mais ceux qui détiennent le pouvoir et les privilèges le souhaitent-ils? Admettront-ils que tout, sur cette terre dominée par le management/économie, semble s'écrouler inexorablement? Pourtant, économistes et gourous du management – éternels complices – continuent à garder la tête dans le sable... tout en nous expliquant pourquoi il est rationnellement justifié de faire l'autruche.

Omar Aktouf est professeur titulaire de management à l'École des hautes études commerciales de Montréal, où il est membre fondateur du groupe Humanisme et gestion.

ISBN 2-921561-67-0
368 pages

Le pouvoir mis à nu

NOAM CHOMSKY

TRADUIT DE L'ANGLAIS
PAR LOUIS DE BELLEFEUILLE

Les États-Unis seraient engagés dans un processus historique visant l'émergence, à l'échelle mondiale, d'«une société tolérante, dans laquelle dirigeants et gouvernements existent non pas pour exploiter la population ou abuser d'elle, mais pour lui fournir liberté et perspectives», a un jour affirmé le porte-parole d'un président américain.

Pourtant, de nombreux documents et témoignages révèlent que la superpuissance agit de façon à détruire la démocratie et à miner les droits de la personne, et ce, avec une certaine cohérence, les prétextes invoqués variant d'une époque à l'autre selon les nécessités doctrinales du moment. L'analyse présentée ici illustre brillamment, grâce à de nombreux exemples, la véritable nature et l'étendue du pouvoir impérial américain.

Célèbre analyste des médias, Noam Chomsky est professeur à l'Institut de linguistique du Massachusetts Institute of Technology (MIT).

ISBN 2-921561-61-1
400 pages

MONTRÉAL

Faites circuler nos livres.

Discutez-en avec d'autres personnes.

Inscrivez-vous à notre Club du livre.

Si vous avez des commentaires, faites-les-nous parvenir; il nous fera plaisir de les communiquer aux auteurs et à notre comité éditorial.

Les Éditions Écosociété
C.P. 32052, comptoir Saint-André
Montréal (Québec) H2L 4Y5

Courriel : info@ecosociete.org ; toile : www.ecosociete.org

NOS DIFFUSEURS

EN AMÉRIQUE   Diffusion Dimédia inc.
               539, boulevard Lebeau
               Saint-Laurent (Québec) H4N 1S2
               Téléphone : (514) 336-3941
               Télécopieur : (514) 331-3916

EN FRANCE   Distribution du Nouveau Monde (DNM)
               30, rue Gay-Lussac
               F-75005 Paris
               Téléphone : 01 43 54 49 02
               Télécopieur : 01 43 54 39 15
               Courriel : liquebec@noos.fr

EN BELGIQUE   Aden Diffusion
               165, rue de Mérode
               B-1060 Bruxelles
               Téléphone : 025 344 662
               Courriel : adendif@skynet.be

EN SUISSE   Diffusion Fahrenheit 451
               Rue du Valentin 11
               1400 Yverdon-les-Bains
               Téléphone et télécopieur : 024 / 420 10 05
               Courriel : fahrenheit_451@bluewin.ch

Achevé d'imprimer en décembre 2004 par les travailleurs et les travailleuses de l'imprimerie Gauvin, Gatineau (Québec), sur papier certifié Éco Logo contenant 100 % de fibres post-consommation.